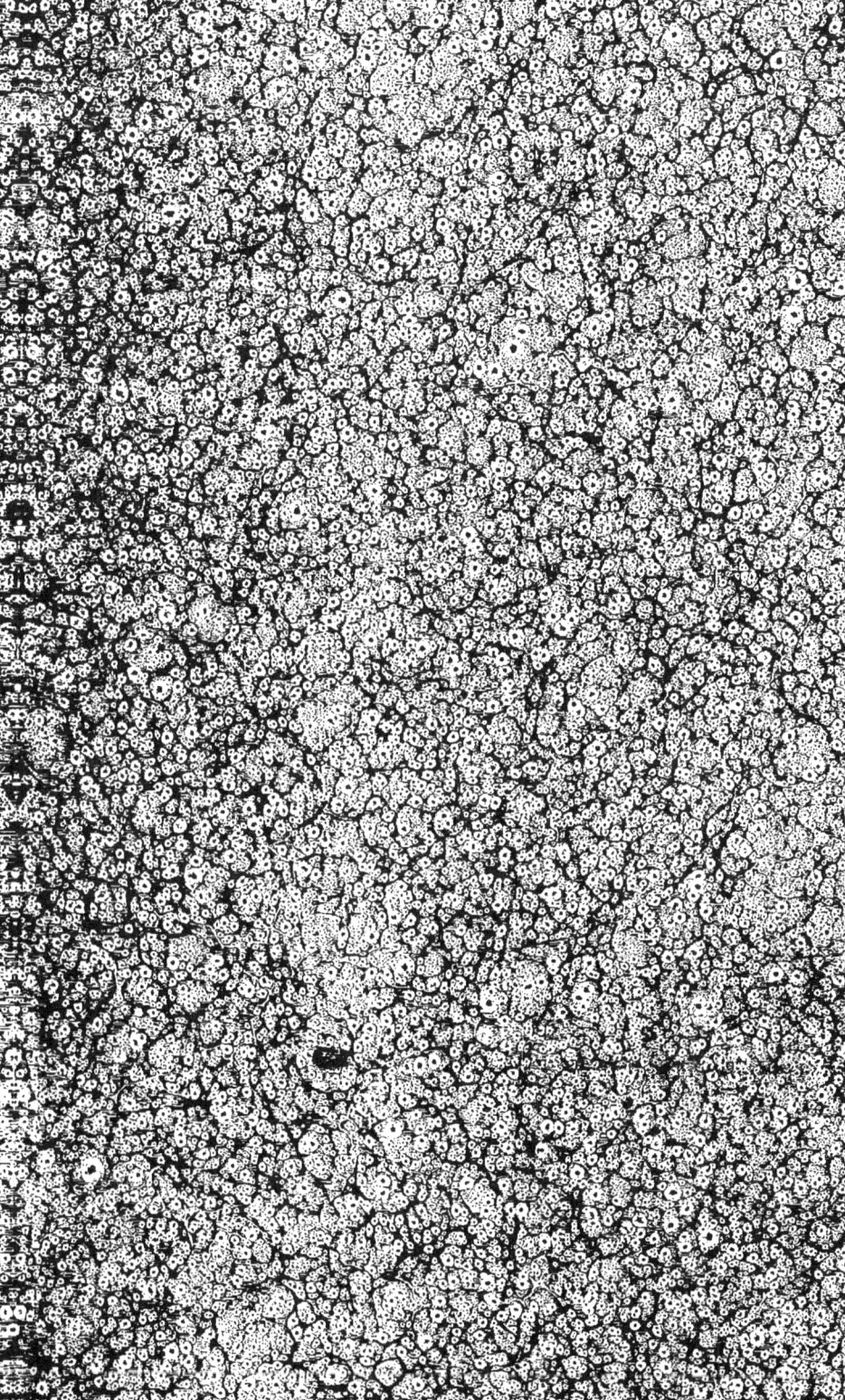

**PUBLICATIONS POPULAIRES**

20, RUE LAVOISIER, QUARTIER DE LA MADELEINE, A PARIS.

# ŒUVRES COMPLÈTES

## DU PRINCE

# NAPOLÉON-LOUIS BONAPARTE.

Les œuvres complètes du prince *Napoléon-Louis Bonaparte* sont destinées à prendre place dans toutes les bibliothèques à côté des mémoires de Sainte-Hélène et des ouvrages sur l'Empire.

La pensée forte et droite, l'étude profonde, l'élévation des sentiments, donnent à cette publication une valeur indépendante de la grandeur héréditaire du nom qui l'a signée.

Les hommes de l'Empire, dans quelques rangs qu'ils se trouvent placés aujourd'hui, tiendront à avoir les OEuvres complètes du neveu de l'Empereur. Ils se complairont, en les lisant, à retrouver quelquefois dans l'expression de la pensée, dans le style même, cette rapidité d'observation, cette haute sagacité, et surtout ce culte de la patrie qui firent Napoléon plus grand au conseil d'État que sur les champs de bataille.

Le dernier volume sera composé de pensées diverses et d'articles dont beaucoup sont entièrement inédits.

LA PREMIÈRE LIVRAISON EST EN VENTE.

## CONDITIONS DE LA SOUSCRIPTION.

50 centimes la livraison de 32 à 40 pages (10 centimes en sus par la poste); trois livraisons au moins par mois. Les OEuvres complètes formeront trois volumes, composés de trente-quatre livraisons environ.

Les livraisons seront déposées à domicile, sous enveloppe, comme la *Revue de l'Empire*, ou parviendront franches de port, par la poste, aux Souscripteurs qui payeront de suite les vingt premières, soit 10 francs.

Imprimerie FÉLIX LOCQUIN, 16, rue N.-D.-des-Victoires.

## PUBLICATIONS POPULAIRES,

20, rue Lavoisier, quartier de la Madelaine, à Paris.

# OEUVRES COMPLÈTES

## DU PRINCE

# NAPOLÉON-LOUIS BONAPARTE.

*M*

Nous avons l'honneur de vous prévenir que nous venons de commencer la publication, par livraisons, des OEUVRES COMPLÈTES DU PRINCE NAPOLÉON-LOUIS BONAPARTE, revues et corrigées par lui. Les OEuvres du neveu de l'Empereur sont destinées à trouver place, dans toutes les bibliothèques, à côté des Mémoires de Sainte-Hélène et des ouvrages sur l'Empire, et seront sans doute accueillis avec faveur par ceux qui aiment à vivre au milieu des glorieux souvenirs de cette époque, à quelque opinion politique qu'ils appartiennent.

Nous espérons que vous voudrez bien nous autoriser à in

scrire votre nom sur la liste de nos Souscripteurs; à moins d'avis contraire, nous croirons vous être agréable en vous envoyant les livraisons à mesure qu'elles paraîtront.

Dans cette attente, veuillez agréer nos salutations empressées,

Ch.-EXSTEMBLAIRE.

P. S. Toutes les lettres non affranchies seront refusées.

Paris. — Imprimerie de Paul DUPONT et Comp.,<br>rue de Grenelle-St-Honoré, 55.

OEUVRES

DE

# LOUIS-NAPOLÉON

## BONAPARTE

Paris. — Imp Lacrampe et Comp., rue Damiette, 2.

# OEUVRES

DE

# LOUIS-NAPOLÉON

## BONAPARTE

Publiées

Par M. Charles-Édouard Temblaire.

TOME PREMIER.

PARIS

**LIBRAIRIE NAPOLÉONIENNE**,

Rue Neuve-des-Petits-Champs, 36.

1848

# VIE POLITIQUE

DE

# LOUIS-NAPOLÉON

# VIE POLITIQUE

DE

# LOUIS-NAPOLÉON

Le nom de Louis-Napoléon Bonaparte a en ce moment un grand retentissement en France, et beaucoup de personnes désirent connaître quelles sont ses opinions et quels furent les actes principaux de sa vie passée. Nous croyons que le meilleur moyen de satisfaire la curiosité publique d'une manière impartiale, est de reproduire les lettres qu'il a écrites et les discours qu'il a prononcés dans les différentes circonstances politiques de sa vie, sans accompagner cette compilation de réflexions quelconques.

Nous atteindrons ainsi notre but beaucoup

mieux que si nous écrivions une biographie, genre d'écrit qui ressemble trop en général à un panégyrique.

Notre récit ne se composera que de dates et de pièces authentiques.

Charles-Louis-Napoléon (1) Bonaparte, fils de la reine Hortense et du roi Louis, frère de l'empereur Napoléon, est né à Paris, au palais des Tuileries, le 20 avril 1808 (2). En 1810, il fut tenu sur les fonds de baptême par l'empereur et l'impératrice Marie-Louise. En 1816, il quitta la France avec sa mère, qui se fixa d'abord en Bavière, puis en Suisse, puis à Rome. Son éducation fut confiée à M. Lebas, fils du conventionnel de

(1) Depuis la mort de son frère, en 1831, le prince signait son nom ainsi *Napoléon-Louis Bonaparte*, afin de se conformer à la volonté de l'Empereur, qui avait décidé qui l'aîné de la famille s'appellerait toujours Napoléon. Lors des élections qui eurent lieu après la révolution de Février, l'ordre des prénoms du prince ayant donné lieu à quelque confusion, il s'est décidé à reprendre la signature qu'il avait avant la mort de son frère; le prince signe aujourd'hui *Louis-Napoléon Bonaparte*.

(2) Il est curieux de remarquer que le roi de Rome et le prince Louis-Napoléon furent les deux seuls princes de la famille qui naquirent sous le régime impérial; aussi furent-ils les deux seuls qui reçurent à leur naissance les honneurs militaires et les hommages du peuple. Des salves d'artillerie annoncèrent la naissance du prince Louis-Napoléon sur toute la ligne de la grande armée, dans la vaste étendue de l'Empire et dans le royaume de Hollande.

ce nom. En 1831, Louis-Napoléon prit part avec son frère aîné à l'insurrection de la Romagne, il perdit son frère dans ces malheureux événements, et lorsque l'Italie fut de nouveau envahie par les Autrichiens, il vint avec sa mère incognito à Paris ; là il fit demander à Louis-Philippe de servir comme simple soldat dans les rangs de l'armée française. Cette grâce lui étant refusée, il se rendit en Suisse, après avoir passé quelques mois en Angleterre. En 1832, le canton de Thurgovie conféra au prince Louis le droit de bourgeoisie honoraire. Le maréchal Ney étant ministre de France à Berne, avait reçu la même distinction dans cette ville. Le même honneur avait été conféré au prince de Metternich par la ville de Genève, et enfin la Fayette accepta comme un haut témoignage de l'estime des Américains les droits de citoyen des États-Unis, lorsqu'il alla dans ce pays avant la révolution de Juillet. Ce droit fut conféré au prince Louis dans la forme suivante :

« Nous, président du petit conseil du canton de Thurgovie, déclarons que la commune de Saltenstein, ayant offert le droit de bourgeoisie communale à son altesse le prince Louis-Napoléon, par reconnaissance pour les bienfaits nombreux qu'elle avait reçus de la famille de la duchesse de Saint-

Leu, depuis son séjour à Arenemberg, et le grand conseil ayant ensuite, par sa décision unanime du 14 avril, sanctionné ce don de la commune et décerné à l'unanimité *le droit de bourgeoisie honoraire du canton,* dans le désir de prouver combien il honore l'esprit de générosité de cette famille, et combien il apprécie son attachement au canton, déclare que son altesse le prince Louis-Napoléon, fils du duc et de la duchesse de Saint-Leu, est reconnu citoyen du canton de Thurgovie.

« En vertu de quoi nous avons fait le présent acte de bourgeoisie, revêtu de notre signature et du sceau de l'État.

« Le président du petit conseil,

*Signé* AUDERWERT.

« Le secrétaire d'État,

*Signé* MOERIKOFER.

« Donné à Frauenfeld, le 30 avril 1832. »

Le prince répondit à ce témoignage de considération et de gratitude par la lettre suivante.

Arenemberg, le 15 mai 1832.

« Monsieur le président,

« C'est avec un grand plaisir que j'ai reçu le droit de bourgeoisie, que le canton a bien voulu m'offrir. Je suis heureux que de nouveaux liens m'attachent à un pays qui, depuis seize ans nous a donné une hospitalité si bienveillante.

« Ma position d'*exilé de ma patrie* me rend plus sensible à cette marque d'intérêt de votre part. Croyez que dans toutes les circonstances de ma vie, comme *Français et Bonaparte*, je serai fier d'être citoyen d'un Etat libre. Ma mère me charge de vous dire combien elle a été touchée de l'intérêt que vous me témoignez.

« Je vous prie, Monsieur le président, d'être auprès du conseil l'interprète de mes sentiments.

« Recevez l'assurance de ma parfaite estime.

« *Signé* NAPOLÉON-LOUIS BONAPARTE. »

Le prince, pour reconnaître ce don, offrit au canton deux canons de six, avec trains et équipages complets. Il créa en même temps une école gratuite dans le village de Sallenstein, et contribua à la formation d'autres établissements de ce genre.

Ayant été plusieurs années volontaire à l'école militaire de Thun, et ayant publié un livre sur l'artillerie, le gouvernement de Berne nomma en 1834 le prince Louis-Napoléon capitaine dans son régiment d'artillerie. Nous transcrivons ici la lettre que le prince écrivit à cette occasion à M. Tavel, vice-président.

« Monsieur le président,

« Je reçois à l'instant le brevet qui m'apprend que le conseil exécutif de la ville de Berne m'a nommé capitaine d'artillerie. Je m'empresse de vous en exprimer mes remercîments, car vous avez entièrement rempli mon désir. Ma patrie, ou plutôt le gouvernement de la France, me repousse, parce que je suis le neveu d'un grand homme. Vous êtes plus justes à mon égard.

« Je suis fier de compter parmi les défenseurs d'un État où la souveraineté du peuple est reconnue comme base de la constitution, et où chaque citoyen est prêt à se sacrifier pour la liberté et l'indépendance de son pays.

« Recevez, monsieur le président, l'assurance de mes sentiments distingués.

« *Signé* Napoléon-Louis Bonaparte. »

Il ne faut pas oublier qu'en Suisse il n'y a pas d'armée permanente, et que ce brevet de capitaine ne faisait que donner des facilités au prince Louis-Napoléon de continuer, à l'école d'application de Thun, ses études militaires.

En 1835, dona Maria, reine de Portugal, ayant perdu son mari, le duc de Leuchtemberg, quelques personnes jetèrent les yeux sur Louis-Napoléon pour le remplacer. Il répondit aux avances qu'on lui fit à cette époque par la lettre suivante :

« Arenemberg, ce 14 décembre 1835.

« Plusieurs journaux ont accueilli la nouvelle de mon départ pour le Portugal, comme prétendant à la main de la reine dona Maria. Quelque flatteuse que soit pour moi la supposition d'une union avec une jeune reine, belle et vertueuse, veuve d'un cousin qui m'était cher, il est de mon devoir de réfuter un tel bruit, puisque aucune démarche qui me soit connue n'a pu y donner lieu.

« Je dois même ajouter que, malgré le vif intérêt qui s'attache aux destinées d'un peuple qui vient d'acquérir ses libertés, je refuserais l'honneur de partager le trône de Portugal, si le hasard voulait que quelques personnes jetassent les yeux sur moi.

« La belle conduite de mon père, qui abdiqua, en 1810, parce qu'il ne pouvait allier les intérêts de la France avec ceux de la Hollande, n'est pas sortie de mon esprit.

« Mon père m'a prouvé, par son grand exemple, combien la patrie est préférable à un trône étranger. Je sens, en effet, qu'habitué, dès mon enfance, à chérir mon pays par-dessus tout, je ne saurais rien préférer aux intérêts français.

« Persuadé que le grand nom que je porte ne sera pas toujours un titre d'exclusion aux yeux de mes compatriotes, puisqu'il leur rappelle quinze années de gloire, j'attends avec calme, dans un pays hospitalier et libre, que le peuple rappelle dans son sein ceux qu'exilèrent, en 1815, douze cent mille étrangers. Cet espoir de servir un jour la France, comme citoyen et comme soldat, fortifie mon âme, et vaut, à mes yeux, tous les trônes du monde.

« Recevez, etc.

« *Signé* NAPOLÉON-LOUIS BONAPARTE. »

Le 30 octobre 1836 eut lieu l'insurrection de Strasbourg; le prince disait, dans ses proclamations :

« En 1830, on imposa à la France un gouvernement, sans consulter ni le peuple de Paris, ni le peuple des provinces, ni l'armée. Français! tout ce qui a été fait sans vous est illégitime.

« Un congrès national, élu par tous les citoyens, peut seul avoir le droit de choisir ce qui convient le mieux à la France.

« Paris en 1830 nous a montré comment on renverse un gouvernement impie; montrons-lui, à notre tour, comment on consolide les libertés d'un grand peuple. »

Enlevé subitement de la prison de Strasbourg

et transporté contre son gré en Amérique, Louis-Napoléon expliquait les motifs qui l'avaient conduit à la tentative de Strasbourg, dans la lettre suivante, adressée à M. Vieillard, aujourd'hui représentant du peuple :

« New-Yorck, 30 avril 1837.

« Maintenant, je vous dois une explication des motifs qui m'ont fait agir. J'avais, il est vrai, deux lignes de conduite à suivre ; l'une, qui, en quelque sorte, dépendait de moi ; l'autre, des événements. En choisissant la première, j'étais, comme vous le dites fort bien, un moyen ; en attendant la seconde, je n'étais qu'une ressource. D'après mes idées, ma conviction, le premier rôle me semblait bien préférable au second. Le succès de mon entreprise m'offrait les avantages suivants : je faisais, par un coup de main, en un jour, l'ouvrage de dix années peut-être ; réussissant, j'épargnais à la France *les luttes, les troubles, les désordres d'un bouleversement qui arrivera, je crois, tôt ou tard.* « L'esprit d'une révolution, dit M. Thiers, se compose « de passions pour le but, et de haines pour ceux « qui font obstacle. » Ayant entraîné le peuple par l'armée, nous aurions eu les nobles passions sans la haine, car la haine ne naît que de la lutte entre la force physique et la force morale. Personnellement ensuite, ma position était claire, nette, partant facile. Faisant une révolution avec quinze personnes, si j'arrivais à Paris, je ne devais ma réussite qu'au peuple, et non à un parti; arrivant en vainqueur, je déposais, de plein gré, sans y être forcé, mon épée sur l'autel de la patrie; on pouvait alors avoir foi en moi, car ce n'était plus seulement mon nom, c'était ma personne qui devenait une garantie. Dans le cas contraire, je ne pouvais être appelé que par une fraction du peuple, et j'avais pour ennemis, non un gouvernement débile, mais une foule d'autres partis, eux aussi, peut-être, nationaux.

« D'ailleurs, empêcher l'anarchie est plus facile que de la réprimer; diriger des masses est plus facile que de suivre leurs passions. Arrivant comme ressource, je n'étais qu'un drapeau de plus jeté dans la mêlée, dont l'influence, immense dans l'assion, eût peut-être été impuissante pour rallier. Enfin, dans le premier cas, j'étais au gouvernail sur un vaisseau qui n'a qu'une seule résistance à vaincre; dans le second cas, au contraire, j'étais sur un navire battu par tous les vents, et qui, au milieu de l'orage, ne sait quelle route il doit suivre. Il est vrai qu'autant la réussite de ce premier plan m'offrait d'avantages, autant le non succès prêtait au blâme. Mais, en entrant en

France, je n'ai pas pensé au rôle que me ferait une défaite; je comptais, en cas de malheur, sur mes proclamations comme testament, et sur la mort comme un bienfait. Telle était ma manière de voir... »

Rappelé en Europe par la maladie de sa mère, Louis-Napoléon arriva à Arenemberg pour recevoir ses derniers embrassements.

En 1838, M. Armand Laity publia une brochure sur la tentative de Strasbourg; cette brochure fut saisie, son auteur fut traduit devant la cour des pairs, et condamné à cinq années de détention. Le prince lui écrivit, avant sa condamnation, la lettre suivante :

« Arenemberg, 2 juillet 1838.

« Mon cher Laity,

« Vous allez donc paraître devant la cour des pairs, parce que vous avez eu le généreux dévouement de reproduire les détails de mon entreprise, de justifier mes intentions et de repousser les accusations dont j'ai été l'objet. Je ne comprends pas l'importance que met le gouvernement à empêcher la publication de cette brochure. Vous savez qu'en vous autorisant à la publier, mon seul but a été de repousser les lâches calomnies dont les organes du ministère m'ont accablé pendant les cinq mois que je suis resté en prison ou sur mer; il y allait de mon honneur et de celui de mes amis de prouver que ce n'était pas une folle exaltation qui m'avait amené à Strasbourg en 1836. On dit que votre brochure est une nouvelle conspiration, tandis qu'au contraire elle me justifie du reproche d'avoir jamais conspiré, et qu'il est dit dans les premières pages, que nous avons attendu près de deux ans pour publier les détails qui me concernent, afin que les esprits fussent plus calmes, et qu'on pût juger sans haine et sans prévention.

« Si, comme j'aime à le croire, un esprit de justice anime la cour des pairs, si elle est indépendante du pouvoir exécutif, comme le veut la constitution, il n'y a pas possibilité qu'on vous condamne; car, je ne saurais trop le répéter, votre brochure n'est pas un nouvel appel à la révolte, mais l'explication simple et vraie d'un fait qui avait été défiguré. Je n'ai d'autre appui dans le monde que l'opinion publique, d'autre soutien que l'estime de mes concitoyens. S'il est impossible à mes amis et à moi de me défendre contre d'injustes calomnies, je trouverai que mon sort est le plus cruel de tous. Vous connaissez assez mon amitié pour vous, pour comprendre combien je suis peiné de l'idée que vous pourriez être victime de votre dévouement; mais je sais aussi qu'avec votre noble caractère, vous souffrez avec résignation pour une cause populaire. On vous demandera, comme le font déjà certains journaux, où est le parti napoléonien. Répondez : Le parti n'est nulle part, et la cause partout. Le parti n'est nulle part, parce que mes amis ne sont pas enrégimentés; mais la cause a des partisans partout, depuis l'atelier de l'ouvrier jusque dans les conseils du roi; depuis la caserne du soldat jusqu'au palais du maréchal de France. Républicains, juste-milieu, légitimistes, tous ceux qui veulent un gouvernement fort, une liberté réelle, une attitude gouvernementale imposante, tous ceux-là, dis-je, sont napoléonistes, qu'ils s'en rendent compte ou non; car le système impérial n'est pas l'imitation bâtarde des constitutions anglaise ou américaine, mais bien la formule gouvernementale des principes de la révolution : c'est la hiérarchie dans la démocratie, l'égalité dans la loi, la récompense pour le mérite, c'est enfin un colosse pyramidal à base large et à tête haute.

« Dites qu'en vous autorisant à cette publication, mon but n'a pas été de troubler maintenant la tranquillité de la France, ni de remuer des passions mal éteintes, mais de me montrer à mes concitoyens tel que je suis et non tel que la haine intéressée m'a dépeint. Mais si un jour les partis renversaient le pouvoir actuel (l'exemple des cinquante dernières années nous permet cette supposition), et si, habitués qu'ils sont depuis vingt-trois ans à mépriser l'autorité, ils sapaient toutes les bases de l'édifice social, alors peut-être le nom de Napoléon serait une ancre de salut pour tout ce qu'il y a de généreux et de vraiment patriote en France. C'est pour ce motif que je tiens, comme vous le savez, à ce que l'honneur de l'aigle du 30 octobre reste intact malgré sa défaite, et qu'on ne prenne pas le neveu de l'Empereur pour un aventurier ordinaire. On vous demandera sans doute où vous avez puisé toutes les assertions que vous avancez; vous pouvez dire que vous les tenez de moi, et que je certifie sur l'honneur qu'elles m'ont été garanties par des hommes dignes de foi.

« Adieu, mon cher Laity; j'espérerais encore dans la justice, si l'intérêt du moment n'était pas la seule morale des partis.

« Recevez l'assurance de ma sincère amitié,

« *Signé* Napoléon-Louis. »

Louis-Napoléon ne put rester en Suisse sans être en butte aux persécutions du gouvernement de Louis-Philippe, qui prétendit qu'il avait promis de rester dix années en Amérique, et qui voulut le faire expulser de Suisse. Ne pouvant obtenir de la république helvétique cet acte d'ostracisme, on se souvient que le gouvernement français envoya une armée sur la frontière pour éloigner un ennemi dangereux ; la Suisse, de son côté, avait réuni 20,000 hommes, et la guerre allait éclater, sans la détermination que prit le prince de se retirer ; détermination qu'il exprime dans la déclaration suivante, adressée à la diète helvétique :

*A S. Ex. le landamann Anderwert, président un petit conseil du canton de Thurgovie.*

« Monsieur le Landamann,

« Lorsque la note du duc de Montebello fut adressée à la diète, je ne voulus point me soumettre aux exigences du gouvernement français ; car il m'importait de prouver, par mon refus de m'éloigner, que j'étais revenu en *Suisse sans manquer à aucun engagement*, que j'avais le droit d'y résider et que j'y trouverais aide et protection.

« La Suisse a montré depuis un mois, par ses protestations énergiques, et maintenant par les décisions des grands conseils qui se sont réunis, qu'elle était prête à faire les plus grands sacrifices pour maintenir sa dignité et son droit comme nation indépendante ; je saurai faire le mien et demeurer fidèle à la voix de l'honneur. On peut me persécuter, mais jamais m'avilir.

« Le gouvernement français ayant déclaré que le refus de la diète d'obtempérer à sa demande serait le signal d'une conflagration dont la Suisse pourrait être la victime, il ne me reste plus qu'à quitter un pays où ma présence est le sujet d'aussi injustes prétentions, où elle serait le prétexte de si grands malheurs !

« Je vous prie donc, monsieur le landamann, d'annoncer au directoire fédéral que je partirai dès qu'il aura obtenu, des ambassadeurs des diverses puissances, les passe-ports qui me sont nécessaires pour me rendre dans un lieu où je trouverai un asile assuré.

« En quittant aujourd'hui volontairement le seul pays où j'avais trouvé, en Europe, appui et protection; en m'éloignant des lieux qui m'étaient devenus chers à tant de titres, j'espère prouver au peuple suisse que j'étais digne des marques d'estime et d'affection qu'il m'a prodiguées Je n'oublierai jamais la noble conduite des cantons qui se sont prononcés si courageusement en ma faveur; et surtout le souvenir de la généreuse protection que m'a accordée le canton de Thurgovie restera profondément gravé dans mon cœur.

« J'espère que cette séparation ne sera pas éternelle, et qu'un jour viendra où je pourrai, sans compromettre les intérêts de deux nations qui doivent rester amies, retrouver l'asile où vingt ans de séjour et des droits acquis m'avaient créé une seconde patrie.

« Soyez, monsieur le landamann, l'interprète de mes sentiments de reconnaissance envers les conseils, et croyez que la pensée d'épargner des troubles à la Suisse peut seule adoucir les regrets que j'éprouve à la quitter.

« Recevez l'expression de ma haute estime et de mes sentiments distingués.

« *Signé* Napoléon-Louis B.

« Arenemberg, le 22 septembre 1838. »

Louis-Napoléon, forcé de quitter la Suisse, trouva un refuge en Angleterre, le seul pays en Europe où l'hospitalité n'est point soumise aux exigences de la politique. Mais là aussi les calomnies et les accusations du gouvernement français vinrent sans cesse l'assaillir. Lors de l'affaire Barbès, on prétendit que Louis-Napoléon avait payé cette émeute; il adressa à cette occasion la lettre suivante à un des principaux organes de la presse anglaise (*the Times*).

« Monsieur, je vois avec peine, par votre correspondance de Paris, qu'on veut jeter sur moi la responsabilité de la dernière insurrection. Je compte sur votre obligeance pour réfuter cette insinuation de la manière la plus formelle. La nouvelle des scènes sanglantes qui ont eu lieu m'a autant surpris qu'affligé. *Si j'étais l'âme d'un complot, j'en serais aussi le chef le jour du danger, et je ne le nierais pas après une défaite.*

« Recevez l'assurance de mes sentiments distingués.

« *Signé* Napoléon-Louis Bonaparte. »

Quelle que puisse être l'opinion qu'on se forme de Louis-Napoléon, on peut dire que sa conduite a toujours été conséquente avec ses paroles; il n'a jamais fait agir ceux qui lui étaient dévoués sans se mettre à leur tête et affronter le premier les dangers des tentatives hasardeuses dans lesquelles il s'est engagé. En 1840 il débarqua le premier sur la plage de Boulogne. On sait quelle fut l'issue de cette entreprise. Traduit devant la chambre des pairs, Louis-Napoléon adressa les paroles suivantes aux anciens serviteurs du gouvernement de son oncle, dans l'audience du 28 septembre 1840.

« Pour la première fois de ma vie il m'est permis d'élever la voix en France et de parler librement à des Français.

« Malgré les gardes qui m'entourent, malgré les accusations que je viens d'entendre, plein des souvenirs de ma première enfance, en me trouvant dans les murs du sénat, au milieu de vous que je connais, messieurs, je ne peux croire que j'aie ici l'espoir de me justifier et que vous puissiez être mes juges. Une occasion m'est offerte d'expliquer à mes concitoyens ma conduite, mes intentions, mes projets, ce que je pense, ce que je veux.

« Sans orgueil, comme sans faiblesse, si je rappelle les droits déposés par la nation dans les mains de ma famille, c'est uniquement pour expliquer les devoirs que ces droits nous ont imposés à tous.

« Depuis cinquante ans que le principe de la souveraineté du peuple a été consacré en France, par la plus puissante révolution qui se soit faite dans le monde, jamais la volonté nationale n'a été proclamée aussi solennellement, n'a été constatée par des suffrages aussi nombreux et aussi libres que pour l'adoption des constitutions de l'Empire.

« La nation n'a jamais révoqué ce grand acte de sa souveraineté, et l'Empereur l'a dit : « Tout « ce qui a été fait sans elle est illégitime. »

« Aussi, gardez-vous de croire que, me laissant aller aux mouvements d'une ambition personnelle, j'aie voulu tenter en France une restauration impériale. J'ai été formé par de plus hautes leçons, et j'ai vécu sous de plus nobles exemples.

« Je suis né d'un père qui descendit du trône, sans regret, le jour où il ne jugea plus possible de concilier avec les intérêts de la France les intérêts du peuple qu'il avait été appelé à gouverner.

« L'Empereur, mon oncle, aima mieux abdiquer l'Empire que d'accepter par des traités les frontières restreintes qui devaient exposer la France à subir les dédains et les menaces que l'étranger se permet aujourd'hui. Je n'ai pas respiré un jour dans l'oubli de tels enseignements. La proscription imméritée et cruelle, qui pendant vingt-cinq ans a traîné ma vie des marches du trône sur lesquelles je suis né jusqu'à la prison d'où je sors en ce moment, a été impuissante à irriter comme à fatiguer mon cœur; elle n'a pu me rendre étranger un seul jour à la gloire, aux droits, aux intérêts de la France. Ma conduite, mes convictions l'expliquent.

« Lorsqu'en 1830, le peuple a reconquis sa

souveraineté, j'avais cru que le lendemain de la conquête serait loyal comme la conquête elle-même, et que les destinées de la France étaient à jamais fixées ; mais le pays a fait la triste expérience des dix dernières années. J'ai pensé que le vote de quatre millions de citoyens, qui avait élevé ma famille, nous imposait au moins le devoir de faire appel à la nation, et d'interroger sa volonté ; j'ai cru même que si, au sein du congrès national que je voulais convoquer, quelques prétentions pouvaient se faire entendre, j'aurais le droit d'y réveiller les souvenirs éclatants de l'Empire, d'y parler du frère aîné de l'Empereur, de cet homme vertueux qui, avant moi, en est le digne héritier, et de placer en face de la France aujourd'hui affaiblie, passée sous silence dans le congrès des rois, la France d'alors, si forte au dedans, au dehors si puissante et si respectée. La nation eût répondu : « République ou monarchie, empire ou royauté. » De sa libre décision dépend la fin de nos maux, le terme de nos dissensions.

« Quant à mon entreprise, je le répète, je n'ai point eu de complice. Seul j'ai tout résolu ; personne n'a connu à l'avance ni mes projets ni mes ressources, ni mes espérances. Si je suis coupable envers quelqu'un, c'est envers mes amis seuls. Toutefois qu'ils ne m'accusent pas d'avoir abusé légèrement de courages et de dévouements comme les leurs. Ils comprendront les motifs d'honneur et de prudence qui ne me permettent pas de révéler à eux-mêmes combien étaient étendues et puissantes mes raisons d'espérer un succès.

« Un dernier mot, messieurs. Je représente devant vous un principe, une cause, une défaite. Le principe, c'est la souveraineté du peuple, la cause, celle de l'Empire, la défaite, Waterloo. Le principe, vous l'avez reconnu ; la cause, vous l'avez servie, la défaite, vous voulez la venger. Non, il n'y a pas de désaccord entre vous et moi, et je ne veux pas croire que je puisse être dévoué à porter la peine des défections d'autrui.

« Représentant d'une cause politique, je ne puis accepter comme juge de mes volontés et de mes actes une juridiction politique. Vos formes n'abusent personne. Dans la lutte qui s'ouvre, il n'y a qu'un vainqueur et un vaincu. Si vous êtes les hommes du vainqueur, je n'ai pas de justice à attendre de vous, et je ne veux pas de générosité. »

Le 6 octobre 1840, Louis-Napoléon fut condamné à un emprisonnement perpétuel. Lorsqu'il apprit sa sentence, il s'écria : « Du moins j'aurai le bonheur de mourir en France ! »

Résigné à son sort, Louis-Napoléon ne s'occupa plus que de travaux sérieux dont nous ferons connaître tout à l'heure la nature et l'esprit par des extraits. Mais recherchons, avant d'aller plus loin, comment le prisonnier de Ham envisageait sa propre situation. Une lettre du prince va nous donner la mesure exacte de ses idées et de ses sentiments. Cette lettre est datée de Ham le 18 avril 1843 ; elle a été publiée dans le temps (1) telle que nous la transcrivons ici.

*A M. L\*\*\*.*

Fort de Ham, le 18 avril 1843.

« Vous me dites qu'on parle beaucoup à Paris d'une amnistie, et vous me demandez l'impression que produit sur moi cette nouvelle. Je réponds franchement à votre question.

« Si demain on ouvrait les portes de ma prison, en me disant : « Vous êtes libre, venez avec nous « vous asseoir comme citoyen au foyer national ; « la France ne répudie plus aucun de ses en-

---

(1) *Progrès du Pas-de-Calais* (25 avril 1843), rédigé par M. Frédéric Degeorge, aujourd'hui représentant du peuple et l'un des secrétaires de l'Assemblée nationale.

« fants, » ah ! certes, alors, un vif mouvement de joie saisirait mon âme. Mais si, au contraire, on venait m'offrir de changer ma position actuelle pour l'exil, je refuserais une telle proposition, car ce serait à mes yeux une aggravation de peine. Je préfère être captif sur le sol français que libre à l'étranger.

« Je connais d'ailleurs ce que vaut une amnistie de la part du pouvoir actuel. Il y a sept ans, après l'affaire de Strasbourg, on vint, une nuit, m'arracher à la justice du pays, et sans écouter mes protestations, sans même me donner le temps de prendre les vêtements les plus nécessaires, on m'entraîna à deux mille lieues de l'Europe. Après avoir été retenu prisonnier jusque dans la rade de Rio-Janeiro, on me conduisit enfin aux États-Unis. Ayant appris à New-Yorck la nouvelle de la grave maladie de ma mère, je revins en Angleterre. En arrivant, quelle fut ma surprise de voir que toutes les portes du continent m'étaient fermées par les soins du gouvernement français, et quelle fut mon indignation en apprenant que, pour m'empêcher d'aller fermer les yeux de ma mère mourante, on avait répandu pendant mon absence cette calomnie (tant de fois reproduite et démentie), que j'avais promis de ne plus revenir en Europe !

« Trompant les polices des États allemands, je parvins en Suisse et assistai au spectacle le plus déchirant pour le cœur d'un fils. A peine le corps de ma mère reposait-il dans le cercueil, que le gouvernement français voulut me faire renvoyer du sol hospitalier où j'étais devenu propriétaire et citoyen. Le peuple suisse soutint ses droits et me garda. Mais, voulant éviter des complications sans nombre et même une collision, je quittai volontairement, mais non sans de vifs regrets, des lieux où ma mère avait, depuis vingt ans, transporté ses pénates français, où j'avais grandi, où enfin je comptais assez d'amis pour pouvoir croire, parfois, que j'étais dans mon pays. — Voilà quels furent, à mon égard, les effets de l'amnistie violente du gouvernement. Croyez-vous que je puisse en désirer une seconde?

« Banni depuis vingt-cinq ans, deux fois trahi par le sort, je connais, de cette vie, toutes les vicissitudes et toutes les douleurs; et, revenu des illusions de la jeunesse, je trouve, dans l'air natal que je respire, dans l'étude, dans le repos de ma prison, un charme que je n'ai pas ressenti lorsque je partageais les plaisirs des peuples étrangers, et que, vaincu, je buvais à la même coupe que le vainqueur de Waterloo. — En un mot, je répéterais, si l'occasion s'en présentait, ce que j'ai dit à

la cour des pairs : « Je ne veux pas de générosité,
« car je sais ce qu'il en coûte ! »

« Recevez, etc.

« *Signé* Napoléon-Louis Bonaparte. »

Voici maintenant quelles étaient, au point de vue politique, les pensées et les opinions de Louis-Napoléon. Nous ne faisons encore que reproduire un article du *Progrès du Pas-de-Calais*, portant la date du 28 octobre 1843.

*Profession de foi démocratique du prince Napoléon-Louis Bonaparte.*

« Ce n'est plus et nous n'en avons jamais fait un mystère pour personne : depuis plus de quinze mois, le prince Napoléon-Louis Bonaparte envoie, de sa prison de Ham, des articles au *Progrès*.

« Notre numéro du 16 en contenait un relatif au vœu émis à l'unanimité, par le Conseil général de la Corse, pour que la famille Napoléon fût rappelée de l'exil, et que le captif de Ham fût rendu à la liberté et à la jouissance de ses droits de citoyen français.

« Bien que cet article, que reproduisent un très-grand nombre de journaux français et plusieurs journaux étrangers, contînt cette déclara-

tion : « La famille Bonaparte, issue de la révolu-
« tion, *ne doit, ne peut* reconnaître qu'un principe,
« *celui de la souveraineté nationale;* elle ne peut
« donc invoquer *que les droits de citoyen français;*
« ce sont *les seuls que nous lui reconnaissons;*
« mais ceux-là, il y aurait injustice et pusillani-
« mité à les leur refuser plus longtemps; » no-
nobstant cette déclaration, le *Journal du Loiret*,
répondant au prince, crut devoir lui demander, et
il fit bien, à quel titre il rentrerait dans la grande
famille française, si les portes de sa prison lui
étaient ouvertes, et si l'exil, dont sa famille tout
entière est frappée, prenait fin.

« Le prince a répondu ainsi :

« *A M. le Rédacteur du* Journal du Loiret.

« Fort de Ham, le 21 octobre 1843.

« Monsieur,

« Je réponds sans hésitation à l'interpellation
bienveillante que vous m'adressez dans votre numéro du 18.

« Jamais je n'ai cru et jamais je ne croirai que
la France soit l'apanage d'un homme ou d'une
famille; jamais je n'ai invoqué d'autres droits que
ceux de citoyen français, et jamais je n'aurai d'au-

tre désir que de voir le peuple entier, légalement convoqué, choisir librement la forme de gouvernement qui lui conviendra.

« Issu d'une famille qui a dû son élévation au suffrage de la nation, je mentirais à mon origine, à ma nature, et, qui plus est, au sens commun, si je n'admettais pas la souveraineté du peuple comme base fondamentale de toute organisation politique. Mes actions et mes paroles antérieures sont d'accord avec cette opinion. Si on ne m'a pas compris, c'est qu'on n'explique pas les défaites; on les condamne.

« J'ai réclamé, il est vrai, une première place; mais sur la brèche. J'avais une grande ambition, mais elle était hautement avouable, l'ambition de réunir autour de mon nom plébéien tous les partisans de la souveraineté nationale, tous ceux qui voulaient la gloire et la liberté. Si je me suis trompé, est-ce à l'opinion démocratique à m'en vouloir? est-ce à la France à m'en punir?

« Croyez, monsieur, que, quel que soit le sort que l'avenir me réserve, on ne dira jamais de moi que, pendant l'exil ou la captivité, *je n'ai rien appris ni rien oublié!*

« Recevez l'assurance de mes sentiments d'estime et de sympathie.

« NAPOLÉON-LOUIS BONAPARTE. »

« C'est, dit le *Journal du Loiret* en publiant
« cette lettre dans son numéro d'avant-hier, que
« nous recevons ce matin, c'est un témoignage de
« la toute-puissance du principe démocratique,
« et c'est d'un exemple d'une haute portée, que
« ce spectacle d'un homme de famille royale,
« d'un héritier du trône, d'un prince jeune, intel-
« ligent et fier, populaire par le nom qu'il porte,
« et par les glorieux souvenirs qu'il rappelle, se
« dégageant des préjugés monarchiques, abdi-
« quant les priviléges de sa race et rendant un so-
« lennel hommage à la souveraineté du peuple.
« Nous félicitons hautement le prince Louis des
« généreux sentiments exprimés dans sa lettre.
« Ils sont ceux d'un homme de cœur et d'un esprit
« élevé. »

Puis, faisant ressortir ce contraste étrange déjà
signalé par nous, il y a quatre jours, entre l'exilé
de Goritz et le captif de Ham, notre confrère d'Orléans dit : « Pendant qu'un membre de la famille
« Napoléon déclare à la face de tous qu'il admet
« la souveraineté du peuple comme base fonda-
« mentale de toute organisation politique, un au-
« tre prétendant, le duc de Bordeaux, fait désa-
« vouer par son organe officiel ceux du parti légi-
« timiste qui veulent se détacher des doctrines ab-
« solutistes et marcher d'accord avec les senti-

« ments du pays. » Le *Journal du Loiret* termine par ces mots, qui, pénétrant à travers les barreaux qui retiennent encore le captif de Ham, font luire une étincelle de bonheur et d'espérance dans sa prison :

« Nous ne sommes qu'un faible écho de l'oppo-
« sition nationale, mais, au nom des idées dont
« nous sommes l'organe, nous adressons nos sym-
« pathies au prince Louis-Napoléon. Le prince
« Louis n'est plus un prétendant à nos yeux, mais
« un concitoyen, un membre de notre parti, un
« soldat de notre drapeau. »

A une époque antérieure, le journal que nous venons de citer avait apprécié la situation de Louis-Napoléon dans les termes suivants :

*Le prisonnier de Ham.*

« Ainsi que Chateaubriand exilé, écrivant les éloquentes pages de son *Génie du Christianisme*, s'écriait aux émigrés détracteurs de la France : « Malheur à qui insulte son pays ! Que la patrie se « lasse d'être injuste avant que nous ne nous las- « sions de l'aimer; ayons le cœur d'être plus « grand que ses injustices, » ainsi le prince Louis-Napoléon, renfermé au fort de Ham, rédigeant sa dernière brochure sur la *Question des sucres*,

« remercie le ciel de lui avoir permis, même dans la captivité, d'être utile à son pays, comme je le remercie, ajoute-t-il, de me laisser sur ce sol français, objet de tout mon amour, et que je ne veux quitter à aucun prix, pas même pour la liberté ! »

« Oh ! nous nous identifions à la pensée du captif de Ham. Si en échange de la captivité on ne doit lui offrir que l'exil, comme lui, nous préférerions qu'on nous laissât en prison.

« Au moins la prison n'est pas du choix de celui qu'on y enferme ; la prison est une nécessité ; plus on vous y surveille, plus on vous honore ; on montre qu'on a peur de vous. Le prince Louis-Napoléon, en exil, ne serait pas plus que ses cousins et que ses oncles, dont les journaux, à de longs intervalles, prononcent à peine les noms. En prison, il excite des sympathies qu'il n'obtiendrait pas étant libre; ces sympathies ne seraient-elles données qu'au malheur? En prison, on s'occupe de lui : un demi-bataillon le garde, et officiers et soldats qui le voient, qui l'entendent, qui lui parlent, rapportent dans leurs casernes et leurs garnisons ce qu'il fait, ce qu'il dit. Pour lui, le tambour bat deux ou trois fois par jour ; pour lui, la garde veille l'arme au bras; le ministre, lui-même, se réserve la haute surveillance de sa prison:

de tous les points de la France, les dévoués à la dynastie impériale aspirent à le visiter, et quand ils ne le peuvent, ils jettent, en passant, l'œil à ses barreaux. Le prince Louis-Napoléon aspirant, dans son exil, par droit de naissance, à la possession d'un trône, nous trouva ses adversaires; mais en prison, alors qu'il abdique tout rôle impérial, et ne revendique plus que le titre de citoyen, il nous trouve ses amis; et nous lui prédisons que, captif ou libre, il a encore un rôle à jouer, qui peut être beau.

« C'est en continuant à donner dans sa prison l'exemple de la résignation et du courage, c'est en continuant à s'occuper des questions matérielles qui peuvent augmenter le bien-être du peuple; c'est en continuant à étudier les publicistes qui proclament le droit des nations à se choisir leur gouvernement; c'est en se pénétrant de cette pensée de son oncle, « que depuis le 21 janvier de sanglante mémoire, un roi de France, s'il ne gouverne pas avec l'autorité de ses propres actions, s'il ne sait pas régner glorieusement, est un ilote, pis encore, un homme de trop; » c'est en se ressouvenant toujours de son origine et restant peuple, que le prince Louis-Napoléon étendra sa popularité au delà des lieux qui lui servent de prison.

« Aux trois brochures que le captif du fort de Ham a récemment publiées, et dont nous avons rendu compte, nous pouvons aujourd'hui ajouter en entier une lettre fort intéressante et encore inédite qu'il vient d'adresser à notre savant M. Arago. »

(*Progrès du Pas-de-Calais*, 6 décembre 1842.)

Le prince attendait avec patience le cours des événements, lorsque la maladie de son père le força de demander à Louis-Philippe la permission d'aller remplir un devoir sacré, en promettant sur l'honneur de revenir se constituer prisonnier après avoir fermé les yeux de l'ancien roi de Hollande. Le gouvernement français refusa, ou plutôt on voulut imposer au prisonnier des conditions que son honneur ne lui permettait pas d'accepter. Le prince écrivit alors la lettre suivante à M. Odilon Barrot, qui lui avait servi d'intermédiaire auprès du pouvoir.

« Fort de Ham, le 2 février 1846.

« Monsieur,

« Permettez-moi, avant de répondre à la lettre que vous avez bien voulu m'écrire, de vous remercier, ainsi que vos amis politiques, de l'intérêt que vous m'avez témoigné, et des démarches spontanées que vous avez cru devoir faire pour alléger le poids de mon infortune. Croyez que ma reconnaissance ne manquera jamais aux hommes généreux qui, dans des circonstances si pénibles, m'ont tendu une main amie.

« Maintenant, je dois vous dire pourquoi je ne crois pas devoir signer la lettre dont vous m'envoyez le modèle. L'homme de cœur qui se trouve seul en face de l'adversité, seul en présence d'ennemis intéressés à l'avilir, doit éviter tout subterfuge, toute équivoque, et mettre la plus grande netteté dans ses démarches ; comme la femme de César, il faut qu'il ne puisse pas même être soupçonné. Si je signais la lettre que vous et beaucoup de députés m'engagez à signer, je demanderais réellement grâce sans oser l'avouer, je me cacherais derrière la demande de mon père, comme un poltron qui s'abrite derrière un arbre pour éviter le boulet. Je trouve cette conduite peu digne de moi. Si je croyais honorable et convenable d'invoquer purement et simplement la clémence royale, j'écrirais au roi : Sire, je demande grâce.

« Mais telle n'est point mon intention. Depuis bientôt six ans, je supporte sans me plaindre une réclusion qui est une des conséquences naturelles de mes attaques contre le gouvernement. Je la supporterai encore dix ans, s'il le faut, sans accuser ni le sort ni les hommes. Je souffre; mais tous les jours je me dis : Je suis en France, je conserve mon honneur intact; je vis sans joies, mais aussi sans remords, et tous les soirs je m'endors satisfait. Rien de mon côté ne serait venu troubler ce calme de ma conscience, ce silence de ma vie, si mon père ne m'eût manifesté le désir de me revoir auprès de lui pendant ses vieux jours. Mon devoir de fils vint m'arracher à ma résignation, et je me décidai à une démarche dont je pesai toute la gravité, mais qui portait en elle ce caractère de franchise et de loyauté que je désire mettre dans toutes mes actions. J'écrivis au chef de l'État, à celui-là seul qui eût le droit légal de changer ma position; je lui demandai d'aller auprès de mon père; je lui parlai *de bienfait*, *d'humanité*, *de reconnaissance*, parce que je ne crains pas d'appeler les choses par leur nom. Le roi a paru satisfait de ma lettre; il a dit au digne fils du maréchal Ney, qui avait bien voulu se charger de la remettre, que la garantie que j'offrais était suffisante; mais il n'a point encore fait connaître sa détermination. Les ministres, au contraire, statuant sur une copie de ma lettre au roi, que je leur avais envoyée par déférence, abusant de ma position et de la leur, m'ont fait transmettre une réponse qui prouve un grand mépris pour le malheur. Sous le coup d'un pareil refus, ne connaissant même pas encore la décision du roi, mon devoir est de m'abstenir de toute démarche, et surtout de ne pas souscrire à une demande en grâce déguisée en piété filiale.

« Je maintiens tout ce que j'ai dit dans ma lettre au roi, parce que les sentiments que j'y ai manifestés étaient profondément sentis et me paraissent convenables; mais je n'avancerai pas d'une ligne. Le chemin de l'honneur est étroit et mouvant; il n'y a qu'un travers de main entre la terre ferme et l'abîme.

« D'ailleurs, croyez-le bien, monsieur, si je signais la lettre dont il s'agit, on se montrerait encore plus exigeant. Le 25 décembre, j'écris une lettre assez sèche à M. le ministre de l'intérieur, pour lui demander d'aller auprès de mon père. On me répond poliment. Le 14 janvier, je me décide à une démarche très-grave de ma part; j'écris au roi une lettre où je n'épargne aucune des expressions que je crois convenables à la réussite de ma demande. On me répond par une impertinence.

« Ma position est claire et simple, je suis captif; mais je me console en respirant l'air de la patrie. Un devoir sacré m'appelle auprès de mon père, et je dis au gouvernement : Une circonstance impérieuse me force à vous demander comme un bienfait de sortir de France. Si vous m'accordez ma demande, comptez sur ma reconnaissance, et comptez-y d'autant plus que votre décision aura l'empreinte de la générosité; car il n'y a aucun compte à faire de la reconnaissance de ceux qui auraient consenti à s'humilier pour obtenir un avantage.

« En résumé, j'attends avec calme la décision du roi, de cet homme qui a comme moi traversé trente années de malheur.

« Je compte sur l'appui et la sympathie des hommes généreux et indépendants comme vous.

« Du reste, je m'en remets à la destinée, et je m'enveloppe d'avance dans ma résignation.

« Recevez, monsieur, la nouvelle assurance de ma haute estime.

« *Signé* NAPOLÉON-LOUIS-BONAPARTE. »

Cette lettre eut l'approbation unanime de tous les amis de Louis-Napoléon. Ceux-là même qui avaient été le plus favorables au système des concessions, comprirent la nécessité de l'honneur qui avait inspiré ce langage.

La captivité de Louis-Napoléon avait duré près

de six années, lorsqu'il parvint à s'évader de la forteresse de Ham, le 25 mai 1846, et l'Angleterre devait être encore son unique abri contre les intrigues et les persécutions de la diplomatie de Louis-Philippe.

Louis-Napoléon était à Londres lorsqu'il apprit les événements du 24 février. Les portes de la France allaient s'ouvrir pour la famille exilée de l'Empereur ; arrivé à Paris, le 26, le prince faisait acte de bon citoyen, en venant des premiers saluer et reconnaître le Gouvernement provisoire.

On crut que la présence du prince à Paris pourrait servir de prétexte aux ennemis du nouvel ordre de choses. Louis-Napoléon voulut encore donner cette marque de dévouement à son pays en reprenant le chemin de l'exil, et dès lors il se proposa d'attendre à l'étranger que les élections prochaines et le vote de la Constitution eussent ramené l'ordre et la stabilité.

Mais de nouvelles circonstances devaient amener, pour Louis-Napoléon, de nouvelles anxiétés. On proposa, dans les bureaux de l'Assemblée, de maintenir pour lui seul la loi d'exil qui frappait la famille de l'Empereur. Le prince adressa alors la lettre suivante aux représentants :

*A l'Assemblée nationale.*

« Londres, 25 mai 1848.

« Citoyens représentants (1).

« J'apprends par les journaux du 22 qu'on a proposé dans les bureaux de l'Assemblée de maintenir contre moi seul la loi d'exil qui frappe ma famille depuis 1816; je viens demander aux représentants du peuple pourquoi je mériterais une semblable peine.

« Serait-ce pour avoir toujours publiquement déclaré que, dans mes opinions, la France n'était l'apanage, ni d'un homme, ni d'une famille, ni d'un parti?

« Serait-ce parce que, désirant faire triompher sans anarchie ni licence, le principe de la souveraineté nationale, qui seul pouvait mettre un terme à nos dissensions, j'ai deux fois été victime de mon hostilité contre le gouvernement que vous avez renversé?

« Serait-ce pour avoir consenti, par déférence pour le Gouvernement provisoire, à retourner à l'étranger après être accouru à Paris au premier bruit de la révolution? Serait-ce pour avoir refusé

(1) *La Presse* du 25 mai.

par désintéressement les candidatures à l'Assemblée qui m'étaient proposées, résolu de ne retourner en France que lorsque la nouvelle Constitution serait établie et la République affermie ?

« Les mêmes raisons qui m'ont fait prendre les armes contre le gouvernement de Louis-Philippe me porteraient, si on réclamait mes services, à me dévouer à la défense de l'Assemblée, résultat du suffrage universl.

« En présence d'un roi élu par deux cents députés, je pouvais me rappeler que j'étais l'héritier d'un empire fondé par l'assentiment de quatre millions de Français. En présence de la souveraineté nationale, je ne peux et ne veux revendiquer que mes droits de citoyen français ; mais ceux-là, je les réclamerai sans cesse avec l'énergie que donne à un cœur honnête le sentiment de n'avoir jamais démérité de la patrie.

« Recevez, messieurs, l'assurance de mes sentiments de haute estime.

« Votre concitoyen,
« Napoléon-Louis Bonaparte. »

L'Assemblée venait d'entendre la lecture de deux lettres adressées au président par deux princes d'Orléans ; elle refusa d'entendre la lettre de Louis-Napoléon.

Peu après, Louis-Napoléon était appelé à la représentation nationale par les votes de trois départements. Le pouvoir, de son côté, s'ingéniait à trouver des prétextes pour l'exclure de l'Assemblée : un coup de pistolet, parti par mégarde, suffit pour qu'un membre du pouvoir exécutif vînt dénoncer à la tribune un mouvement napoléonien, en réclamant des mesures d'urgence. Les passions s'agitaient, et celui dont toutes les pensées tendaient vers l'ordre, allait devenir le prétexte de nouveaux désordres. — Louis-Napoléon agit encore ici d'après les sentiments qui l'avaient animé lorsque, le 27 février, il quittait Paris pour retourner en Angleterre. — Il adressa le 11 juin, la lettre suivante au président de l'Assemblée nationale :

« Monsieur le président,

« Je partais pour me rendre à mon poste, quand j'apprends que mon élection sert de prétexte à des troubles déplorables et à des erreurs funestes.

« Je n'ai pas cherché l'honneur d'être représentant du peuple, parce que je savais les soupçons injurieux dont j'étais l'objet. Je rechercherais encore moins le pouvoir. Si le peuple m'imposait des devoirs, je saurais les remplir.

« Mais je désavoue tous ceux qui me prêtent des

intentions que je n'ai pas. Mon nom est un symbole d'ordre, de nationalité, de gloire, et ce serait avec la plus vive douleur que je le verrais servir à augmenter les troubles et les déchirements de la patrie. Pour éviter un tel malheur, je resterais plutôt en exil. Je suis prêt à tous les sacrifices pour le bonheur de la France.

« Ayez la bonté, monsieur le président, de donner connaissance de ma lettre à l'Assemblée. Je vous envoie une copie de mes remercîments aux électeurs.

« Recevez l'expression de mes sentiments distingués.

« *Signé* : Louis-Napoléon Bonaparte. »

(Journaux du 16 juin.)

Quelques mots dans cette lettre, dont le sens pouvait donner lieu à une fausse interprétation, servirent encore à dénaturer les intentions du prince.

Aucun doute n'aurait pu rester sur ses intentions, sur le sens même de la phrase incriminée, si on avait lu à l'Assemblée une adresse aux électeurs dont Louis-Napoléon envoyait, avec sa lettre, une copie au président; mais cette adresse, qui était toute de nature à calmer des passions que le hasard d'un mot venait de soulever, M. le président n'avait pas voulu la lire. Voici quelles étaient dans cet écrit, les expressions du prince :

« *Aux électeurs des départements de la Seine, de l'Yonne, de la Sarthe et de la Charente-Inférieure.*

« Citoyens,

« Vos suffrages me pénètrent de reconnaissance. Cette marque de sympathie, d'autant plus flatteuse que je ne l'avais point sollicitée, vient me trouver au moment où je regrettais de rester inactif alors que la patrie a besoin du concours de tous ses enfants pour sortir des circonstances difficiles où elle se trouve placée.

« Votre confiance m'impose des devoirs que je saurai remplir ; nos intérêts, nos sentiments, nos vœux sont les mêmes. Enfant de Paris, aujourd'hui représentant du peuple, je joindrai mes efforts à ceux de mes collègues pour rétablir l'ordre, le crédit, le travail, pour assurer la paix extérieure, pour consolider les institutions démocratiques et concilier entre eux des intérêts qui semblent hostiles aujourd'hui, parce qu'ils se soupçonnent et se heurtent, au lieu de marcher ensemble vers un but unique, la prospérité et la grandeur du pays.

« Le peuple est libre depuis le 24 février ; il

peut tout obtenir sans avoir recours à la force brutale. Rallions-nous donc autour de l'autel de la patrie, sous le drapeau de la République, et donnons au monde ce grand spectacle d'un peuple qui se régénère sans violence, sans guerre civile, sans anarchie.

« Recevez, mes chers concitoyens, l'assurance de mon dévouement et de mes sympathies.

« *Signé* Louis-Napoléon Bonaparte. »

« Londres, le 11 juin 1848.

Mais l'hostilité manifestée contre Louis-Napoléon par le pouvoir exécutif; mais le système adopté de dénaturer ses paroles et ses actions, lui avaient fait penser que le moment n'était pas venu pour lui de retourner en France; et, dans cet état de choses, le prince crut devoir adresser au président de l'Assemblée la lettre suivante :

« Londres, 15 juin 1848.

« Monsieur le président.

« J'étais fier d'avoir été élu représentant du peuple à Paris et dans trois autres départements. C'était, à mes yeux, une ample réparation pour trente ans d'exil et six ans de captivité : mais les soupçons injurieux qu'a fait naître mon élection; mais les troubles dont elle a été le prétexte; mais l'hostilité du pouvoir exécutif, m'imposent le devoir de refuser un honneur qu'on croit avoir été obtenu par l'intrigue.

« Je désire l'ordre et le maintien d'une république sage, grande, intelligente, et puisque involontairement je favorise le désordre, je dépose, non sans de vifs regrets, ma démission entre vos mains.

« Bientôt, je l'espère, le calme renaîtra et me permettra de rentrer en France comme le plus simple des citoyens, mais aussi comme un des plus dévoués au repos et à la prospérité de mon pays.

« Recevez, etc.

« *Signé* LOUIS-NAPOLÉON BONAPARTE. »

Quelques jours après cette lettre, le prince apprit que la Corse venait de le nommer son représentant à la presque unanimité. Il adressa à ce sujet une nouvelle lettre de démission au président de l'Assemblée nationale :

« Londres, le 8 juillet 1848.

« MONSIEUR LE PRÉSIDENT,

« Je viens d'apprendre que les électeurs de la Corse m'ont nommé leur représentant à l'Assemblée nationale, malgré la démission que j'avais déposée entre les mains de votre prédécesseur.

« Je suis profondément reconnaissant de ce

témoignage d'estime et de confiance ; mais les raisons qui m'ont forcé à refuser les mandats de la Seine, de l'Yonne et de la Charente-Inférieure subsistent encore ; elles m'imposent un autre sacrifice.

« Sans renoncer à l'honneur d'être un jour représentant du peuple, je crois devoir attendre, pour rentrer dans le sein de ma patrie, que ma présence en France ne puisse, en aucune manière, servir de prétexte aux ennemis de la République. Je veux que mon désintéressement prouve la sincérité de mon patriotisme ; je veux que ceux qui m'accusent d'ambition soient convaincus de leur erreur.

« Veuillez, monsieur le président, faire agréer à l'Assemblée nationale ma démission, mes regrets de ne point encore participer à ses travaux, et mes vœux ardents pour le bonheur de la République.

« Agréez, monsieur le président, mes sentiments de haute estime.

« *Signé* Louis-Napoléon Bonaparte. »

L'Assemblée nationale avait fixé de nouvelles élections au 17 septembre, et, dès le 28 août, Louis Napoléon écrivait de Londres au général Piat.

Londres, 28 août 1848.

« Général,

« Vous me demandez si j'accepterais le mandat de représentant du peuple dans le cas où je serais réélu ; je vous réponds oui, sans hésiter.

« Aujourd'hui qu'il a été démontré sans réplique que mon élection dans quatre départements n'a pas été le résultat d'une intrigue, et que je suis resté étranger à toute manifestation, à toute manœuvre politique, je croirais manquer à mon devoir si je ne répondais pas à l'appel de mes concitoyens.

« Mon nom ne peut plus être un prétexte de désordres. Il me tarde donc de rentrer en France et de m'asseoir au milieu des représentants du peuple qui veulent organiser la République sur des bases larges et solides. Pour rendre le retour des gouvernements passés impossible, il n'y a qu'un moyen, c'est de faire mieux qu'eux : car, vous le savez, général, on ne détruit réellement que ce qu'on remplace.

« Recevez, général, la nouvelle assurance de mes sentiments d'estime et d'amitié.

« Louis-Napoléon Bonaparte. »

Malgré d'indignes manœuvres pour paralyser l'élection de Louis-Napoléon, cette fois encore il fut proclamé représentant du peuple dans le département de la Seine, par 110,752 voix ; dans l'Yonne, par 42,086 voix sur 50,000 votants ; dans la Moselle, dans la Charente-Inférieure, dans la Corse, partout à une immense majorité.

Dans la séance du 26 septembre, le neveu de l'Empereur parut à l'Assemblée nationale et alla s'asseoir sur les bancs de la gauche. A cette vue, une vive agitation se manifesta ; le rapporteur des élections de la Seine, de la Corse, de l'Yonne, de la Charente-Inférieure, de la Moselle, monta à la tribune, et Louis-Napoléon fut proclamé représentant.

En ce moment, un homme jeune encore, de petite taille, vêtu de noir, distingué dans ses manières, se lève et lit, d'une voix sonore, la déclaration suivante :

Citoyens représentants,

Il ne m'est pas permis de garder le silence après les calomnies dont j'ai été l'objet.

J'ai besoin d'exposer ici, hautement, et dès le premier jour où il m'est donné de siéger parmi vous, les vrais sentiments qui m'animent et qui m'ont toujours animé.

Après trente-trois années de proscription et d'exil, je retrouve enfin ma patrie et tous mes droits de citoyen.

La République m'a fait ce bonheur; que la République reçoive mon serment de reconnaissance, mon serment de dévouement, et que les généreux compatriotes qui m'ont porté dans cette enceinte soient certains que je m'efforcerai de mériter leur suffrage en travaillant avec vous au maintien de la tranquillité, ce premier besoin du pays, et au développement des institutions démocratiques que le peuple a le droit de réclamer. (Très-bien! très-bien!)

Longtemps je n'ai pu consacrer à la France que les méditations de l'exil et de la captivité. Aujourd'hui, la carrière où vous marchez m'est ouverte ; recevez-moi dans vos rangs, mes chers collègues, avec le même sentiment d'affectueuse confiance que j'y apporte.

Ma conduite, toujours inspirée par le devoir, toujours animée par le respect de la loi, ma conduite prouvera, à l'encontre des passions qui ont cherché à me noircir pour me proscrire encore, que nul ici plus que moi n'est résolu à se dévouer à la défense de l'ordre et à l'affermissement de la République. (Marques d'approbation.)

(Extrait du *Moniteur* du 28 septembre 1848.)

Le 5 octobre, Louis-Napoléon écrit au président de l'Assemblée pour lui annoncer qu'élu dans cinq départements, il opte pour Paris, lieu de sa naissance.

Dans la séance du 25 octobre, des paroles irritantes et provocatrices furent prononcées contre la famille Bonaparte. Le lendemain, Louis-Napoléon, malgré son éloignement pour ces misérables débats de questions personnelles qui toujours ont lieu au détriment des intérêts généraux, crut devoir prendre la parole ; il le fit en ces termes :

### Citoyens représentants,

L'incident regrettable qui s'est élevé hier à mon sujet ne me permet pas de me taire.

Je déplore profondément d'être obligé de parler encore de moi, car il me répugne de voir porter sans cesse devant l'Assemblée des questions personnelles, alors que nous n'avons pas un moment à perdre pour nous occuper des graves intérêts de la patrie.

Je ne parlerai point de mes sentiments ni de mes opinions; je les ai déjà manifestés devant vous, et jamais personne n'a pu encore douter de ma parole.

Quant à ma conduite parlementaire, de même que je ne me permettrais jamais de demander à aucun de mes collègues compte de celle qu'il croira devoir tenir, de même je ne reconnais à aucun d'eux le droit de m'interpeller sur la mienne,

Ce compte, je ne le dois qu'à mes commettants. (Très-bien!)

De quoi m'accuse-t-on? D'accepter du sentiment populaire une candidature que je n'ai pas recherchée. (Mouvement.) Eh bien! oui, je l'accepte, cette candidature qui m'honore; je l'accepte, parce que trois élections successives, et le décret unanime de l'Assemblée nationale contre la proscription de ma famille, m'autorisent à croire que la France regarde le nom que je porte comme pouvant servir à la consolidation de la société ébranlée jusque dans ses fondements (réclamations), à l'affermissement et à la prospérité de la République. Que ceux qui m'accusent d'ambition connaissent peu mon cœur! Si un devoir impérieux ne me retenait pas ici, si la sympathie de mes concitoyens ne me consolait pas de l'animosité de quelques attaques et de l'impétuosité même de quelques défenses, il y a longtemps que j'aurais regretté l'exil.

On me reproche mon silence! Il n'est donné qu'à peu de personnes d'apporter ici une parole éloquente au service d'idées justes et saines; n'y a-t-il donc qu'un seul moyen de servir son pays? Ce qu'il lui faut, surtout, ce sont des actes; ce qu'il lui faut, c'est un gouvernement ferme, intelligent et sage, qui pense plus à guérir les maux de la société qu'à les venger (Très-bien!); un gouvernement qui se mette franchement à la tête des idées vraies, pour repousser ainsi mille fois mieux que par les baïonnettes, les théories qui ne sont pas fondées sur l'expérience et la raison.

Je sais qu'on veut semer mon chemin d'écueils et d'embûches, je n'y tomberai pas. Je suivrai toujours, comme je l'entends, la ligne que je me suis tracée, sans m'inquiéter, sans m'arrêter. Rien ne m'ôtera mon calme, rien ne me fera oublier mes devoirs. Je n'ai qu'un but, c'est de mériter l'estime de l'Assemblée, et, avec cette estime, celle de tous les hommes de bien et la confiance de ce peuple magnanime qu'on a si légèrement traité hier. (Réclamations.)

Je déclare donc à ceux qui voudraient organiser contre moi un système de provocation, que dorénavant je ne répondrai à aucune interpellation, à aucune excitation (oh! oh!...) qui voudraient me faire parler quand je veux me taire; et, fort de

ma conscience, je resterai inébranlable contre
toutes les attaques, impassible contre toutes les
calomnies. (Très-bien ! très-bien !!!)

(Extrait du *Moniteur* du 28 octobre 1848.)

Après quelques explications de M. Clément
Thomas, et un discours provocateur de M. Flocon,
Louis-Napoléon Bonaparte, calme à son banc, fort
de sa conscience et de l'opinion publique, attendit,
sans la moindre émotion, que l'orage ait passé ; la
majeure partie de l'Assemblée parut lui savoir gré
de cette réserve de bon goût ; elle fixa irrévocable-
ment l'élection du président au 10 décembre.

Le nom de Louis-Napoléon Bonaparte étant accueilli par le pays comme un symbole d'ordre, de
grandeur nationale, et de réconciliation, il lui devait une loyale et franche manifestation de ses intentions, si le peuple, dans sa souveraine décision,
l'appelait à la présidence de la République ; il l'a
fait en ces termes :

Pour me rappeler de l'exil, vous m'avez nommé
Représentant du Peuple. A la veille d'élire le premier magistrat de la République, mon nom se
présente à vous comme symbole d'ordre et de sécurité.

Ces témoignages d'une confiance si honorable
s'adressent, je le sais bien plus à ce nom qu'à moi-

même, qui n'ai rien fait encore pour mon pays ; mais plus la mémoire de l'Empereur me protége et inspire vos suffrages, plus je me sens obligé de vous faire connaître mes sentiments et mes principes. Il ne faut pas qu'il y ait d'équivoque entre vous et moi.

Je ne suis pas un ambitieux qui rêve tantôt l'Empire et la guerre, tantôt l'application de théories subersives. Élevé dans des pays libres à l'école du malheur, je resterai toujours fidèle aux devoirs que m'imposeront vos suffrages et les volontés de l'Assemblée.

Si j'étais nommé Président, je ne reculerais devant aucun danger, devant aucun sacrifice, pour défendre la société si audacieusement attaquée ; je me dévonerais tout entier, sans arrière-pensée, à l'affermissement d'une République sage par ses lois, honnête par ses intentions, grande et forte par ses actes.

Je mettrais mon honneur à laisser, au bout de quatre ans, à mon successeur, le pouvoir affermi, la liberté intacte, un progrès réel accompli.

Quel que soit le résultat de l'élection, je m'inclinerai devant la volonté du peuple, et mon concours est acquis d'avance à tout gouvernement juste et ferme qui rétablisse l'ordre dans les esprits comme dans les choses; qui protége efficacement la religion, la famille, la propriété, bases éternelles de tout état social ; qui provoque les réformes possibles, calme les haines, réconcilie les partis, et permette ainsi à la patrie inquiète de compter sur un lendemain.

Rétablir l'ordre, c'est ramener la confiance, pourvoir par le crédit à l'insuffisance passagère des ressources, restaurer les finances, ranimer le commerce.

Protéger la religion et la famille, c'est assurer la liberté des cultes et la liberté de l'enseignement.

Protéger la propriété, c'est maintenir l'inviolabilité des produits de tous les travaux ; c'est garantir l'indépendance et la sécurité de la possession, fondements indispensables de la liberté civile.

Quant aux réformes possibles, voici celles qui me paraissent les plus urgentes :

Admettre toutes les économies qui, sans désorganiser les services publics, permettent la diminution des impôts les plus onéreux au peuple ; encourager les entreprises qui, en développant les richesses de l'agriculture, peuvent, en France et en Algérie, donner du travail aux bras inoccupés ; pourvoir à la vieillesse des travailleurs par des institutions de prévoyance ; introduire dans nos lois industrielles les modifications qui tendent, non à ruiner le riche au profit du pauvre, mais à fonder le bien-être de chacun sur la prospérité de tous.

Restreindre dans de justes limites le nombre des emplois qui dépendent du pouvoir, et qui souvent font d'un peuple libre un peuple de solliciteurs.

Éviter cette tendance funeste qui entraîne l'État à exécuter lui-même ce que les particuliers peuvent faire aussi bien et mieux que lui. La centralisation des intérêts et des entreprises est dans la nature du despotisme. La nature de la République repousse le monopole.

Enfin, préserver la liberté de la presse des deux excès qui la compromettent toujours : l'arbitraire et sa propre licence.

Avec la guerre, point de soulagement à nos maux. La paix serait donc le plus cher de mes désirs. La France, lors de sa première révolution, a été guerrière, parce qu'on l'avait forcée de l'être. A l'invasion, elle répondit par la conquête. Aujourd'hui qu'elle n'est pas provoquée, elle peut consacrer ses ressources aux améliorations pacifiques, sans renoncer à une politique loyale et résolue. Une grande nation doit se taire, ou ne jamais parler en vain.

Songer à la dignité nationale, c'est songer à

l'armée, dont le patriotisme si noble et si désintéressé a été souvent méconnu. Il faut, tout en maintenant les lois fondamentales qui font la force de notre organisation militaire, alléger et non aggraver le fardeau de la conscription. Il faut veiller au présent et à l'avenir non-seulement des officiers, mais aussi des sous-officiers et des soldats, et préparer aux hommes qui ont servi longtemps sous les drapeaux une existence assurée.

La République doit être généreuse et avoir foi dans son avenir : aussi, moi qui ai connu l'exil et la captivité, j'appelle de tous mes vœux le jour où la patrie pourra sans danger faire cesser toutes les proscriptions et effacer les dernières traces de nos discordes civiles.

Telles sont, mes chers Concitoyens, les idées que j'apporterais dans l'exercice du pouvoir, si vous m'appeliez à la présidence de la République.

La tâche est difficile, la mission immense, je le sais! Mais je ne désespérerais pas de l'accomplir en conviant à l'œuvre, sans distinction de parti, les hommes que recommandent à l'opinion publique leur haute intelligence et leur probité.

D'ailleurs, quand on a l'honneur d'être à la tête du peuple français, il y a un moyen infaillible de faire le bien, c'est de le vouloir.

*Signé* Louis-Napoléon Bonaparte.

Ainsi se termine la série des actes et des lettres qui marquent les différentes époques de la vie politique du prince Louis-Napoléon Bonaparte.

Novembre 1848.

# RÊVERIES POLITIQUES.

# RÊVERIES POLITIQUES.[1]

> Le peuple qui a la souveraine puissance doit faire par lui-même tout ce qu'il peut faire ; et ce qu'il peut pas bien faire, il faut qu'il le fasse par ses ministres.
>
> MONTESQUIEU, *Esprit des Lois*, liv. II, c. II.

L'époque où nous vivons est faite pour développer les facultés comme pour encourager tous les amours-propres. La liberté de la presse permettant à chacun de faire connaître ses opinions, on écrit aujourd'hui ce qu'on se serait contenté de penser autrefois, et la persuasion d'un meilleur avenir stimule toutes les capacités, quelque faibles qu'elles soient. Une des raisons qui en-

---

[1] LES RÊVERIES POLITIQUES ont été écrites en 1832 : M. de Châteaubriand était alors en Suisse ; le Prince lui soumit son travail, et notre grand écrivain voulut bien y faire quelques observations, qui ont malheureusement été égarées. L'une d'elles consistait à mettre *nation* au lieu de *peuple*.

gagent les patriotes à écrire, c'est le désir ardent d'améliorer la condition des peuples; car si l'on jette un coup d'œil sur les destinées des diverses nations, on recule d'épouvante, et l'on élève alors la voix pour défendre les droits de la raison et de l'humanité. En effet, que voit-on partout? Le bien-être de tous sacrifié non aux besoins, mais aux caprices d'un petit nombre. Partout deux partis en présence, l'un qui marche vers l'avenir pour atteindre l'utile, l'autre qui se cramponne au passé pour conserver les abus. Là, on voit un despote qui opprime; ici un élu du peuple qui corrompt; là un peuple esclave qui meurt pour acquérir son indépendance, ici un peuple libre qui languit parce qu'on lui dérobe sa victoire.

Là où il n'y a pas eu de révolution, il est aisé de comprendre que le pouvoir soit rétif aux innovations et s'entoure de priviléges; mais là où il y a eu révolution, là où le peuple a renversé un pouvoir odieux pour ramener la gloire et la liberté, voir les vaincus profiter de la victoire, étouffer l'enthousiasme et relever ce que le peuple avait détruit dans sa colère, c'est ce qui surpasse l'imagination, et ce qui doit servir de leçon à la postérité. Le plus difficile n'est pas d'acquérir la liberté, c'est de la conserver; et comment la conserver, lorsque ceux qui devraient la défendre l'attaquent sans cesse. Ce n'est plus seulement la force brutale qui commande ou la trahison qui tue, c'est un esprit de doctrine qui détruit tout germe vital. C'est cet esprit qui, peu inquiet de l'honneur de la France, a tout abandonné à la peur d'une anarchie qui n'était point à craindre, ou d'une guerre que nous ne pouvions redouter. C'est une fausse idée d'utilité que celle qui sacrifie mille avantages réels pour un inconvénient ou imaginaire ou de peu d'importance. Elle tendrait donc à priver les hommes du feu parce qu'il incendie, et de l'eau parce qu'elle inonde. Ah! pourquoi la belle révolution de Juillet a-t-elle été flétrie par des hommes qui, redoutant de planter l'arbre de la liberté, ne veulent qu'en greffer des rameaux sur un tronc que les siècles ont pourri, et dont la civilisation ne veut plus!

Le malaise général qu'on remarque en Europe vient du peu de confiance que les peuples ont en leurs souverains. Tous ont promis, aucun n'a tenu. Les besoins que la civilisation fait naître se font sentir dans tous les pays ; partout les peuples demandent, partout les rois refusent. C'est donc à la force à décider. Malheur aux souverains dont les intérêts ne sont pas liés à ceux de la nation! quand la gloire de l'un ne fait pas la gloire de l'autre, quand la conservation de l'un est au détriment de l'autre, et lorsqu'ils ne peuvent se fier réciproquement ni à leurs promesses ni à leurs serments. Les rois défendent leur trône comme leur propriété personnelle. Toute concession leur paraît un vol, toute amélioration un commencement de révolte.

Les despotes qui gouvernent le sabre à la main et qui n'ont de lois que leur caprice, ceux-là du moins ne dégradent pas l'espèce humaine; ils l'oppriment sans la démoraliser. La tyrannie retrempe les hommes, mais les gouvernements faibles qui, sous un masque de liberté, marchent à l'arbitraire, qui ne peuvent que corrompre ce qu'ils voudraient abattre, qui sont injustes envers les faibles et humbles envers les forts, ces gouvernements-là conduisent à la dissolution de la société, car ils endorment par leurs promesses, tandis que les autres réveillent par leurs martyres.

*Chaque gouvernement se compose de deux éléments distincts, sa nature et son principe. Sa nature est ce qui le fait être tel, et son principe ce qui le fait agir; l'une est sa structure particulière, l'autre les passions humaines qui le font mouvoir* (1).

Un gouvernement ne peut donc être fort que lorsque ses principes sont d'accord avec sa na-

(1) Montesquieu, *Esprit des lois.*

ture. C'est ainsi que la nature de la République fut d'établir le règne de l'égalité et de la liberté, et les passions qui la firent agir, l'amour de la patrie et l'extermination de tous ses ennemis. La nature de l'Empire fut de consolider un trône sur les principes de la révolution, de cicatriser toutes les plaies de la France, de régénérer les peuples; ses passions, l'amour de la patrie, de la gloire, de l'honneur. La nature de la Restauration fut une liberté octroyée pour faire oublier la gloire, et ses passions, le rétablissement des anciens priviléges et la tendance à l'arbitraire. La nature de la royauté de 1830 fut la renaissance des gloires françaises, la souveraineté du peuple, le règne du mérite, ses passions, la peur, l'égoïsme et la lâcheté.

L'agitation qui règne dans tous les pays, l'amour de la liberté qui s'est emparé de tous les esprits, l'énergie que la confiance en une bonne cause a mise dans toutes les âmes, tous ces indices d'un désir impérieux nous mèneront à un heureux résultat. Oui, le jour viendra, et peut-être n'est-il pas loin, où la vertu triomphera de l'intrigue, où le mérite aura plus de force que les préjugés, où la gloire couronnera la liberté. Pour arriver à ce but, chacun a rêvé des moyens différents; je crois qu'on ne peut y parvenir qu'en réunissant les deux causes populaires, celle de Napoléon II et celle de la République. Le fils du grand homme est le seul représentant de la plus grande gloire, comme la République, celui de la plus grande liberté. Avec le nom de Napoléon on ne craindra plus le retour de la terreur, avec le nom de la République on ne craindra plus le retour du pouvoir absolu. Français, ne soyons pas injustes et rendons grâce à celui qui, sorti des rangs du peuple, fit tout pour sa prospérité, qui répandit les lumières et assura l'indépendance de la patrie; si un jour les peuples sont libres, c'est à Napoléon qu'ils le devront. Il habituait le peuple à la vertu, seule base d'une république. Ne lui reprochez pas sa dictature : elle nous menait à la liberté, comme le soc de fer qui creuse les sillons prépare la fertilité des campagnes. C'est lui qui porta la civilisation depuis le Tage jusqu'à la Vistule ; c'est lui qui enracina en France les principes de la République L'égalité devant les lois, la supériorité du mérite, la prospérité du commerce et de l'industrie, l'affranchissement de tous les peuples : voilà où il nous menait au pas de charge. Jeunesse française, d'où vient cette ardeur qui vous enflamme, cet amour de la liberté et de la gloire qui fait de vous les fermes soutiens et l'espoir de la patrie ? c'est que l'aurore de votre vie fut éclairée par le soleil d'Austerlitz, que l'amour de la patrie fut votre premier sentiment, et que l'instruction solide que vous puisiez sous les ailes de la victoire donnait de bonne heure accès dans votre âme aux nobles passions qui font palpiter un cœur. Le malheur du règne de l'empereur Napoléon, c'est de n'avoir pu recueillir tout ce qu'il avait semé, c'est d'avoir délivré la France sans avoir pu la rendre libre.

Mais les hommes sont souvent injustes envers ceux qui leur ont fait le plus de bien ; ils s'enthousiasment des noms et négligent les choses réelles. « Sylla, homme emporté, mène violem« ment les Romains à la liberté ; Auguste, rusé « tyran, les conduit doucement à la servitude. « Pendant que sous Sylla la République repre« nait des forces, tout le monde criait à la ty« rannie; et pendant que sous Auguste la tyrannie « se fortifiait, on ne parlait que de liberté. »

Nul doute qu'il ne faille aujourd'hui des lois immuables qui assurent à jamais le bonheur et les libertés du pays ; mais n'oublions pas qu'il y a des moments de crise d'où la patrie ne saurait sortir triomphante qu'avec le génie d'un Napoléon ou la volonté immuable d'une Convention ; car il faut une main forte qui abatte le despotisme de la servitude avec le despotisme de la liberté, qui sauve la patrie avec les mêmes moyens qui l'auraient asservie. Chaque époque a ses besoins impérieux, chaque convulsion de la société demande un remède différent. « C'est ainsi « que les lois dont l'effet naturel était de faire « des Romains un grand peuple, leur devinrent à « charge lorsqu'ils se furent agrandis (1). »

Plus il y a dans un pays d'intelligences qui se montrent, plus il y a d'hommes capables de commander aux autres, plus les institutions doivent être républicaines : aussi marchons-nous à grands pas vers le règne des capacités.

C'est en réfléchissant aux résultats vers lesquels la civilisation doit nous mener, que j'ai esquissé la constitution suivante, dont la plus grande partie est tirée des constitutions de 91 et 93. Ne m'étant occupé principalement que de sciences militaires, et nullement versé dans la législation, j'espère que mes amis, pour lesquels seuls j'écris, liront avec indulgence cet essai imparfait où j'ai émis des idées que ma raison approuve, que mon cœur sent, mais que l'expérience n'a pas encore mûries.

Les premiers besoins d'un pays sont *l'indépendance, la liberté, la stabilité, la suprématie du mérite et l'aisance également répandue*. Le meil-

(1) Montesquieu, *Grandeur et décadence des Romains*.

leur gouvernement sera celui où tout abus du pouvoir pourra toujours être corrigé, où sans bouleversement social, sans effusion de sang, on pourra changer et les lois et le chef de l'État, car une génération ne peut assujettir à ses lois les générations futures.

Pour que l'*indépendance* soit assurée, il faut que le gouvernement soit fort, et pour qu'il soit fort, il faut qu'il ait la confiance du peuple, qu'il puisse avoir une armée nombreuse et bien disciplinée sans qu'on crie à la tyrannie, qu'il puisse armer toute la nation sans crainte de se voir renversé.

Pour être libre, ce qui n'est qu'une conséquence de l'indépendance, il faut que tout le peuple indistinctement puisse concourir aux élections des représentants de la nation; il faut que la masse, qu'on ne peut jamais corrompre, et qui ne flatte ni ne dissimule, soit la source constante d'où émanent tous les pouvoirs.

Pour que l'*aisance* se répande dans toutes les classes, il faut non-seulement que les impôts soient diminués, mais encore que le gouvernement ait un aspect de stabilité qui tranquillise les citoyens et permette de compter sur l'avenir. Le gouvernement sera *stable* lorsque les institutions ne seront point exclusives, c'est-à-dire lorsque, ne favorisant aucune classe, elles seront tolérantes pour tous et surtout en harmonie avec les besoins et les désirs de la majorité de la nation. *Alors le mérite sera la seule raison pour parvenir, les services rendus à la patrie la seule cause de récompenses.*

D'après les opinions que j'avance, on voit que mes principes sont entièrement républicains. Eh! quoi de plus beau, en effet, que de rêver à l'empire de la vertu, au développement de nos facultés, au progrès de la civilisation. Si dans mon projet de constitution je préfère la forme monarchique, c'est que je pense que ce gouvernement conviendrait plus à la France en ce qu'il donnerait plus de garanties de tranquillité, de force et de liberté.

Si le Rhin était une mer, si la vertu était toujours le seul mobile, si le mérite parvenait seul au pouvoir, alors je voudrais une République pure et simple. Mais, entourés comme nous le sommes d'ennemis redoutables qui ont à leurs ordres des milliers de soldats qui peuvent renouveler chez nous l'irruption des barbares, je crois que la République ne pourrait repousser l'invasion étrangère et comprimer les troubles civils, qu'en ayant recours aux moyens de rigueur qui nuisent à la liberté. Quant à la vertu et au mérite, on voit souvent dans une République qu'ils ne peuvent atteindre qu'un certain degré ; ou l'ambition les corrompt, ou la jalousie les perd. C'est ainsi que tous les génies transcendants sont souvent écartés par la défiance qu'ils inspirent ; et l'intrigue alors triomphe du mérite qui pouvait illustrer la patrie. Je voudrais un gouvernement qui procurât tous les avantages de la République sans entraîner les mêmes inconvénients ; en un mot, un gouvernement qui fût fort sans despotisme, libre sans anarchie, indépendant sans conquêtes !

Voici les bases de ce projet de constitution.

Les trois pouvoirs de l'État seraient le Peuple. le Corps législatif et l'Empereur.

Le Peuple aurait le pouvoir électif et de sanction.

Le Corps législatif aurait le pouvoir délibératif.

L'Empereur le pouvoir exécutif.

Le pays sera heureux tant qu'il y aura harmonie parmi ces trois pouvoirs, c'est-à-dire lorsque l'opposition qui doit toujours exister dans un État libre ne sera que comme les dissonnances de la musique qui concourent à l'accord total.

L'harmonie entre le gouvernement et les gouvernés ne peut exister que de deux manières : lorsque le peuple se laisse gouverner par la volonté d'un seul, ou lorsque le chef gouverne d'après la volonté de tous. Dans le premier cas c'est le despotisme, dans le second c'est la liberté. La tranquillité de l'un est le silence des tombeaux, la tranquillité de l'autre est la sérénité d'un ciel pur.

Le pouvoir sera toujours obligé de régner d'après les désirs du peuple, puisque les deux Chambres seront immédiatement élues par la masse. Il n'y aura plus de distinction de rang ni de fortune; chaque citoyen concourra également à l'élection des députés. Il n'y aura plus ni aristocratie de naissance ni aristocratie d'argent, il n'y aura plus que celle du mérite. La seule condition pour être électeur ou éligible sera l'âge, différence qui ne repose que sur les capacités, puisque celles-ci ne se développent qu'avec les années. La seconde Chambre repose sur la même base : on ne pourra être sénateur que lorsqu'on aura rendu un service éminent à la patrie. Ces services reconnus par l'assemblée nationale, les hommes choisis par les colléges électoraux, il ne sera rien laissé au caprice d'un seul. Ainsi donc la nation sera représentée par deux Chambres : l'une sera composée des hommes que le peuple aura jugés les plus dignes de discuter les intérêts, l'autre de ceux que la nation aura reconnus comme ayant bien mérité de la patrie.

La forme du gouvernement est stable lorsqu'elle est appuyée sur toute la nation, parce qu'alors aucune classe n'est repoussée, parce que la carrière est ouverte à tous les mérites sans donner de prise aux ambitions funestes des factions; parce que enfin le pouvoir a la force nécessaire pour protéger sans avoir celle d'empiéter sur les droits du peuple.

La souveraineté du peuple est garantie, parce qu'à l'avénement de chaque nouvel empereur la sanction du peuple sera demandée. S'il refuse, les deux Chambres proposeront un nouveau souverain. Le peuple n'ayant pas le droit d'élection, mais seulement celui d'approbation, cette loi ne présente pas les inconvénients de la royauté élective, source constante de dissensions; elle sera au contraire une sûreté contre les explosions politiques. Alors on ne verra plus la terre ensanglantée, le monde ébranlé par la chute d'un seul homme; les lois, en suivant l'opinion, commanderont aux passions et devanceront les besoins.

Je me flatte que les idées que je viens d'émettre sont plus ou moins en rapport avec celles que professe la partie la plus énergique de la France, cette portion qui ne se laisse jamais corrompre par le pouvoir et qui envoie à la tribune nationale, ou au champ d'honneur, des héros ou des hommes d'État, suivant les dangers de la patrie

Cette grande portion de la nation ce sont les patriotes, et les patriotes d'aujourd'hui sont en grande partie républicains. Mais quoique chacun se soit fait un beau idéal de gouvernement, croyant telle ou telle forme mieux appropriée à la France, cependant la conséquence des principes de liberté est de reconnaître qu'au-dessus des convictions partielles il y a un juge suprême qui est le peuple. C'est à lui à décider de son sort, c'est à lui à mettre d'accord tous les partis, à empêcher la guerre civile, et à proclamer hautement et librement sa volonté suprême. Voilà le point où doivent se rencontrer tous les bons Français, de quelque parti qu'ils soient, tous ceux qui veulent le bonheur de la patrie et non le triomphe de leurs doctrines. Que ceux des carlistes qui ne font pas cause commune avec les traîtres et les ennemis de la France, mais qui suivent les idées généreuses de Chateaubriand ; que ceux des orléanistes qui ne se sont pas associés aux meurtres de la Pologne, de l'Italie et des patriotes français, que tous les républicains et napoléonistes se réunissent devant l'autel de la patrie pour attendre la décision du peuple. Alors nous présenterons à l'Europe le spectacle imposant d'un grand peuple qui se constitue sans excès, qui marche à la liberté sans désordre. Si les puissances qui veulent partager la France nous faisaient la guerre, elles verraient alors le peuple libre se lever tout entier comme un géant au milieu des pygmées qui voudraient l'attaquer.

On parle de combats éternels, de luttes interminables, et cependant il serait facile aux souverains de consolider la paix pour toujours : qu'ils consultent les rapports et les mœurs des diverses nations entre elles, qu'ils leur donnent leur nationalité et les institutions qu'elles réclament, et ils auront trouvé la vraie balance politique. Alors tous les peuples seront frères, et ils s'embrasseront à la face de la tyrannie détrônée, de la terre consolée et de l'humanité satisfaite.

# CONSTITUTION.

*Déclaration des droits de l'homme et du citoyen.*

X (nom du souverain) par la volonté du peuple, empereur de la république française.

Le peuple français, convaincu que l'oubli et le mépris des droits naturels de l'homme sont les seules causes des malheurs du monde, a résolu d'exposer dans une déclaration solennelle ces droits sacrés et inaliénables, afin que tous les citoyens, pouvant comparer sans cesse les actes du gouvernement avec le but de toute institution sociale, ne se laissent jamais opprimer et avilir par la tyrannie, afin que le peuple ait toujours devant les yeux les bases de sa liberté et de son bonheur, le magistrat la règle de ses devoirs, le législateur l'objet de sa mission.

En conséquence, il proclame, en présence de Dieu, la déclaration suivante des droits de l'homme et du citoyen.

Art. 1. Le but de la société est le bonheur commun.

2. Ces droits sont l'égalité, la liberté, la sûreté, la propriété.

3. Tous les hommes sont égaux par la nature et devant la loi.

4. Tous les citoyens sont également admissibles aux emplois publics. Les peuples libres ne connaissent d'autres motifs de préférence dans leurs élections, que les vertus et les talents.

5. Le droit de manifester sa pensée et ses opinions, soit par la voie de la presse, soit de toute autre manière, le droit de s'assembler paisiblement, le libre exercice des cultes, ne peuvent être interdits.

6. Nul ne doit être accusé, arrêté, ni détenu, que dans les cas déterminés par la loi et selon les formes qu'elle a prescrites. Tout citoyen appelé ou saisi par l'autorité de la loi doit obéir à l'instant; il se rend coupable par résistance.

7. Tout acte exercé contre un homme, lors des cas et sans les formes que la loi détermine, est arbitraire et tyrannique; celui contre lequel on voudrait l'exécuter par la violence, a le droit de le repousser par la force.

8. Tout homme étant présumé innocent jusqu'à ce qu'il ait été déclaré coupable, s'il est jugé in-

dispensable de l'arrêter, toute rigueur qui ne serait pas nécessaire pour s'assurer de sa personne doit être sévèrement réprimée par la loi.

9. Nul ne doit être jugé et puni qu'après avoir été entendu ou légalement appelé, et qu'en vertu d'une loi promulguée antérieurement au délit. La loi qui punirait des délits commis avant qu'elle existât, serait une tyrannie; l'effet rétroactif donné à la loi serait un crime.

10. Le droit de propriété est celui qui appartient à tout citoyen de jouir et de disposer à son gré de ses biens et de ses revenus, du fruit de son travail et de son industrie.

11. Nul genre de travail, de culture, de commerce, ne peut être interdit à l'industrie des citoyens.

12. Les secours publics sont une dette sacrée. La société doit la subsistance aux citoyens malheureux, soit en leur procurant du travail, soit en assurant les moyens d'exister à ceux qui sont hors d'état de travailler.

13. La souveraineté réside dans le peuple; elle est une, indivisible, imprescriptible et inaliénable.

14. Un peuple a toujours le droit de revoir, de réformer et de changer sa constitution. Une gé-

nération ne peut assujettir à ses lois les générations futures.

### De l'exercice des droits de cité.

La République française est une et indivisible. Son territoire européen est distribué en départements et arrondissements communaux.

Tout homme né et résidant en France qui, âgé de vingt et un ans accomplis, s'est fait inscrire sur le registre civique de son arrondissement communal, qui a demeuré depuis pendant un an sur le territoire de la République, est citoyen français.

Un étranger devient citoyen français, lorsqu'après avoir atteint l'âge de vingt et un ans accomplis, et avoir déclaré l'intention de se fixer en France, il y a résidé pendant dix années consécutives.

La qualité de citoyen français se perd, 1° par la naturalisation en pays étranger ; 2° par l'acceptation de fonctions ou de pensions offertes par un gouvernement étranger ; 3° par l'affiliation à toute corporation étrangère qui supposerait des distinctions de naissance ; 4° par la condamnation à des peines afflictives et infamantes.

L'exercice des droits de citoyen français est suspendu, 1° par l'état de débiteur failli, ou d'hé ritier immédiat détenteur à titre gratuit de la succession totale ou partielle d'un failli ; 2° par l'état de domestique à gages, attaché au service de la personne ou du ménage ; 3° par l'état d'interdiction judiciaire, d'accusation ou de contumace.

Les citoyens de chaque arrondissement communal désignent par leurs suffrages ceux d'entre eux qu'ils croient les plus propres à gérer les affaires publiques.

*De la souveraineté du peuple.*

La souveraineté est une, indivisible, inaliénable et imprescriptible. Elle appartient à la nation ; aucune section du peuple, ni aucun individu, ne peut s'en attribuer l'exercice.

La nation, de qui seule émane tous les pouvoirs, ne peut les exercer que par délégation. La constitution française est représentative : les représentants sont le corps législatif et l'Empereur.

Le pouvoir législatif est délégué à deux assemblées nationales composées de représentants, les uns temporaires, les autres à vie, librement élus par le peuple, pour être exercé par elles, avec la sanction de l'Empereur, de la manière qui sera déterminée ci-après.

Le gouvernement est monarchique ; le pouvoir

exécutif est délégué à l'Empereur, pour être exercé sous son autorité par des ministres et autres agents responsables, de la manière qui sera déterminée ci-après.

Le pouvoir judiciaire est délégué à des juges élus à temps par le peuple.

*Formes du gouvernement.*

La personne de l'Empereur est inviolable tant qu'il ne viole pas ses serments. Ses ministres sont responsables de tous les délits par eux commis contre la sûreté nationale et la constitution, de tout attentat à la propriété et à la liberté individuelle, de toute dissipation des deniers destinés aux dépenses de leur département.

A l'Empereur seul appartient la puissance exécutive.

L'Empereur est le chef suprême de l'État; il commande les forces de terre et de mer, déclare la guerre, fait les traités de paix, d'alliance et de commerce, nomme à tous les emplois d'administration publique qui lui sont réservés par la loi, et fait les règlements et ordonnances nécessaires pour l'exécution des lois, sans pouvoir jamais ni suspendre les lois elles-mêmes, ni dispenser de leur exécution.

La puissance législative s'exerce collectivement par l'Empereur, le Sénat et la Chambre des Tribuns du peuple.

La proposition des lois appartient à l'Empereur, au Sénat et à la Chambre des Tribuns du peuple.

Néanmoins toute loi d'impôt doit être d'abord votée par la Chambre des Tribuns du peuple.

Toute loi doit être discutée et votée librement par la majorité de chacune des deux Chambres.

Si une proposition de loi a été rejetée par l'un des trois pouvoirs, elle ne pourra être représentée dans la même session.

L'Empereur seul sanctionne et promulgue les lois.

La liste civile est fixée pour toute la durée du règne, par la première législature assemblée depuis l'avénement de l'Empereur.

L'avénement de l'Empereur au trône sera sanctionné par le peuple, réuni en assemblées primaires. Si le fils ou le plus proche parent du dernier Empereur ne convient pas à la nation, les deux chambres proposeront un nouvel Empereur, et leur proposition passera à la rectification du peuple.

Les citoyens qui à la mort du souverain prendraient les armes pour imposer une nomination quelconque à l'État, seront déclarés traîtres à la patrie et mis hors la loi.

### Du Corps législatif.

Le corps législatif se compose de deux Chambres: le Sénat et la Chambre des Tribuns du peuple.

### Du Sénat.

Le Sénat est une portion essentielle de la puissance législative. Il est convoqué par l'Empereur en même temps que la Chambre des Tribuns du peuple. La session de l'une commence et finit en même temps que l'autre. Pour être sénateur, il faut avoir rendu un service éminent à la patrie, et que ce service soit constaté par la Chambre des Tribuns du peuple.

Les colléges électoraux convoqués par l'Empereur ont seuls le droit de proposer les sénateurs à la ratification des Tribuns, du Sénat et de l'Empereur.

La dignité du sénateur est inamovible et à vie : leur nombre sera porté jusqu'à trois cents.

Le président du Sénat est élu par lui à l'ouverture de la session.

Nul prince de la famille impériale ne peut être sénateur par droit de naissance.

Les séances du Sénat sont publiques comme celles de la Chambre des Tribuns du peuple.

Le Sénat connaît des crimes de haute trahison et des attentats à la sûreté de l'État qui seront définis par la loi.

Aucun sénateur ne peut être arrêté que de l'autorité du Sénat, et jugé que par lui en matière criminelle.

*De la Chambre des Tribuns du Peuple.*

La Chambre des Tribuns sera composée par les colléges électoraux dont l'organisation sera déterminée par des lois.

Les tribuns seront élus pour cinq ans.

Tout citoyen est électeur à l'âge de vingt-cinq ans.

Tout citoyen est éligible à l'âge de trente ans.

Les présidents des colléges électoraux sont nommés par les électeurs.

La moitié au moins des Tribuns sera choisie parmi des éligibles qui ont leur domicile politique dans le département.

Le président de la Chambre des Tribuns est élu par elle à l'ouverture de chaque session.

Les séances de la Chambre sont publiques; mais la demande de cinq membres suffit pour qu'elle se forme en comité secret.

La Chambre se partage en bureaux pour discuter les projets qui lui ont été présentés de la part de l'Empereur.

Aucun impôt ne peut être établi ni perçu, s'il n'a été consenti par les deux Chambres et sanctionné par l'Empereur.

L'impôt foncier n'est consenti que pour un an. Les impositions indirectes peuvent l'être pour plusieurs années.

L'Empereur convoque chaque année les deux Chambres : il les proroge, et peut dissoudre celle des Tribuns; mais dans ce cas, il doit en convoquer une nouvelle dans le délai de trois mois.

Aucune contrainte par corps ne peut être exercée contre un Tribun, durant la session, et dans les six semaines qui l'auront précédée ou suivie.

Aucun Tribun ne peut, pendant la durée de la session, être poursuivi ni arrêté en matière criminelle, sauf le cas de flagrant délit, qu'après que la Chambre a permis sa poursuite.

Toute pétition à l'une ou à l'autre des Chambres ne peut être faite et présentée que par écrit. La loi interdit d'en apporter en personne à la barre.

### Des Ministres.

Les ministres ne sont point sénateurs de droit, mais ils peuvent siéger aux deux Chambres et être entendus quand ils le demandent.

La Chambre des Tribuns du peuple a le droit d'accuser les ministres et de les traduire devant le Sénat, qui seul a le droit de les juger.

Un ministre ne peut être banquier, ni jouer à la Bourse.

La responsabilité des ministres sera déterminée par une loi.

### Du Pouvoir judiciaire.

Le pouvoir judiciaire ne peut, en aucun cas, être exercé par le corps législatif, ni par l'Empereur.

La justice sera rendue gratuitement par des juges élus à temps par le peuple, et institués par lettres patentes de l'Empereur, qui ne pourra les refuser. Ils ne pourront être, ni destitués que pour forfaiture dûment jugée, ni suspendus que par une accusation admise. L'accusateur public sera nommé par le peuple.

Les citoyens ne peuvent être distraits des juges que la loi leur assigne, par aucune commission, ni par d'autres attributions et révocations que celles qui sont déterminées par les lois.

En matière criminelle, nul citoyen ne peut être jugé que sur accusation reçue par des jurés, ou décrétée par le corps législatif dans le cas où il appartient de poursuivre l'accusation. Après l'accusation admise, le fait sera reconnu et déclaré par des jurés. L'accusé aura la faculté d'en récuser jusqu'à vingt, sans donner de motifs. Les jurés qui déclareront le fait, ne pourront être au-dessous du nombre de douze. L'application de la loi sera faite par des juges. L'instruction sera publique, et l'on ne pourra refuser aux accusés le secours d'un conseil. Tout homme acquitté par un juré légal ne peut plus être repris ni accusé à raison du même fait.

Nul homme, dans le cas où sa détention est autorisée par la loi, ne peut être conduit et détenu que dans les lieux légalement et publiquement désignés pour servir de maison d'arrêt, de maison de justice ou de prison.

Nul gardien ou geôlier ne peut recevoir ni retenir aucun homme qu'en vertu d'un mandat, ordonnance de prise de corps, décret d'accusation, ou jugement, et sans que la transcription en ait été faite sur son registre.

Tout gardien ou geôlier est tenu, sans qu'aucun ordre puisse l'en dispenser, de représenter la personne du détenu à l'officier civil ayant la police de la maison de détention, toutes les fois qu'il en sera requis par lui.

Il y aura pour toute la République un seul tribunal de cassation, établi auprès du corps législatif. Il aura pour fonctions de prononcer.

Les expéditions exécutoires des jugements des tribunaux seront conçues ainsi qu'il suit : X. (le nom de l'Empereur) par la volonté du peuple, Empereur de la République française, à tous présents et à venir, salut. Le tribunal de... a rendu le jugement suivant : (ici sera copié le jugement, dans lequel il sera fait mention du nom des juges). Mandons et ordonnons à tous huissiers sur ce requis, de mettre ledit jugement à exécution, à nos commissaires auprès des tribunaux d'y tenir la main ; et à tous commandants et officiers de la force publique, de prêter main-forte lorsqu'ils en seront légalement requis. En foi de quoi le présent jugement a été signé par le président du tribunal et par le greffier.

*De la Force publique.*

La force publique est instituée pour défendre

l'État contre les ennemis du dehors, et assurer au dedans le maintien de l'ordre et l'exécution des lois. Elle est composée de l'armée de terre et de mer et de la garde nationale.

Servir sa patrie étant un devoir sacré pour tout citoyen, la conscription est rétablie comme la plus libérale et la plus urgente des institutions.

L'organisation de la garde nationale sera fixée par une loi.

Aucun agent de la force publique ne peut entrer dans la maison d'un citoyen, si ce n'est pour l'exécution des mandements de police et de justice, ou dans les cas formellement prévus par la loi.

Si des troubles agitent tout un département, l'Empereur donnera, sous la responsabilité de ses ministres, les ordres nécessaires pour l'exécution des lois et le rétablissement de l'ordre, mais à le charge d'en informer le corps législatif, s'il est assemblé, et de le convoquer, s'il est en vacances.

La force publique est essentiellement obéissante; nul corps armé ne peut délibérer.

*Des rapports de la République française avec les Nations étrangères.*

Le peuple français est l'ami et l'allié naturel

des peuples libres. Il ne s'immisce point dans le gouvernement des autres nations. Il ne souffre pas que les autres nations s'immiscent dans le sien.

Il donne asile aux étrangers bannis de leur pays pour la cause de la liberté.

Il ne fait point la paix avec un ennemi qui occupe son territoire.

*Dispositions particulières.*

Le cautionnement pour les feuilles périodiques est aboli.

La Légion d'honneur est maintenue, mais elle n'est décernée par l'Empereur que lorsque le mérite de l'individu est reconnu par une commission nommée dans ce but.

# CONSIDÉRATIONS

POLITIQUES ET MILITAIRES

# SUR LA SUISSE

EXIL.

# AVANT-PROPOS.

Je recommande à l'indulgence de mes lecteurs ces réflexions que je soumets à leur jugement. Si, en parlant de la Suisse, je n'ai pu m'empêcher de songer souvent à la France, j'espère qu'ils me pardonneront mes digressions ; car l'intérêt que m'inspire un peuple libre ne peut qu'augmenter mon amour pour mon pays.

Arenemberg, 6 juillet 1833.

# CONSIDÉRATIONS

POLITIQUES ET MILITAIRES

# SUR LA SUISSE

Les progrès de la civilisation se font sentir au milieu des Alpes, et la secousse donnée par la révolution de Juillet en hâte les résultats heureux : aussi voyons-nous la Suisse se constituer en nation indépendante, et rompre les entraves qui, depuis 1815, gênaient les progrès de son développement social. Heureux le peuple qui, par son énergie, a su secouer le joug étranger ! heureux le peuple qui peut lui-même se donner des lois ! Honneur à lui lorsque, se souvenant de son antique esclavage, il prend pitié des maux qu'il a soufferts jadis, et tend une main secourable aux victimes des persécutions étrangères.

La Suisse est le seul coin de terre en Europe où la souveraineté du peuple soit encore en vigueur ; nous en avons aujourd'hui un exemple par le projet de pacte fédéral qu'on soumet à l'acceptation du peuple. C'est ce pacte que je veux examiner sommairement.

Avant la révolution de 89, la Suisse, comme le disent les écrivains contemporains, était plus opprimée par l'aristocratie que les autres peuples qui vivaient dans des monarchies. Les priviléges et les abus du pouvoir étaient au plus haut degré. Il y avait des cantons souverains et des cantons sujets, des villes dominatrices et des campagnes esclaves. Les pays soumis étaient gouvernés par des baillis (landvogt), dont le pouvoir était entièrement arbitraire. En 98, les Français, en entrant sur le territoire helvétique, détruisirent toutes les souverainetés cantonales, et formèrent un seul pouvoir central semblable à celui de la France. Sans doute que les Français apportaient en Suisse, avec le fléau de la guerre, des maximes et des changements qui devaient un jour reconstituer sa force ; mais les maux momentanés avaient tellement irrité la population, qu'elle préférait ses imperfections politiques à une liberté qui se présentait sous les formes hideuses de l'arbitraire et de la violence. Pour nous autres enfants de la révolution, il nous semble étonnant de voir la Suisse, quoique république, avoir comme les autres nations un joug à rejeter et des droits à obtenir. C'est qu'en effet le mot de république n'est pas une désignation de principes, ce n'est qu'une forme de gouvernement. Ce n'est pas un principe, parce qu'elle ne garantit pas toujours la liberté et l'égalité. République, dans son acception générale, ne signifie que le gouvernement de plusieurs. Car, n'avons-nous pas vu jusqu'ici dans presque toutes les républiques le peuple soumis à une aristocratie tyrannique, à des priviléges révoltants. Rome, avec un gouvernement semblable à celui de l'Angleterre, avait une aristocratie éclairée; mais elle enrichissait le peuple de la ville privilégiée, des dépouilles et des droits qu'elle enlevait aux autres nations. En Italie, les républiques étaient despotiques. Les lois de Venise étaient écrites avec du sang, et de même qu'une république sage et démocratique peut être le meilleur des gouvernements, une république tyrannique est le pire de tous, car il est plus facile de s'affranchir du joug d'un seul que de celui de plusieurs.

En 1801, au milieu de tant d'événements divers, Napoléon, premier consul, avait seul pensé à la Suisse. Il voulait que les gardiens des Alpes se constituassent eux-mêmes, et dans le traité de Lunéville (9 février 1801), il leur fait assurer le droit *de se donner eux-mêmes le gouvernement qui leur conviendrait le mieux*. Mais tous les cantons étaient en fermentation, les uns pour les droits seigneuriaux qu'ils voulaient conserver, les autres pour la liberté qu'ils voulaient obtenir. Nulle union n'existait ; partout l'intérêt local et les priviléges l'emportaient sur l'intérêt général et sur l'égalité. Les Suisses enfin ne pouvaient en venir à une conclusion ; ils se trouvaient dans la cruelle nécessité de recourir à une intervention étrangère. Aujourd'hui le peuple est plus éclairé, il sent qu'il ne doit confier à personne le soin d'arranger ses affaires : d'ailleurs, il pourrait bien trouver des maîtres, mais point de médiateurs. En trois ans les Suisses avaient essayé quatre à cinq constitutions. Du milieu de toutes ces luttes, le principe aristocratique s'avançait toujours menaçant. Le gouvernement helvétique réclama la médiation de Napoléon ; il la leur promit, et leur adressa ces paroles : « Vous vous « êtes disputés trois ans sans vous entendre. Si

« l'on vous abandonne à vous-mêmes, vous vous
« tuerez trois ans encore sans vous entendre da-
« vantage. Votre histoire prouve d'ailleurs que
« vos guerres intestines n'ont jamais pu se ter-
« miner que par l'intervention de la France. Il
« est vrai que j'avais pris le parti de ne plus me
« mêler de vos affaires... Je reviens sur ma réso-
« lution. Je serai le médiateur de vos différends;
« mais ma médiation sera efficace, telle qu'il con-
« vient au grand peuple au nom duquel je parle. »

A la voix du chef de la république française et cisalpine, les armes tombent des mains des partis combattants, et de tous les points de la Suisse, les députés se rendent à Paris pour y rédiger une constitution sous les auspices de la France. Napoléon discute tous les intérêts de chaque canton en particulier, et leur dit que la nature a fait leur État fédératif, que vouloir la vaincre ne serait pas d'un homme sage, qu'il voulait la démocratie la plus étendue pour les petits cantons. « Vous voudriez anéantir, disait-il, les *landsge-*
« *meinden* (1); mais alors il ne faudrait plus parler
« de démocratie. Ce sont ces formes de gouver-
« nement qui vous distinguent. Songez bien à
« l'importance d'avoir *des traits caractéristiques.*

(1) Assemblées populaires.

« C'est ce qui vous empêche de vous confondre « avec d'autres États et de vous y incorporer. » Les élections, il les voulut immédiates et non exercées par des corps électoraux. Le *grabeau*, qui est le droit exercé par les électeurs contre leurs mandataires ou les employés nommés par eux, lui semblait nécessaire, mais seulement pour les employés dont les places étaient à vie. Enfin, l'acte de médiation fut signé; il apporta à la Suisse, avec la pacification des troubles intérieurs, de grands avantages.

Il garantit la souveraineté du peuple, il abolit toute préséance d'un pays sur un autre, il n'y eut plus de sujets en Suisse, tous furent citoyens. L'acte de médiation fut donc un bien pour la Suisse, parce qu'il cicatrisa ses blessures, et assura ses libertés. Mais ne nous faisons pas illusion : pourquoi l'Empereur avait-il laissé le pouvoir central sans force et sans vigueur? C'est qu'il ne voulait pas que la Suisse pût entraver ses projets; il désirait qu'elle fût heureuse, mais momentanément nulle; et d'ailleurs sa conduite pour ce pays est conforme à celle qu'il adopta pour tous les autres. Partout il n'installa que des gouvernements de transition entre les idées anciennes et les idées nouvelles. Partout on peut remarquer dans ce qu'il établit deux éléments distincts : une base provisoire avec les dehors de la stabilité. Provisoire, parce qu'il sentait que l'Europe voulait être régénérée; avec les dehors de la stabilité, afin d'abuser ses ennemis sur ses grands projets, et pour qu'on ne l'accusât pas de tendre à l'empire du monde. C'est dans ce but qu'il surmonta d'un diadême impérial ses lauriers républicains, c'est dans ce but qu'il mit ses frères sur des trônes.

Un grand homme n'a pas les vues étroites et les faiblesses que lui prête le vulgaire. Si cela était, il cesserait d'être un grand homme. Ce n'est donc point pour donner des couronnes à sa famille qu'il nomma ses frères rois, mais bien pour qu'ils fussent, dans les divers pays, les piliers d'un nouvel édifice. Il les fit rois pour qu'on crût à la stabilité, et qu'on n'accusât pas son ambition. Il y mit ses frères, parce qu'eux seuls pouvaient concilier l'idée d'un changement avec l'apparence de l'inamovibilité, parce qu'eux seuls pouvaient être soumis à sa volonté quoique rois, parce qu'eux seuls pouvaient se consoler de perdre un royaume en redevenant princes français. Mon père, en Hollande, fut un exemple frappant de ce que j'avance. Si l'empereur Napoléon eût nommé un général français au lieu de son frère, en 1810, les Hollandais se fussent battus contre la France. Mon père, au contraire, ne croyant pas pouvoir concilier les intérêts du peuple qu'il était appelé à gouverner avec ceux de la France, préféra perdre son royaume plutôt que d'aller contre sa conscience ou contre son frère. L'histoire nous offre rarement un aussi bel exemple de désintéressement et de loyauté.

Si l'on examine toute la conduite de Napoléon, on trouvera partout les mêmes symptômes de progrès, les mêmes apparences de stabilité. C'est là le fond de son histoire. Mais dira-t-on, quand devait être le terme de cet état provisoire? A la défaite des Russes, à l'abaissement du système anglais. S'il eût été vainqueur, on aurait vu le duché de Varsovie se changer en nationalité de Pologne, la Westphalie se changer en nationalité allemande, la vice-royauté d'Italie se changer en nationalité italienne. En France, un régime libéral eût remplacé le régime dictatorial; partout stabilité, liberté, indépendance, au lieu de nationalités incomplètes et d'institutions transitoires. Mais revenons à la Suisse.

Jusqu'en 1814, la Suisse a joui d'une tranquillité parfaite : elle fut heureuse avec l'alliance française; elle nous donna des régiments de ligne qui cueillirent aussi leur part de gloire dans les rangs de la grande armée; mais les revers de

Napoléon réveillèrent partout les vieilles prétentions du parti des priviléges ; et la Suisse, trompée par ses chefs, alla se prosterner aux pieds des souverains étrangers auxquels elle ouvrait ses portes. De même que la confédération du Rhin abandonna son protecteur, de même la Suisse abandonna son médiateur, et les cohortes du Nord passèrent triomphantes près des champs de bataille de Sempach et de Morgarten. La trace de leur passage fut la violation des libertés que Napoléon avait assurées à la Suisse. L'aristocratie prit le dessus dans les grands cantons ; le peuple perdit de ses droits et l'union fut affaiblie. Dans certains cantons, les élections ne se firent plus que par des colléges électoraux, où les grands propriétaires d'une part, et un tiers des grands et petits conseils de l'autre, avaient seuls le droit de siéger et de parler. Oui, ce fut au nom de la liberté que les souverains détrônèrent Napoléon ; mais leur victoire n'en fut pas moins le triomphe du système aristocratique sur le parti démocratique, de la légitimité sur la souveraineté populaire, des priviléges et de l'oppression sur l'égalité et l'indépendance. 1815 fut pour la Suisse, comme pour les autres peuples, une réaction liberticide.

Au bout de quinze ans, la France, en Juillet,

se ressouvint de ce qu'elle avait perdu, et de ce qu'elle avait encore à obtenir. Elle se souleva, et le bruit qu'elle fit en rompant les chaînes dont on voulait l'étreindre, réveilla en sursaut les peuples : quant aux rois, depuis 89 ils ne dormaient plus ! Chaque nation jeta un triste regard sur elle-même, et mit la main sur ses blessures. Les fils de Guillaume Tell aussi avaient des droits à revendiquer. Ils se disaient : la confédération suisse est une république ; mais elle n'est pas libre, elle semble se gouverner elle-même, et c'est l'esprit de la sainte alliance qui la guide. Les élections ne sont point générales ; nulle part on ne peut exprimer librement sa pensée par écrit ; elle est république, et la publicité n'est garantie ni dans les cours de justice, ni dans les délibérations de la diète, ni dans celles des conseils législatifs ; elle ne forme qu'un seul État, et pourtant chaque canton est un petit peuple à part, qui tend journellement à se séparer davantage de la grande famille ; elle voudrait soutenir son indépendance, si elle était attaquée, et son armée, par une organisation vicieuse, n'a pas de point de réunion, ni de chefs qu'elle connaisse, ni de drapeau qui rallie les enfants d'une même patrie. — Tous ces abus, les Suisses veulent les réprimer d'un commun accord ; ils renversent, en 1830 et en 1831, tout ce qui gênait leur mouvement de progrès, et nous les voyons aujourd'hui se constituer eux-mêmes avec la fermeté et la persévérance qui conviennent à un peuple libre (1).

Avant de parler du système fédératif, je dirai qu'en général il est impossible de reconnaître un système bon pour tous les peuples, et que vouloir étendre indistinctement la même forme gouvernementale sur tous est une idée fausse et malheureuse. Chaque nation a ses mœurs, ses habitudes, sa langue, sa religion ; chacune a son caractère particulier, un intérêt différent, qui dépend de sa position géographique, ou de sa statistique. S'il y a des maximes bonnes pour tous les peuples, il n'y a pas de système bon pour tous. C'est ainsi que ce qui a fait le salut de la France, la centralisation du pouvoir pendant la République et l'Empire, faisait le malheur de la Suisse. Elle ne pouvait se faire à une unité

(1) Il est nécessaire de remarquer que si la révolution s'est opérée successivement dans chaque canton, excepté dans les cantons purement démocratiques, le pacte fédéral n'a pas été changé jusqu'ici. La question que l'on agite maintenant n'a donc rapport qu'aux intérêts généraux. Les cantons du Tessin, de Vaud, de Lucerne et de Zurich, avaient déjà commencé la réforme de leurs constitutions dans les premiers mois de l'année 1830, avant la grande semaine de Juillet.

qui lui semblait tyrannique, et que sa position géographique rendait encore plus insupportable ; et cependant elle désirait être gouvernée par les mêmes maximes, c'est-à-dire être république, indépendante et libre.

Non-seulement un même système ne peut pas convenir à tous les peuples, mais les lois doivent se modifier avec les générations, avec les circonstances plus ou moins difficiles. L'empereur Napoléon, dont on admirera toujours davantage les intentions, à mesure qu'on scrutera avec plus d'impartialité ses actions, ses principes et sa tendance, disait au conseil d'État (1) : « Il ne faut « pas se lier dans l'institution d'un nouveau gou- « vernement par des lois détaillées ; les consti- « tutions sont l'ouvrage du temps ; *on ne saurait* « *laisser une trop large voie aux améliorations.* » Montesquieu nous dit aussi « que c'est une chose « qu'on a vue toujours, que de bonnes lois, qui « ont fait qu'une petite république devînt grande, « lui devinrent à charge lorsqu'elle s'est agran- « die, parce qu'elles étaient telles que leur effet « naturel était de faire un grand peuple, et non « pas de le gouverner. » Et c'est ainsi qu'aujourd'hui la tyrannie de la Convention ne pourrait

---

(1) Séance du 1ᵉʳ décembre 1803.

plus revenir; c'est ainsi que l'arbitraire de l'Empire serait inexécutable.

Suivant les besoins du moment, les hommes tournent leurs regards ou vers le passé, ou vers l'exemple d'un peuple étranger. S'ils se bornaient à n'imiter chez leurs voisins que les institutions qui peuvent leur convenir, ils ne suivraient en cela que les lois de la sagesse ; mais trop souvent quand on copie, on adopte jusqu'aux défauts.

En 1815, en France, on ne rêvait que le gouvernement anglais; aujourd'hui on ne rêve que le gouvernement américain, quoique nous ne soyons ni Anglais ni Américains. Nous ne sommes pas Anglais, parce que depuis 89 nous n'avons plus d'aristocratie, parce que nous ne sommes pas entourés d'une mer, qui à elle seule protége notre indépendance, parce que nous n'avons ni les mêmes mœurs, ni le même climat, ni le même caractère, ni par conséquent les mêmes qualités et les mêmes défauts : les besoins sont donc différents. Nous ne sommes pas non plus Américains, parce que nous sommes 32 millions d'hommes sur 20,000 lieues carrées, tandis que les États-Unis d'Amérique n'ont que 10 millions sur une étendue de 280,000 lieues carrées, parce que l'Amérique est un pays neuf, où les terres à exploiter sont immenses, où toutes les facultés se portent vers le commerce et l'agriculture; il n'y a pas de ces populations industrielles dont l'existence précaire est un sujet de crainte et de difficulté pour tout gouvernement; il n'y a pas de partis acharnés qui, oubliant qu'ils sont fils d'une même patrie, se haïssent mortellement, et ébranlent sans cesse le gouvernement pour le remplacer par un autre plus en rapport avec leurs opinions et leurs intérêts; enfin, ils n'ont pas autour d'eux des voisins inquiets et redoutables, qui hérissent de baïonnettes leurs frontières, dès que le mot de liberté a retenti à leurs oreilles.

Le système fédératif peut donc convenir à l'Amérique et à la Suisse, et rendre ces pays-là heureux, sans que nous devions en tirer la conséquence que le même gouvernement nous apporterait la même prospérité. Déjà la Suisse, qui nous ressemble davantage, se plaint de ce système; elle sent que ses forces sont paralysées, et qu'elle ne compte pas pour ce qu'elle pourrait compter dans la balance de l'Europe. Mais qu'elle ne se plaigne pas trop de sa nullité, elle lui a dû peut-être son salut en 1815.

Jusqu'à présent, c'est un danger pressant, c'est le besoin de s'unir contre un ennemi commun, qui a amené des États différents à une confédération : il en a été ainsi de la Suisse, de la Hollande, de l'Amérique ; mais jamais un législateur n'a pensé à donner comme principe de ses lois à une nation un germe de désunion. Le système fédératif peut unir, il est vrai, différents peuples ; mais il divise une nation qui formait un tout compacte ; il tue tout esprit de nationalité et d'indépendance. L'Allemagne est aussi divisée en États fédératifs qui ont leur diète fédérale, et leurs troupes réunies en un seul corps d'armée ; mais forment-ils une nation ? Pourquoi vante-t-on la politique cruelle de Louis XI et de Richelieu ? C'est qu'ils abaissèrent les grands vassaux qui, commandant chacun une province, formaient une confédération et divisaient la force de l'État. Il faut, dans un grand pays, un centre qui soit le principe de la prospérité, comme le cœur est le principe de la vie dans le corps humain.

Zschokke, le célèbre écrivain suisse, peint ainsi l'esprit qui régnait dans les cantons : « On « les vit toujours, dit-il, insouciants de la gloire « et de la prospérité de la confédération, ne pen- « sant qu'à l'avantage de leur petit territoire, et « favorisant la cause des étrangers contre leurs « propres confédérés. » Que serait-ce dans une nation où tant d'ambitions s'exhalent, où tant d'intérêts s'entre-choquent, où tant de passions s'agitent, où tant de préjugés surnagent toujours? Cela serait le commencement de la ruine et du démembrement de la France. Divisez un grand État, et chaque portion voudra s'élever au détriment des autres ; chaque province serait le foyer de nouveaux intérêts, de nouvelles prétentions ; elle tendrait toujours à se séparer du centre. De même que les hommes réunis en corps font toujours passer l'esprit de corps avant l'intérêt général, de même, si la France était divisée en provinces, l'intérêt provincial l'emporterait sur l'intérêt commun, et je ne calcule pas la chance où chaque province arborant son drapeau deviendrait chef d'une nouvelle ligue, et voudrait imposer des lois au reste du pays. Honorons plutôt ce décret de la Convention qui, comprenant combien l'union est nécessaire dans un gouvernement, déclara la République une et indivisible ; honorons les administrateurs habiles qui, en divisant la France par départements, firent cesser toute distinction provinciale. Il n'y eut plus de Bourguignons ni de Normands ; il n'y eut plus que des Français, tous soumis à la même loi, tous jouissant des mêmes bienfaits. Nous, nous n'avons pas besoin de chercher un modèle dans les pays étrangers ; ce qu'il nous faut en France, c'est un gouvernement qui soit en rapport avec nos besoins, notre nature et notre condition d'existence. Nos besoins sont l'égalité et la liberté ; notre nature, c'est d'être les ardents promoteurs de la civilisation ; notre condition d'existence est d'être forts, afin de défendre notre indépendance. Ainsi donc, pour être libres, indépendants et forts, il nous faut un pouvoir national, c'est-à-dire un pouvoir dont tous les éléments se retrempent dans le peuple, seule source de tout ce qui est grand et généreux. Quant à la Suisse, composée de différents peuples, elle est habituée depuis des siècles au système fédératif ; la nature en a jeté les bases en séparant les cantons par des chaînes de montagnes, des défilés, des lacs et des fleuves. Elle n'est pas, comme la France, à la tête des nations, objet de crainte et de jalousie pour les rois, objet d'espoir et de consolation pour les peuples. Ce que les Suisses veulent actuellement, c'est plus d'unité dans le gouvernement fédéral, afin de simplifier les rouages de l'administration, et pour être plus en mesure de résister à une invasion. Mais hélas ! les Suisses eux-mêmes ne sont pas d'accord. La plupart des cantons qu'on appelait aristocratiques, ont fait leur révolution cantonale, et ceux-là désirent un changement fédéral ; les autres petits cantons appelés démocratiques, se refusent à participer à l'alliance commune, car ils appellent liberté, les abus qu'on leur a laissés et les priviléges qu'ils exercent. Leur vue étroite ne passant pas la limite de leur canton, ils oublient l'intérêt commun, et par les malheureux effets d'un système qui tend toujours à l'isolement, ils se croient plutôt alliés des autres cantons, qu'enfants d'une même patrie.

Jetons maintenant quelques regards sur la position de la Suisse, et sur les constitutions partielles des cantons.

La confédération helvétique est une réunion de républiques toutes différentes les unes des autres. Le besoin de la défense commune les a rapprochées, et peu à peu les a réunies par des liens plus ou moins solides. Sa population est pauvre, mais industrielle, hospitalière et fière, courageuse sans orgueil. Elle s'élève à deux millions d'habitants.

Il y a vingt-deux cantons. On comptait autrefois comme cantons aristocratiques, Bâle, Berne, Fribourg, Lucerne, Schaffouse, Soleure, Zurich. Les petits cantons, ou cantons démocratiques, sont Appenzell, Glaris, Schwitz, Unterwalden, Uri, Zug. Les nouveaux cantons sont Argovie, Saint-Gall, Grisons, Tessin, Thurgovie, Vaud, Neuchâtel, Vallais, Genève.

Il est presque impossible de faire un résumé exact de la constitution qui régit les différents cantons; il n'y en a peut-être pas deux qui soient gouvernés de la même manière. A peu près partout, le peuple a aujourd'hui la souveraine puissance, nulle part il ne l'exerce de même. Dans les grands cantons, le gouvernement est confié à un ou deux premiers magistrats, que l'on nomme ou landamann, ou avoyer, ou bourgmestre. Celui-ci forme, avec le petit conseil qu'il préside, l'autorité exécutive. Le grand conseil, qui nomme le petit conseil, est l'assemblée délibérative ; il est élu, en général, excepté à Genève, directement par le peuple de chaque canton. Ce grand conseil établit les impôts, vérifie l'administration du canton, et rectifie les arrêtés de la diète : il nomme les députés.

Dans les petits cantons, ce sont les landsgemeinden qui sont encore en vigueur. Une fois par an, ou tous les deux ans, suivant les cantons, tous les hommes, depuis l'âge de seize ans, se réunissent dans une grande plaine. Leur nombre se monte, d'après la population, de 3,000 à 10,000 hommes. Le landamann et les conseillers sont élevés sur une espèce de tréteau; de là ils parlent au peuple, qui répond affirmativement ou négativement en élevant la main. C'est la majorité qui décide. Dans quelques cantons, ils sont tous armés; et cependant ils ne se battent jamais. Ils approuvent ou rejettent les projets de lois; ils nomment le landamann, et leurs autres employés; ils nomment leurs députés à la diète, décident des traités d'alliance, font la paix ou la guerre. Le canton est encore divisé en cercles qui ont aussi leurs landsgemeinden. Ces autres assemblées nomment leur président, leurs juges, et un conseil de soixante membres. La première instruction manque à ces braves habitants des montagnes; et quoique toute la puissance soit dans leurs mains, ils obéissent à un petit nombre de familles. Celles-ci devraient au moins profiter de leur influence pour leur faire comprendre que leur intérêt ne se borne pas à la limite de leur canton, et que le bien-être et la force d'une partie ne dépendent que du bien-être et de la force de la généralité. Jusqu'à présent ils se trompent sur leurs véritables intérêts. Au risque d'entraver toute résolution utile, ils ne donnent à leurs députés à la diète que des pouvoirs extrêmement restreints; et regardent comme le premier des priviléges de sanctionner tous les arrêtés de l'assemblée fédérale C'est précisément le contraire de ce qui existe en France. Là, par l'effet d'une trop grande centralisation, le pouvoir veut intervenir dans les affaires les plus minutieuses des communes, et les obliger, par exemple, à demander l'autorisation à Paris, avant de reconstruire un pont ou d'établir une fontaine. Dans ce cas, c'est le centre qui fait tout refluer vers lui au détriment de la circonférence ; dans l'autre, c'est la circonférence qui entrave l'action et la réaction du centre. Ces deux abus sont aussi pernicieux l'un que l'autre ; mais on peut, ce me semble, remédier à l'un sans faire de la France un état fédératif ; et à l'autre, sans établir en Suisse une seule autorité centrale. En général, la Suisse a les abus du système opposé à celui des États monarchiques ; ainsi, chez eux, les employés sont réélus si souvent, qu'ils n'ont presque pas le temps de se mettre au courant des affaires. C'est le contraire de l'abus qui rend, chez d'autres peuples, les charges héréditaires.

Chaque canton de la Suisse a un code à part. Il y en a même qui n'en ont pas du tout. Chez ceux-ci, l'usage remplace la loi. Qui se douterait qu'il y a des cantons où le code criminel est encore barbare ; où l'on force un aveu de la bouche des accusés par la torture ou par des coups de bâton ; où l'on condamne à mort pour une violation de propriété ; où l'on prolonge l'agonie des criminels en les pendant à des potences ? Quant au jury, il n'en existe nulle part. Il y a des endroits où, pour de grands crimes, on forme des commissions ou des tribunaux spéciaux qui enlèvent les accusés à leurs juges naturels (1). La publicité en matière criminelle est plus ou moins en usage dans les différents cantons. Elle n'existe dans son entier qu'à Genève.

La diète est composée des députés de tous les cantons. Chaque canton envoie deux députés, mais n'a qu'une voix. La diète, pendant son absence, est remplacée par le conseil d'État du canton dans lequel elle siége. Ce conseil porte le nom de *vorort*. Il y a trois villes où la diète siége successivement pendant deux ans. Il y a donc trois *vorort*, qui sont Zurich, Berne et Lucerne.

Le séances de la diète n'ont pas été publiques jusqu'à ce jour. Depuis 1831 seulement, toutes les délibérations des conseils législatifs sont publiques.

La Suisse est divisée actuellement en deux partis : l'un, et c'est le parti du mouvement, sent tous les désavantages du système fédératif, et tend à un pouvoir central; l'autre préfère sa

---

(1) Voyez Franscini, *Statistique de la Suisse*, augmentée par Hagenaur; page 256.

vieille routine gouvernementale; il se concentre dans la souveraineté cantonale.

Tout ce que je viens de rapporter en abrégé me porte à croire qu'il faudrait à la Suisse un pouvoir central plus fort, sans changer son état fédératif ; et de même que les hommes, en passant de l'état de nature à l'état social, ont renoncé à quelques-uns de leurs droits naturels, afin que la société leur garantît l'entière jouissance de tous les autres, de même, les cantons devraient renoncer à quelques-uns de leurs droits, afin que le pouvoir fédéral pût leur garantir intacts les intérêts qui sont communs à tous.

Il y a pour toute la confédération helvétique deux intérêts bien distincts : l'un est l'intérêt général, l'autre est l'intérêt local. Tout ce qui est d'intérêt général doit donc être fait par les autorités fédérales ; tout ce qui est d'un intérêt local doit être fait par le pouvoir cantonal. Le tout consiste donc à faire la distinction juste et précise entre ces deux intérêts. L'intérêt général comprend la défense du pays, les lois sur le commerce, les lois sur la presse, un même code civil et criminel, un même système de poids et mesures, un système financier pour subvenir aux dépenses fédérales. Tout Suisse en effet doit désirer l'indépendance de sa patrie;

mais elle n'est qu'une chimère, si elle n'est soutenue par un système militaire fortement organisé. Les lois sur le commerce doivent être uniformes, parce qu'il est dans l'intérêt de tous de lever des entraves qui arrêtent les communications, gênent les spéculations, et empêchent le développement de l'industrie.

Tout citoyen d'une république doit désirer d'être libre, et la liberté est un vain mot, si l'on ne peut exprimer librement par écrit ses pensées et ses opinions. Si la publicité avait des entraves dans un canton, elle irait porter ses lumières et ses bienfaits dans un autre ; et le canton qui l'aurait exclu n'en serait pas plus à l'abri de ses atteintes. La liberté de la presse doit donc être générale.

Il faut un même code civil qui assure aux citoyens d'un même pays les mêmes droits et la même justice. Est-il naturel qu'un propriétaire, par exemple, qui a sa terre aux confins des deux cantons puisse avoir deux procès qui seraient jugés par des lois différentes, et auraient des décisions contraires? Le code criminel doit être uniforme, car on ne peut être condamné dans un canton pour un délit qu'on absout dans un autre.

L'intérêt local comprend l'élection des membres du grand et du petit conseil, la levée des impôts pour subvenir aux frais d'administration du canton, l'élection des juges.

Tels devraient être, ce me semble, les attributs du pouvoir fédéral et du pouvoir cantonal. Il est en effet de toute nécessité de tirer entre ces deux autorités une ligne précise de démarcation. J'arrive à l'examen du nouveau pacte.

Le nouveau pacte fédéral a sur la constitution de 1815 de grands avantages; il se rapproche de l'acte de médiation, avec les changements que les progrès de la civilisation et la différence des circonstances devaient nécessairement apporter. Mais ce qui est d'une haute importance, et ce qui peut-être n'est pas senti assez généralement par les Suisses, c'est que cet acte est depuis longtemps la première émanation de leur souveraineté; c'est leur propre ouvrage exempt de toute influence étrangère.

Le premier avantage du projet de pacte suisse est la loi fondamentale qui fixe à douze ans l'époque de la révision du pacte fédéral. Voici en effet la souveraineté nationale garantie. Sans de semblables lois, la souveraineté du peuple n'est qu'un vain mot que les gouvernants emploient pour tromper les crédules, que les gouvernés timides répètent pour apaiser leur conscience qui leur disait de bâtir sur de larges bases les institutions de la patrie.

Dans le sénatus-consulte de l'an XII, qui établit les devoirs de la famille Bonaparte envers le peuple français, ce principe était reconnu ; car, au bout d'un certain temps, l'obligation d'un appel au peuple était consacrée.

On dit que dans un grand pays le système électif peut être la source de grands désordres ; mais tout a son bon et mauvais côté.

Les ennemis de la souveraineté populaire vous diront : le système électif a partout amené des troubles. A Rome, il a partagé la république entre Marius et Sylla, entre César et Pompée; l'Allemagne a été en feu pour l'élection des empereurs; la chrétienté a été troublée par le choix des papes: on a vu trois apôtres de saint Pierre se disputer son héritage ; la Pologne a été ensanglantée pour le choix des rois ; tandis qu'en France, le système héréditaire a pendant trois cents ans surmonté toutes les dissensions.

D'autres répondront : le système électif a gouverné Rome pendant 450 ans, et Rome fut la reine du monde, le foyer de la civilisation. Le système héréditaire n'a pas arrêté les révolutions qui chassèrent une fois les Wasa, deux fois les Stuart et trois fois les Bourbons. Si le principe héréditaire a empêché les *guerres d'élections*, comme celles de Pologne et celles d'Allemagne, il y a substitué les *guerres de successions*, comme la rose rouge et la rose blanche, la guerre pour le trône d'Espagne, celle de Marie-Thérèse; et d'ailleurs, ce principe, souvent oppressif, a fait naître les seules guerres légitimes, c'est-à-dire les guerres d'indépendance.

Il est vrai que la stabilité fait seul le bonheur d'un peuple; sans confiance dans l'avenir, point d'esprit vital dans la société, point de commerce, point d'entreprises bienfaisantes; les masses souffrent de la stagnation de tous les éléments de prospérité qui sont arrêtés par la crainte d'un bouleversement prochain. Mais quel est le moyen d'acquérir cette stabilité? Est-ce de s'attacher au passé comme à une base immuable, et à enchaîner l'avenir comme s'il était déjà en notre possession? N'est-il pas tout aussi faux de regarder le présent comme supérieur à tout ce qui a existé, que de le croire au-dessus de tout ce qui arrivera par la suite. On ne peut pas dire à une nation : ton bonheur est là, il est fixé par des bornes insurmontables; tout progrès serait un défaut, tout retour au passé un crime.

La nature n'est pas stationnaire. Les institutions vieillissent, tandis que le genre humain se rajeunit sans cesse. L'un est l'ouvrage fragile des hommes, l'autre celui de la Divinité. La corruption peut s'introduire dans le premier ; le second est incorruptible. C'est l'esprit céleste, l'esprit de perfectionnement qui nous entraîne.

Le principe de chaque institution est ordinairement bon, parce qu'il se fonde sur les besoins du moment ; il dégénère dès que ces besoins sont changés, dès que l'effet qu'il devait produire est accompli.

Il existe, dans des moments de transition d'un progrès à un autre, des nécessités de changement pour détruire les abus, et pour remettre les lois en rapport avec les exigences du jour.

Si des bornes immuables empêchent la civilisation de s'étendre, le progrès est retardé; mais la transition, au lieu d'être douce et facile, sera marquée par une explosion qui bouleversera l'édifice social, et sera d'autant plus forte qu'il lui aura fallu plus de temps et d'efforts pour se faire jour.

Mais à ces moments de transition, qui décidera des nouvelles exigences de changements? qui décidera des différentes formes de gouvernement? — Le peuple ! qui est le plus juste et le plus fort de tous les partis ; le peuple, qui abhorre autant les excès, que l'esclavage ; le peuple, qu'on ne peut jamais corrompre, et qui a toujours le sentiment de ce qui lui convient.

Mais le peuple peut-il exercer son pouvoir indéfiniment? ne doit-il pas se borner à approuver, à rejeter les propositions faites par la partie éclairée de la nation, par celle qui représente déjà ses intérêts?

Si le peuple ne se bornait pas au droit de sanction, mais qu'il choisît indifféremment parmi tant d'individus et de codes ses gouvernants et ses lois, les troubles se renouvelleraient sans cesse; car choisir, c'est posséder le droit d'initiative. Or, l'initiative ne saurait être laissée qu'à un pouvoir délibératif, et des masses nombreuses ne peuvent point délibérer.

Donc, pour concilier tout à la fois la souveraineté populaire avec le principe d'ordre, il faudrait qu'en cas d'élection, les corps éclairés, ayant mandat spécial, ne fissent que proposer, et que le peuple ne fît qu'accepter ou rejeter leurs propositions. Je retourne à mon examen du pacte.

Dans le projet actuel, la Suisse aurait l'immense avantage d'avoir l'autorité fédérale toujours siégeant à Lucerne. Elle n'aurait plus ce gouvernement nomade qui, tous les deux ans changeant de place, transportait ses pénates fédérales tantôt de Lucerne à Berne, tantôt de Berne à Zurich.

Dans l'absence de la diète, il y aurait un landamann de la Suisse qui remplacerait son autorité ; il serait réélu tous les quatre ans, directement par le peuple. Les quatre conseillers qui, conjointement avec lui, gouverneraient la confédération, seraient plus stables qu'ils ne l'étaient auparavant ; ils pourraient donc être plus au courant des affaires. Chacun de ces conseillers aurait un département spécial, et, de plus, serait responsable de ses actes. Il présenterait une garantie dont on était totalement dépourvu.

Comme amélioration, on peut compter la faculté accordée aux habitants de tous les cantons de s'établir dans toute la Suisse. Cette liberté essentielle était garantie dans l'acte de médiation.

Une cour fédérale pour l'administration de la justice en matière fédérale est aussi un nouvel avantage obtenu.

Il y a donc dans le nouveau pacte trois pouvoirs : la diète, pouvoir délibérant et pouvoir suprême ; le conseil fédéral, pouvoir exécutif ; et la cour fédérale, pouvoir judiciaire.

Les arrêtés de la diète n'ont plus besoin de la ratification des cantons pour les alliances et les traités avec les pays étrangers, pour la mise sur pied du contingent militaire, pour le vote du budget : ce mode de ratification entraînait tant de longueurs et d'inconvénients dans l'administration, qu'un mal pressant aurait pu envahir toute la Suisse avant qu'on ait pris des mesures pour le combattre. Mais la ratification est encore nécessaire pour les traités non politiques avec les pays étrangers, pour la création et la suppression d'emplois fédéraux permanents à l'intérieur, et de fonctions diplomatiques à l'extérieur, etc.

Le système des poids et mesures est uniforme pour toute la Suisse. Cette amélioration favorisera le commerce, rendra les communications plus faciles.

Le système pour la monnaie est assez heureux, en ce qu'il se trouve en rapport direct avec la monnaie française et la monnaie allemande.

J'ai parlé des avantages principaux du nouveau pacte; qu'il me soit permis de faire aussi quelques objections. On peut avancer avec justice que si le projet n'a pas répondu à l'attente du parti libéral, c'est que la commission chargée de la rédaction du pacte a assis son système sur un faux principe, car elle s'exprime ainsi : « Il n'y avait d'autre ressource que de procéder par une évaluation qui nous laisse espérer qu'en matière de centralisation les uns se contenteront d'un peu moins qu'ils ne désirent, les autres accorderont un peu plus qu'ils ne voudraient. Le seul moyen de succès consistait à ne contenter pleinement personne (1). » Rien assurément n'est plus conforme aux maximes des doctrinaires. Ce qui distingue cette secte, c'est que dans tous les pays elle met toujours ses théories et ses désirs à la place de la réalité. Ainsi, dans une révolution fondamentale, elle ne voit qu'une révolte de palais; dans les besoins du peuple, que de menées révolutionnaires; dans les hommes qui désirent l'honneur et la liberté de leur pays, que de vils ambitieux. Même quand ses vues sont bienfaisantes, comme dans le cas présent, c'est encore ce qui devrait être qu'elle substitue dans sa pensée à ce qui est réellement. Ainsi elle croit que deux partis opposés céderont chacun de leurs prétentions pour se réunir. Cela serait sans doute conforme à la raison; mais cela ne s'est jamais vu. Malheureusement, en politique comme en religion, on préfère trop souvent celui qui est entièrement opposé à vos principes, au schismatique qui n'en diffère que par des nuances imperceptibles. Les institutions doivent favoriser tout le monde; mais l'esprit qui les dicte ne doit être

---

(1) Voyez *Rapport de la commission de la diète aux vingt-deux cantons*, page 12.

assis que sur un seul principe. Oui, c'est l'énergie, c'est la profonde conviction, qui seules triomphent. Pour être digne de créer l'enthousiasme, il faut avoir des principes arrêtés, choisir une bannière et vaincre ou mourir avec elle. Heureux quand on est dans la bonne voie sous le drapeau national !

On pourrait encore désirer que les membres de l'assemblée fédérale eussent des pleins pouvoirs plus étendus, afin que la ratification des cantons ne fût plus nécessaire que dans le cas où l'on toucherait à la loi fondamentale. La diète étant pouvoir délibératif, et en quelque sorte pouvoir exécutif, doit vaquer à l'accomplissement le plus immédiat de ses décisions; car le pouvoir exécutif doit toujours être prompt et fort. D'ailleurs, à quoi bon une assemblée délibérative quand les membres ne peuvent voter d'après leur conviction ? l'éloquence et la vérification des faits sont alors inutiles : car à quoi bon convaincre un député lorsqu'il est retenu par ses instructions.

La publicité dans les procédures criminelles devrait être garantie.

Il faudrait que la diète établît la liberté de la presse pour tous les cantons, comme faisant partie du droit public.

Le nouveau pacte ne base point son système

représentatif sur le nombre des habitants ; il donne indifféremment aux grands comme aux petits cantons une seule voix délibérante à la diète. Il rejette en cela l'exemple de l'acte de médiation, qui augmentait le nombre des députés suivant les populations. Est-il juste, en effet, que dans une même assemblée un député représente les intérêts de 300,000 âmes, tandis qu'un autre ne représentera les intérêts que de 11,000 ? Est-il juste que le canton qui, en temps de guerre, fournit 400 hommes de troupe, ait la même puissance pour décider de la paix ou de la guerre que celui qui fournit 11,000 hommes ? Aux États-Unis d'Amérique, le nombre des députés des provinces augmente en proportion des différents rapports de la population. C'est en effet le seul moyen d'avoir la véritable représentation des volontés d'un peuple.

Si le pacte fédéral adopté par la majorité des cantons est rejeté par quelques-uns, ces cantons qui se refuseraient à l'alliance fédérale, se sépareront-ils de la confédération ? mettront-ils l'État en péril par égoïsme ? donneront-ils aux ennemis de la liberté le pouvoir de dire que le principe électif apporte avec lui un germe de désorganisation ? Non, il faut espérer qu'ils comprendront l'intérêt de former une nation indivisible, et qu'ils ne sacrifieront pas ainsi les destinées de leur patrie. Ils se rendront à l'évidence, et peu à peu ils se joindront aux autres.

Mais pour empêcher les résultats funestes que pourraient amener des refus d'adhésion au vœu de la majorité, le nouveau pacte doit sanctionner que la confédération suisse est indissoluble, et que la souveraineté populaire étant la base de son gouvernement, la minorité doit se soumettre au plus grand nombre. Ce principe est la base essentielle, non-seulement de tout gouvernement populaire, mais encore de toute assemblée délibérante, de toute réunion d'hommes discutant sur leurs propres intérêts.

S'il n'en était pas ainsi, si le plus grand nombre n'était pas le plus fort, ou si le plus petit n'était pas assez sage pour adhérer au vœu général, il n'y aurait plus de souveraineté du peuple possible, car l'accord parfait ne se trouve nulle part. Si la liberté n'était pas assez forte pour se gouverner elle-même, si elle ne pouvait maîtriser les dissensions, elle préparerait la voie à l'envahissement d'une autorité tyrannique ou d'un pouvoir étranger. C'est ce qui arrivera à la Suisse si elle ne puise assez de force dans sa majorité pour en imposer à la minorité. Si le pacte fédéral établi par tous les représentants de la

Suisse, accepté par la majorité des cantons, n'est pas adopté par tous ; si les petits cantons se séparent de la mère patrie ; si les villes se mettent en hostilité avec les campagnes, les troubles croîtront sans cesse, et il se trouvera bientôt quelque puissance *amie* qui, par *sollicitude* pour le bonheur de la Suisse, et par amour pour le *repos* de l'Europe, viendra avec des bataillons mettre tout le monde d'accord, en établissant cet ordre si vanté, qui n'est pas la tranquillité résultant d'intérêts satisfaits, mais le morne silence qui règne dans les cimetières !

Les impôts sont minimes en Suisse, et d'ailleurs, le mode de les percevoir offre partout la plus grande difficulté, car partout il faut venir au secours de la classe industrielle.

Tout système financier doit se réduire désormais à ce problème : soulager les classes pauvres. Cette maxime philanthropique est reconnue de tous les bons esprits ; le moyen seul est le sujet de contestations et de discussions des publicistes.

Et si des priviléges pécuniaires peuvent jamais exister, ne doivent-ils pas être plutôt pour ceux qui manquent du nécessaire, que pour ceux qui jouissent du superflu ?

En Suisse, les impôts indirects sont presque les seuls existants.

Sous un gouvernement sage, et où le chef veille à ce que les deniers du peuple ne soient pas dilapidés, on peut faire de grandes économies sans entraver les différentes branches d'administration. Le budget de Napoléon, malgré la guerre, n'excéda jamais 6 ou 700 millions. En 1814 seulement, il fut porté à 1,076,800,000 francs, et il fit face à cette énorme dépense sans emprunt. Il disait qu'un budget de 600 millions devait suffire à la France en temps de paix; et aujourd'hui, malgré la paix, il est de 1,160,053,658 francs, ainsi de 400 millions plus fort qu'il n'était sous Napoléon, et de 500 millions plus fort qu'il ne devrait être en temps de paix (1).

Pour que l'impôt ne soit pas une charge, il faut

---

(1) On reproche souvent à l'Empereur d'avoir introduit de nouveaux impôts; on ne pourrait tout au plus lui reprocher que de les avoir déplacés. Il établit les droits-réunis pour pouvoir ôter les taxes vexatoires des barrières sur les routes, et réduisit de plusieurs millions l'impôt foncier. La force des circonstances, les guerres perpétuelles, l'obligèrent à recourir à ces moyens extrêmes, qui seraient en partie disparus à la paix. Ce système, il est vrai, était très-impopulaire; mais il valait encore mieux que de grever l'État de dettes par le moyen d'emprunts qui ruinent la nation, ou de recourir aux derniers expédients, comme la fausse-monnaie de Frédéric-le-Grand ou les assignats de la République.

que tous aient confiance à la stabilité du gouvernement ; sans cela le roi, les ministres et les autres fonctionnaires, incertains de leur position, ne considèrent leur emploi que comme un moyen de s'enrichir, et de pourvoir aux événements futurs. La Suisse, heureusement pour elle, n'est pas dans ce cas-là; elle croit avec raison à la stabilité de sa république, et non-seulement aucune charge de l'État ne rapporte assez pour pouvoir enrichir l'administrateur, mais généralement elle ne suffit même pas à son entretien. C'est un mal, car alors les fonctionnaires ne peuvent être choisis que dans les classes riches. Il y a encore là un principe aristocratique, qui a son origine dans la pauvreté.

Au reste, dans presque tous les gouvernements, le pouvoir a toujours été malheureusement dans la main d'une seule classe. Dans une théocratie il est dans la main des prêtres; dans un gouvernement militaire, dans celle des généraux; dans une monarchie aristocratique, dans la main d'une noblesse ; dans une monarchie fondée sur l'aristocratie d'argent, dans la main des riches ; enfin même dans une république, l'autorité est trop souvent confiée à un petit nombre de familles, comme celles du livre-d'or à Venise, ou seulement aux jurisconsultes, comme cela est actuellement aux États-Unis d'Amérique. Pendant notre révolution française, le pouvoir fut aussi tour à tour dans la main d'une seule portion de la nation (1).

On peut donc avancer avec justice que le gouvernement de Napoléon, Empereur plébéien, nous offrit peut-être le premier exemple d'un gouvernement où toutes les classes étaient accueillies, aucune repoussée. C'est ainsi qu'on doit comprendre l'égalité : les institutions ne doivent pas être faites pour une seule classe ou pour un seul parti; elles doivent favoriser également tout le monde. J'ai décrit en abrégé les avantages et les inconvénients qui m'ont le plus frappé dans le projet de pacte fédéral ; je n'ai rien dit du système militaire, parce que je veux développer ce sujet dans un chapitre séparé ; au reste le nouveau pacte reconnaît lui-même les défauts de l'organisation militaire actuelle, et s'accorde sur la nécessité de l'améliorer.

(1) Mignet, dans son *Histoire de la révolution de 89*, peint ainsi les triomphes successifs des différents partis : « Les privilégiés vou« lurent établir leur régime contre la cour et contre la bourgeoisie, par « le maintien des ordres et des États-Généraux; la bourgeoisie voulut « établir le sien contre les privilégiés et contre la multitude, par le « Code de 91, et la multitude voulut établir le sien contre tout le « monde, par la Constitution de 93. Aucun de ces gouvernements ne « put se consolider, parce que tous furent exclusifs. »

Le système militaire repose essentiellement sur le système de neutralité. Or, on ne peut être neutre que de deux manières : ou en armant pour défendre son territoire s'il était attaqué, ou en considérant son pays comme un cadavre, sur lequel tout le monde peut marcher impunément. Cette dernière politique ne conviendra, j'espère, jamais à la Suisse. Il faut donc adopter la neutralité armée. Mais celle-ci oblige à traiter en ennemis tous ceux qui voudraient s'approcher des frontières. Ce système est-il sage pour un petit État ?

La neutralité de la Suisse ne peut avoir de consistance que si la France et l'Autriche la respectent. Or, dans une guerre générale, la France et l'Autriche trouveraient intérêt à violer le territoire helvétique, car ces deux puissances auraient besoin de la Suisse pour lier les opérations des armées qui manœuvreraient en Allemagne et en Italie.

Le véritable intérêt de la Suisse est donc dans ce cas de se choisir un allié. Le choix n'est pas difficile. La Suisse est l'alliée naturelle de la France, parce qu'elle couvre une partie de ses frontières.

L'Empereur Napoléon disait : « C'est l'intérêt de la défense qui lie la France à la Suisse, c'est l'intérêt de l'attaque qui peut rendre la Suisse importante pour les autres puissances. Le premier est un intérêt *permanent*, le second n'est que *passager* et de caprice. » Ce peu de mots ne révèlent-ils pas d'une manière frappante la véritable position et le véritable intérêt de la Suisse ?

Pour un grand pays, la neutralité le met à l'abri des attaques, car tous ont un intérêt à ne pas avoir à dos un puissant ennemi de plus. Nous avons vu souvent que, pour un État de premier ordre, ce système permet d'attendre l'issue des premiers combats, afin de se mettre du côté du vainqueur. Pour un petit État, le fantôme de neutralité n'est qu'une chimère qu'on embrasse avec plaisir, parce qu'elle cache les dangers d'une position difficile ; mais en effet, elle ne protège nullement l'indépendance.

On se fie sur un traité signé par toutes les puissances ; mais les différents États ne sont jamais retenus par la froide observation des traités ; c'est la force irrésistible du moment qui les allie ou les divise.

En 1796, Venise cessa d'exister parce qu'elle voulut rester neutre au lieu d'accepter le traité d'alliance offensif et défensif que lui offrait Napoléon. N'ayant su ni maintenir son rôle passif au milieu de si puissants ennemis, ni s'allier franchement à aucun d'eux, de quelque côté que la fortune se fût déclarée, elle devenait toujours la proie du vainqueur.

Eh! pourquoi un peuple libre resterait-il spectateur indifférent s'il s'élevait une lutte opiniâtre entre la cause de la liberté et celle de l'esclavage? Pourquoi la Suisse resterait-elle inactive, lorsque le triomphe de l'une assurerait son indépendance, lorsqu'au contraire le triomphe de l'autre la remettrait sous un joug de fer? Supposons un moment qu'une nouvelle coalition de rois se fît contre la France, et que les parties belligérantes trouvassent même de leur intérêt de respecter la neutralité helvétique. Si la coalition avait le dessus, quel changement ne subiraient pas les destinées de la Suisse! Elle retomberait sous le joug de l'aristocratie et des puissances étrangères : on la partagerait peut-être comme la Pologne. Si au contraire, la France, en se vengeant de Waterloo, renouvelait Iéna, Austerlitz, les libertés de la Suisse, comme celles de l'Europe, n'en recevraient qu'un nouvel affermissement. Son intérêt réel est donc de s'allier franchement avec le parti dont les succès lui assurent le maintien de ses libertés et de son indépendance.

Je sais que malheureusement le bonheur rend égoïste. Quelques Suisses croient que, séparés du reste de l'Europe par leurs institutions et par leurs montagnes, ils pourraient rester tranquilles au milieu d'un bouleversement général. Qu'ils se détrompent : toute l'Europe se tient par des liens indissolubles. La France est à la tête de la chaîne, et du salut de Paris dépend le salut des libertés de l'Europe entière. D'ailleurs, l'égoïsme ne profite ni aux individus ni aux peuples, et c'est une mauvaise politique que celle qui fait abandonner ses amis de peur de déplaire à ses ennemis. La politique craintive est la pire de toutes, elle donne du courage à ceux qu'on devait intimider.

Quoi qu'il en soit, la Suisse est reconnue neutre. Examinons donc le système militaire actuellement adopté; nous verrons ensuite quels sont les moyens les plus propres à l'améliorer.

Le système militaire actuel est vicieux, car il n'y a aucune unité dans les éléments qui le composent. Les affaires militaires sont confiées à une commission qui ne s'assemble que deux fois par an. Elle est formée d'officiers qu'on réélit tous les deux ou trois ans, de sorte qu'ils ne sont que difficilement au courant des besoins de l'administration, et le président de cette commission est le président du *vorort*, qui ordinairement n'est point militaire. Il n'y a pas de loi générale qui fixe l'âge auquel les jeunes gens commencent à compter dans les contingents, et le temps qu'ils doivent servir varie suivant les cantons. Il n'y a pas de chefs reconnus : si la guerre éclatait, il faudrait les nommer à la hâte, et ils seraient tout à fait étrangers aux troupes qu'ils seraient appelés à commander. Depuis les chefs de bataillons et ceux qui remplissent les fonctions de généraux de brigade et de division, tous ont le titre de colonel. Le seul élément de l'armée est le bataillon ; en temps de guerre seulement, on les réunit en brigades et en divisions. Tous les officiers, jusqu'au grade de colonel, sont nommés par les autorités cantonales, et ne subissent ordinairement aucun examen. L'instruction est donc très-négligée, et ne suit pas la hiérarchie des grades. — Les règlements militaires des cantons manquent d'uniformité. Les contingents ne se réunissent que tous les quatre ou cinq ans. L'organisation actuelle n'a pas assez simplifié les grades inutiles et les bagages et les voitures.

Le règlement forme les bataillons sur deux rangs. Il me semble que, surtout pour une armée peu exercée, cet ordre est moins bon que la formation sur trois rangs : il présente moins de résistance, il est plus flottant, il multiplie les manœuvres pour la formation des carrés ; il offre moins de consistance dans l'attaque, et avec deux rangs on est privé de l'avantage de pouvoir réparer les pertes des premiers par le troisième. Un bataillon sur deux rangs occupe moitié plus d'espace sur son front que s'il était sur trois; il est plus difficile de le mouvoir sur un terrain aussi accidenté que l'est celui de la Suisse. L'extension de la ligne de bataille, bien loin d'être un avantage, peut devenir un inconvénient.

Jusqu'à présent, chaque canton a eu son drapeau; le nouveau pacte fédéral n'en reconnaît plus qu'un seul. C'est une grande amélioration; car, indépendamment de l'avantage réel d'avoir un seul signe de ralliement, si les Suisses couraient en commun les mêmes dangers, si, comme à Nafels et à Simpach, ils se couvraient des mêmes lauriers, ne doivent-ils pas avoir un seul et unique emblème, qui leur rappelle leur courage et leur victoire commune?

Le projet d'organisation militaire porte qu'on formera une école *pour l'instruction des officiers supérieurs*. Ce projet est un problème que je ne puis résoudre, car la commission ne veut pas entendre par là des écoles de théorie, où les officiers se livreraient à l'étude approfondie de l'art de la guerre. On ne peut pourvoir à l'instruction des grades supérieurs qu'en surveillant celle des grades inférieurs. Il serait aussi ridicule de faire des écoles de colonels que de faire des séminaires d'évêques ; car alors ce serait supposer qu'ils sont arrivés à ces grades sans le mérite nécessaire pour en bien remplir les fonctions. L'avancement s'obtient par le mérite, le courage et l'ancienneté ; il suppose toujours une instruction préalable, acquise dans des écoles ou en particulier. Le moyen le plus simple d'avoir en Suisse des officiers instruits, c'est d'établir que nul ne pourra devenir officier avant d'avoir subi un examen. Je reviendrai plus loin sur ce sujet. Je vais exposer quelques idées sur l'organisation militaire. Comme malheureusement je n'ai pas encore eu le bonheur de servir ma patrie, je suis privé de l'expérience que donne la pratique ; mais j'appuierai mes théories sur des systèmes déjà adoptés dans d'autres pays étrangers ; ou sur les exemples de nos immortelles campagnes, dont la lecture a été ma plus agréable occupation.

L'organisation que je propose tend à faciliter la réunion des contingents, à habituer les troupes à la fatigue, à simplifier l'administration, les équipages militaires ; les grades inutiles et les dépenses en temps de guerre, à obliger les officiers à acquérir une certaine instruction avant d'être nommés.

Et en effet, l'endurcissement aux fatigues, la

légèreté du matériel, l'habileté des chefs, sont les premières nécessités d'une armée suisse, car elle sera obligée de suppléer au nombre par la rapidité des marches, à l'infériorité de son artillerie et de sa cavalerie par la nature des manœuvres et le choix des positions.

Elle doit suppléer au nombre par la rapidité des marches, en tâchant de surprendre l'ennemi, de tomber sur des divisions isolées, d'intercepter des convois, de faire de fausses attaques sur une aile pour tourner l'autre, d'attirer l'ennemi sur un point, afin de séparer les corps d'armée par des obstacles naturels. La campagne de 1814 nous en a donné l'exemple, en nous montrant tout ce que pouvait la bravoure, commandée par le génie.

Elle suppléera à l'infériorité de son artillerie et de sa cavalerie par la nature des manœuvres et le choix des positions, en prévenant aux débouchés des défilés les têtes de colonnes, avant qu'elles n'aient pu se déployer, en choisissant un terrain accidenté et couvert, où l'artillerie puisse difficilement se faire jour, où la cavalerie ne puisse avoir d'accès. Les batailles de Rivoli et d'Arcole, en 96, nous en donnent un exemple frappant. L'armée autrichienne était divisée en six colonnes : elles furent surprises au débouché du Tyrol, près de Rivoli, par l'armée française. Celle-ci, quoique bien inférieure en nombre, put, par les manœuvres habiles de Napoléon, tomber sur les corps autrichiens, qui n'eurent pas le temps de déployer leur artillerie et leur cavalerie, qui, formant la sixième colonne, furent obligés de rester en échelons sur la chaussée de la rive droite de l'Adige. L'armée fut défaite sans avoir pu se servir de ses plus grandes ressources. La bataille d'Arcole fut gagnée par les mêmes manœuvres. Napoléon abandonne les positions de Caldiero, en avant de Véronne, où l'ennemi a l'avantage du nombre et du terrain ; il le tourne par sa gauche, après avoir jeté un pont sur l'Adige, l'attaque à l'improviste et l'oblige à accepter le combat sur des chaussées, au milieu de marais, où l'artillerie ne peut agir, où la cavalerie ne peut parvenir, où les têtes des colonnes étant seules aux prises, la supériorité du nombre est plus nuisible qu'utile. Et en effet, tous les exemples des batailles nous prouvent bien que le succès ne dépend pas du nombre des troupes présentes, mais seulement de celles qu'on peut faire agir.

Le problème à résoudre pour la Suisse est, premièrement, d'avoir une force imposante qui puisse se réunir le plus tôt possible, en cas d'attaque ; secondement, que les troupes soient disciplinées, sans avoir d'armée ni de cadres permanents ; et troisièmement, d'établir un système qui, exerçant la population, présente l'organisation la plus économique.

Dans ce cas, rien ne convient mieux, ce me semble, à la Suisse, que de calquer son système, autant que le permettent les circonstances particulières dans lesquelles elle se trouve, sur celui de la landwehr prussienne ; car les Prussiens ont trouvé le moyen d'avoir le plus grand nombre de soldats bien exercés, avec le moins de dépenses possible.

Mais il y aura toujours pour la Suisse, la différence, qu'en Prusse la landwehr se forme en partie des soldats qui ont passé trois ans consécutifs dans des régiments, tandis qu'en Suisse la landwehr sera l'armée réelle.

Sans chefs point d'ensemble. Il faut qu'il n'y ait dans une armée qu'une seule volonté, qu'un seul pouvoir, qui puisse réunir tout à coup les corps détachés ; que toutes les divisions partielles se rattachent à des centres communs, qui eux-mêmes dépendent d'une force centrale unique.

Le pouvoir fédéral devrait donc nommer un état-major permanent, composé d'un général en chef, commandant toutes les troupes fédérales, d'un chef d'état-major, d'un inspecteur d'infanterie, d'un inspecteur de cavalerie et d'un inspecteur d'artillerie et du génie.

Le général, dès que le landamann lui en aurait donné l'ordre, rassemblerait l'armée sur telle partie du territoire qui lui paraîtrait convenable.

L'inspecteur d'infanterie aurait à vaquer à l'instruction et à l'équipement des soldats dans chaque canton.

L'inspecteur de cavalerie inspecterait la cavalerie de chaque canton, verrait si les hommes sont exercés et si les chevaux nécessaires sont dans le pays.

Le commandant d'artillerie réunirait tous les ans un certain nombre d'officiers de son corps pour les exercer, et veillerait à l'observation exacte des règlements concernant le matériel.

Le commandant du génie rassemblerait aussi ses officiers, et aurait l'inspection de toutes les fortifications.

Les forces militaires de la Suisse seraient : le premier contingent, le contingent de réserve, et la landsturm.

La population étant de deux millions d'âmes, la levée d'hommes de vingt à quarante ans s'élèvera au moins à 100,000.

En prenant pour le premier contingent les hommes de 20 à 32 ans, on en aura à peu près

70,000. La réserve au second contingent, composé des hommes de 32 à 40 ans, s'élèverait à 30,000.

La landsturm comprendrait tous les hommes de 17 à 50 ans.

Les autorités cantonales ne nommeraient les officiers d'aucun grade ; tous seraient nommés par le pouvoir fédéral.

Chaque canton fournirait, comme cela arrive déjà, un nombre de bataillons ou de compagnies qui serait fixé d'après sa population.

Le bataillon serait de 1,000 hommes.

Il se composerait de quatre compagnies.

Chaque compagnie de 250 hommes.

| | |
|---|---|
| Capitaine. | 1 |
| Premier lieutenant. | 1 |
| Seconds lieutenants. | 3 |
| Sous-officiers. | 20 |
| Tambours. | 4 |
| Soldats. | 221 |
| Total. | 250 |

On n'aurait donc par bataillon que 20 officiers au lieu de 24 que porte le règlement suisse.

Trois ou quatre bataillons formeraient un régiment, sous le commandement d'un colonel ;

cette variété est nécessitée par l'inégale population que présentent les cantons. Elle n'est point un inconvénient, car elle donne au commandant en chef la faculté d'employer, suivant le besoin, des régiments à trois ou quatre bataillons, et elle ôte à l'ennemi la facilité de se faire une idée juste des forces qu'il a devant lui, en comptant les régiments.

Chaque bataillon aurait, outre son chef, un adjudant qui ferait l'office de quartier-maître, un chirurgien, un tambour-major, un fourrier d'état-major et un armurier.

Le dernier bataillon du régiment serait composé de deux compagnies de chasseurs et de deux compagnies de carabiniers, qui est l'arme nationale de la Suisse, et la plus avantageuse dans un pays de montagnes.

Ces deux armes, chasseurs et carabiniers, seraient réunies dans un même bataillon, parce que leur service est à peu près semblable. Dans les pays ouverts, les chasseurs tiraillent et forment un rideau pour masquer les manœuvres du corps d'armée qu'ils précèdent; s'il y a un abri, les carabiniers peuvent les appuyer; mais c'est surtout dans les bois et sur les rochers que leur service offrira le plus d'avantage. Il peut être utile de rassembler ces corps de troupes, parce que leur service étant tout à fait différent de celui de l'infanterie ordinaire, il est avantageux qu'ils soient sous la dépendance d'un chef spécial, que leur administration soit séparée du reste du régiment, car ils ont besoin de plus de munitions, de plus d'outils, d'une surveillance plus active.

Le régiment de cavalerie serait composé de quatre escadrons.

L'escadron serait composé :

| | |
|---|---|
| Capitaine. | 1 |
| Premiers lieutenants. | 2 |
| Seconds lieutenants. | 2 |
| Sous-officiers. | 12 |
| Trompettes. | 2 |
| Soldats. | 128 |
| Maréchal ferrant. | 1 |
| Total. | 148 h. |

Une compagnie d'artillerie servirait une batterie qui serait composée de huit bouches à feu, dont six canons et deux obusiers (1).

---

(1) Les Prussiens ont des obusiers de sept livres pour les batteries de 6 livres, et de dix livres pour les batteries de 12 livres. Il y a peu de différence entre ces pièces et les obusiers français de cinq pouces sept lignes et six pouces. Leur dénomination vient du poids d'un boulet de marbre du même calibre. Les Suisses ont adopté les obusiers de 12 et de 24, ou de 6 et 8 pouces.

La compagnie se composerait :

| | |
|---|---|
| Officiers. | 4 |
| Sous-officiers. | 12 |
| Caporaux. | 16 |
| Chirurgien. | 1 |
| Canonniers. | 108 |
| Ouvriers. | 2 |
| Canonniers-conducteurs pour les voitures. | 19 |
| Total. | 162 h. |

Une batterie complète de 6 s'élèverait donc à 160 hommes et 114 chevaux.

Une batterie de 12, à 220 hommes et 166 chevaux. Les pièces de 6 sont attelées de 6 chevaux; celles de 12 de 8 chevaux.

Une batterie de 6 se composerait de 15 voitures, 8 bouches à feu et 7 voitures.

Une batterie de 12 se composerait de 21 voitures.

Les voitures pour une batterie de 6 canons et 2 obusiers de 6 pouces, sont deux caissons pour les canons, deux caissons à obus, deux chariots de munitions et une forge de campagne. Dans la batterie de 12, chaque bouche à feu aurait son caisson.

Les canonniers conduisant eux-mêmes leurs pièces et leurs caissons, le train ne servirait que pour les parcs, les convois et les bagages de l'armée. Quinze compagnies d'artillerie formeraient une brigade, et seraient commandées par un colonel. Chaque brigade se diviserait en trois parties.

Le génie se diviserait en huit compagnies de sapeurs et deux compagnies de pontonniers.

Les batteries, composées de huit bouches, présenteraient le rapport d'un quart d'obusiers sur le nombre total, au lieu d'un tiers. Cela peut être avantageux, car le tir des obusiers est moins prompt; leur approvisionnement est plus cher et plus difficile (1).

Du reste, cela ne change rien à la proportion adoptée aujourd'hui en Suisse, où les batteries sont de quatre pièces, trois canons et un obusier; mais en rassemblant un plus grand nombre de bouches à feu, on peut avoir moins de caissons à leur suite dans les parcs de réserve. Malgré l'in-

---

(1) Il faut cependant remarquer que si en Prusse les obusiers ne forment que le quart des bouches à feu, c'est qu'il y a aussi des batteries qui ne sont composées entièrement que d'obusiers.

fériorité du calibre, les Prussiens ont adopté pour leur artillerie de campagne les pièces de 6, au lieu de 8 françaises, parce qu'aux pièces de 6 seulement, le coffret de l'avant-train est assez grand pour contenir un nombre suffisant de munitions pour un combat. Les caissons ne sont pas alors sous le feu. Chaque pièce de 6 porte 70 coups dans son coffret.

Il y a donc une grande analogie entre le système d'artillerie suisse déjà adopté et en vigueur, avec le système prussien.

D'après mon projet, la Suisse serait partagée en divisions militaires, au nombre de sept, dont la circonscription pourrait être fixée comme il suit, en calculant le contingent de chaque canton d'après les chiffres adoptés dans le nouveau pacte.

La plus forte de ces divisions monterait à plus de 14,000 hommes, la plus faible à environ 7,000 hommes.

Chaque division formerait une espèce de petit corps d'armée qui aurait infanterie, cavalerie, artillerie et génie, suivant les ressources des cantons. Rien ne serait changé de la force des contingents actuels, et la répartition en serait faite ainsi :

## PREMIÈRE DIVISION.

CONTINGENT. RÉPARTITION DES DIFFÉRENTES ARMES.

|  | Hommes. |  |  | Hom. |  |
|---|---|---|---|---|---|
|  |  | INF. | Trois rég. n. 1, 2, 3, formant 9 bataill. à 1000 hommes..... | 9000 |  |
| Saint-Gall... | 5260 |  CAV. | Un rég. n. 1 formant 4 escad. à 150 h... | 600 |  |
| Appenzell... | 1944 } 10244 | ART. | Deux comp. de deux batter., une de 6 liv. une de 12 liv. |  | 10244 |
| Thurgovie... | 3040 |  |  |  |  |
|  |  |  | de 6 liv....162 h. de 12 liv...220 | 382 |  |
|  |  |  | Une compagnie..... | 100 |  |
|  |  | TRAIN................ | | 162 |  |

## DEUXIÈME DIVISION.

|  |  |  |  |  |  |
|---|---|---|---|---|---|
|  |  | INF. | Deux rég. n. 4 et 5; le 5e à 4 bataillons... | 7000 |  |
|  |  | CAV. | Un rég. n. 2 ........ | 600 |  |
| Schaffouse.. | 932 } 8332 | ART. | Deux batter., une de 6 liv., une de 12 .. | 382 | 8332 |
| Zurich...... | 7400 | GÉNIE | Une compagnie..... | 150 |  |
|  |  | PONT. | Une compagnie..... | 100 |  |
|  |  | TRAIN................ | | 100 |  |

## TROISIÈME DIVISION.

|  |  |  |  |  |  |
|---|---|---|---|---|---|
|  |  | INF. | Deux rég. n. 6 et 7; le 7e à 4 bataill. .. | 7000 |  |
| Bâle....... | 1836 | CAV. | Un rég. n. 3 ........ | 600 |  |
| Soleure..... | 1808 } 8464 | ART. | Deux batt., une de 6 l. une de 12 liv...... | 382 | 8464 |
| Argovie .... | 4820 | GÉNIE | Deux compagnies... | 200 |  |
|  |  | PONT. | Une compagnie..... | 150 |  |
|  |  | TRAIN................ | | 132 |  |

## QUATRIÈME DIVISION.

|  |  |  |  |  |  |
|---|---|---|---|---|---|
|  |  | INF. | Trois rég. n. 8, 9, 10; le 10e à 4 bataill... | 10000 |  |
|  |  | CAV. | Un rég. n. 4 ........ | 600 |  |
| Berne......... | 11648 | ART. | Trois batt., deux de 6, une de 12 ........ | 544 | 11648 |
|  |  | GÉNIE | Deux compagnies... | 200 |  |
|  |  | TRAIN ............... | | 504 |  |

A reporter.. 38688

Report... 38688

### CINQUIÈME DIVISION.

| | | | | |
|---|---|---|---|---|
| Neuchâtel... 1920 | | Inf. Quatre rég. n. 11, 12, 13, 14; le 14ᵉ à 4 bataillons........ | 13000 | |
| Fribourg.... 2480 | | Cav. Un rég. n. 5........ | 600 | |
| Vaud...... 5928 | 14648 | Art. Deux batt. de 6, une de 12........... | 382 | 14648 |
| Genève..... 1760 | | Génie Deux compagnies.... | 200 | |
| Valais...... 2560 | | Train................. | 406 | |

### SIXIÈME DIVISION.

| | | | | |
|---|---|---|---|---|
| Lucerne..... 3468 | | Inf. Deux rég. n. 15, 16; le 16ᵉ à 4 bataill... | 7000 | |
| Zug......... 500 | | | | |
| Schwitz..... 1204 | 7372 | Art Deux batt. de 6 liv.. | 232 | 7372 |
| Glaris....... 964 | | Train................ | 48 | |
| Uri......... 472 | | | | |
| Unterwalden 764 | | | | |

### SEPTIÈME DIVISION.

| | | | | |
|---|---|---|---|---|
| | | Inf. Deux rég. n. 17, 18.. | 6000 | |
| Grisons..... 3200 | 6808 | Art. Deux batt. de 6 liv.. | 234 | 6808 |
| Tessin...... 3608 | | Génie Deux compagnies... | 200 | |
| | | Train................ | 384 | |

Total du 1ᵉʳ contingent........ 67516

## RÉCAPITULATION.

**FORCE FÉDÉRALE DU PREMIER CONTINGENT.**

### *Infanterie.*

18 régiments, 59 bataillons, dont 18 carabiniers et chasseurs. . . . . 59,000 h.

### *Cavalerie.*

5 régiments à quatre escadrons. . . 3,000

A reporter 62,000

Report  62,000

*Artillerie.*

Une brigade composée de
15 compagnies. . . . . . . . 2,720
15 batteries, dont 10 de 6 livres et 5 de 12 livres.
- 60 canons de 6 livres.
- 20 obusiers de 6 pouces.
- 30 canons de 12 livres.
- 10 obusiers de 8 pouces.

120 bouches à feu, etc. . . . . 2,720

*Génie.*

10 compagnies à 100 hommes. . . . 1,000

*Pontonniers.*

2 compagnies à 150 hommes. . . . 300

*Train pour les équipages militaires.*

. . . . . . . . . . . . . . . . 1,496

Total. . . . . . 67,516

Dans un pays de plaine, la cavalerie doit être, suivant les calculs reçus, l'infanterie étant prise pour unité, dans le rapport de 1/4 ou de 1/5 ; mais dans les hautes montagnes elle ne doit plus être que de 1/20. 3,000 chevaux sont à peu près le nombre voulu, l'infanterie étant de 59,000 hommes. Le génie, fort de 1,000 hommes, est un peu moins de 1/40e, qui est le rapport fixé. Le train est la seule partie trop faible, puisqu'on compte ordinairement que le nombre d'hommes pour les équipages militaires est égal au 1/30 de l'infanterie. Dans le cas présent, il faudrait donc 400 hommes de plus, nombre facile à suppléer.

Gribeauval avait compté quatre pièces par mille hommes ; mais sous l'empire, l'équipage impérial était de 120 bouches à feu pour 40,000 hommes : ainsi donc trois pièces par mille hommes.

Le rapport de l'artillerie prussienne est à peu près le même. On compte 98 bouches à feu pour un corps d'armée de 31,000 hommes.

Pour le cas présent, il faudrait donc à trois pièces par mille hommes, 201 bouches à feu. Je n'en ai compté que 120 ; mais je pense qu'indépendamment de ces batteries, on formerait encore un parc de réserve, dont le matériel pourrait être toujours réuni dans un des cantons du centre, comme à Berne ou à Lucerne.

Il serait aussi très-avantageux d'établir un parc d'artillerie de montagne, composé de pièces d'un calibre moins grand, avec affûts de traîneaux ou affûts de montagnes (1).

On voit que dans ce projet les forces sont réparties, autant que possible, d'après les ressources des cantons. Ainsi, les 6ᵉ et 7ᵉ divisions, composées des petits cantons montagneux, n'ont point de cavalerie. Zurich et Argovie fournissent des pontonniers recrutés parmi les bateliers de l'Aar et de la Reuss. Les cantons les plus industrieux fourniront les compagnies du génie. Le train n'a aucun rapport à l'artillerie ; ce ne sont que les hommes et les chevaux nécessaires pour le transport des bagages et des voitures de munitions.

Le pouvoir fédéral élira pour chaque régiment un colonel, un adjudant-major, un lieutenant-colonel faisant le service de major. Chaque division sera commandée par un colonel divisionnaire élu par le pouvoir fédéral, qui aura sous ses ordres un intendant en chef, un vaguemestre pour la police des équipages, un chef d'état-major et deux aides de camp. Ce colonel aura toujours l'inspection sur sa division, et, à un ordre du général en chef, sera tenu de rassembler ses troupes. Les autorités cantonales ne pourront s'y re-

(1) Il peut être intéressant pour les Suisses de mettre ici la description d'une batterie de montagne telle qu'elle existe en France. On y a adapté les nouvelles mesures décimales.

fuser dès que le colonel divisionnaire leur enverra la copie de l'ordre du général en chef. Les colonels des régiments recevront l'ordre du colonel

## COMPOSITION D'UNE BATTERIE DE MONTAGNE.

| PERSONNEL. | HOMMES. | Mulets ou chevaux de bât | MATÉRIEL. | BOUCHES A FEU et voitures. | MULETS. | CONDUCTEURS. |
|---|---|---|---|---|---|---|
| Capitaine-command. | 1 | » | Obusiers de 12............ | 6 | 6 | 6 |
| Lieutenants........ | 3 | » | Affûts, dont 2 de rechange.. | 8 | 8 | 8 |
|  |  |  | Caisses à munitions......... | 60 | 30 | 15 |
| Total des officiers. | 4 | » | — pour maréch. et bâtiers.. | 12 | 6 | 3 |
|  |  |  | — pour la comptabilité..... | 6 | 3 |  |
|  |  |  | Mulets p. les sacs des canon. | 0 | 12 | }15 |
| Mar.-des-logis-chef.. | 1 | 1 | — haut le pied ............ | 0 | 9 |  |
| Fourrier............ | 1 | 1 |  |  |  |  |
| Maréchaux-des-logis | 3 | 3 | Total ...... | 0 | 74 | 47 |
| Brigadiers.......... | 6 | 6 |  |  |  |  |
| Maréchaux-ferrants. | 3 | » |  |  |  |  |
| Canonniers......... | 50 | » |  |  |  |  |
| Clairons............ | 5 | » | POIDS. |  |  |  |

|  |  |  |  | kilog. |
|---|---|---|---|---|
| Total des s.-officiers et canonniers..... | 67 | 11 | L'obusier.......................... | 97,50 |
| Bâtiers suiv. la batt.. | 3 |  | Le corps d'affût avec ses deux roues... | 64,50 |
|  |  |  | Les deux roues.................... | 46,50 |
|  |  |  | Les deux caisses à munitions......... | 100,00 |
| La batterie se divise en 3 sections. |  |  | L'obus chargé de 0,18 de poudre. | 4,08 } |
| *Composition d'une section.* |  |  | Le sabot, les bandelettes, le sachet, etc.................. | 0,48 } 4,75 |
|  |  |  | La charge de poudre......... | 0,27 } |
| Lieutenant.......... | 1 | » |  |  |
| Maréchal-des-logis.. | 1 | 1 | *Dimensions principales de l'affût.* |  |
| Brigadiers ........ | 2 | 2 | Longueur totale de l'essieu, 0 m. 960. |  |
| Maréchal-ferrant.... | 1 | » | Hauteur de la roue, 0 m. 970. |  |
| Chefs de pièces..... | 2 | » | Hauteur de l'axe de l'obusier pointé horizontalement au-dessus du sol, 0 m. 703. |  |
| Pointeurs.......... | 2 | » |  |  |
| Servants........... | 4 | » | Écartement des sous-bandes derrière l'encastrement des tourillons, 0 m. 180. |  |
| Pourvoyeurs ....... | 4 | » |  |  |
| Clairon ............ | 1 | » | Longueur totale de l'affût, 1 m. 50. |  |
| Canonniers (réserve.) | 4 | » | Le centre de gravité de l'obusier est à 0 m. 06 en arrière de l'axe des tourillons; celui de l'affût avec les roues à 0 m. 10) du derrière de l'essieu; celui de l'affût sans roues à 0 m. 277 du derriè c de l'essieu. |  |
| Total........ | 22 | 3 |  |  |

divisionnaire de rassembler leur régiment en

même temps que le conseil militaire de chaque canton ordonnera aux chefs de bataillon de rassembler leur monde.

De cette manière les troupes pourront en peu de temps être rassemblées au lieu indiqué par le colonel divisionnaire.

Le colonel divisionnaire ne pourra s'absenter de sa division sans en prévenir le général en chef, qui nommera un substitut.

Tous les officiers d'infanterie, de cavalerie, d'artillerie et du génie, nommés par le pouvoir fédéral, ne pourront avoir leur grade qu'après avoir passé à un examen dont toutes les conditions seront fixées par un programme.

La Suisse a trop peu de ressources pour établir des écoles de théorie militaire; elle ne peut tout au plus qu'établir des écoles de pratique; mais pour que ces écoles puissent être utiles, il faut que ceux qui les fréquentent soient déjà pourvus d'une certaine instruction. Le seul moyen de s'en assurer est donc d'obliger à des examens sévères ; alors ceux qui auront l'ambition de s'élever et de servir leur patrie avec succès acquerront en particulier les connaissances nécessaires pour être admis aux premiers grades.

D'après ce court aperçu, on voit premièrement

que les troupes fédérales seraient facilement concentrées, et ne dépendraient que d'un chef. Les divisions militaires, en forçant les contingents de se réunir, auraient l'heureux effet de fondre ensemble les populations des différentes parties de la Suisse, qui, pour ainsi dire, sont étrangères l'une à l'autre.

Sous le rapport militaire, il serait d'un grand avantage d'avoir, sur sept points de la Suisse, sept petits corps d'armée, qui s'habitueraient à manœuvrer ensemble, qui connaîtraient leurs chefs, et acquerraient en eux cette confiance si importante.

Les Suisses n'ont ni généraux, ni régiments; les colonels commandent des brigades dont la force n'excède pas celle des régiments que je propose. Il me semble donc plus simple de former des régiments qui présentent plus d'ensemble et de régularité, dont le numéro est à lui seul un signe de ralliement, et forme l'esprit de corps qui est si nécessaire. Les chefs porteront alors avec justesse le titre de colonels.

En temps de guerre, les colonels divisionnaires commanderaient, suivant les besoins du moment, deux, trois ou quatre régiments. D'ailleurs, les Suisses, malgré leur répugnance, nommeraient, je pense, aussi des généraux qui commanderaient les corps d'armée composés de plusieurs divisions.

Tous les ans les divisions seraient réunies, tantôt dans un canton, tantôt dans un autre, et seraient exercées pendant dix jours.

Dans les exercices de la landwehr prussienne, les chefs s'appliquent plutôt à donner aux soldats une idée exacte de la guerre, qu'à les façonner à des manœuvres régulières. Ce doit être aussi le but des chefs des troupes suisses. Leurs montagnes leur facilitent cette instruction.

Ainsi, pour l'infanterie, il faut plutôt tenir à l'exercer au service de tirailleurs, aux marches de défilés, aux passages de rivières, aux attaques et aux défenses d'avant-postes et de villages, aux surprises, à la protection des convois, etc., qu'à des évolutions exactes et précises. Il en sera de même pour la cavalerie : on l'habituera plus au service d'avant-postes, de patrouilles, de flanqueurs, de reconnaissances, qu'aux manœuvres de régiment.

L'armée doit avoir un chef permanent, d'où émanent les ordres : sans quoi il n'y a ni unité, ni force. Quand on pense qu'avant le projet actuel de constitution, non-seulement la diète ne pouvait pas, en cas de guerre, discuter à elle seule la levée des troupes, mais qu'encore il fal-

lait la ratification des cantons, on ne peut s'empêcher de voir dans cette organisation le doigt de la sainte-alliance, qui veut bien que la Suisse ait une armée, pourvu qu'elle ne puisse pas s'en servir en temps de guerre. Comment y a-t-il des Suisses qui puissent défendre encore cette organisation? Hélas! pourquoi faut-il donc que, dans un État libre, ce soit toujours la méfiance envers ses concitoyens, qui l'emporte sur la crainte des étrangers? Comment croire que parce que la Suisse nomme un général en temps de paix, qui ne reçoit aucuns appointements, dont l'influence ne peut être grande qu'en temps de guerre, s'il est homme de génie, ce général devienne dangereux pour la liberté de la Suisse, dans un temps où sa seule autorité dépendrait de la volonté du pouvoir fédéral. L'empereur Napoléon disait, en parlant des impôts qu'on était obligé de lever en temps difficiles : « Il vaut mieux se payer à soi-
« même des impôts, quand le salut de la patrie
« est menacé, que de les payer aux Russes ou
« aux Autrichiens. » Je dirai aussi : « Il vaut mieux
« se nommer un général, que d'attendre qu'un
« étranger vienne remplir cette fonction. »

Pour la formation des divisions, on m'objectera peut-être la difficulté pour les cantons de se réunir; mais puisque cette difficulté doit être surmontée en temps de guerre, il faut s'y habituer en temps de paix. D'ailleurs, elle se réduit à peu de chose. Ainsi, par exemple, la septième division est composée des Grisons et du Tessin, ils sont séparés par la montagne du Bernardin ; mais quelle difficulté y aura-t-il donc pour le contingent du Tessin, fort de 3,608 hommes, de passer le Bernardin par la belle route qui existe, et cela au moment où les montagnes sont privées de neige?

Cette obligation d'aller d'un canton dans un autre offre en outre l'avantage d'habituer les milices aux marches militaires.

Dans le système actuel de la Suisse, les bataillons n'étant qu'à sept ou huit cents hommes, au lieu de 74 bataillons qui composent actuellement l'infanterie suisse, on n'en aurait, suivant mon projet, que 59 : donc 15 bataillons de moins.

Le bataillon serait composé de quatre compagnies à cinq officiers, au lieu de six compagnies à quatre officiers. Il y aurait quatre officiers de moins par bataillon.

Ainsi, sur 59 bataillons, il y aurait une réduction de. . . . . . . 236 officiers,
et pour les 15 bataillons de moins chaque bataillon à 24 officiers. . 360 —

Total. . . . 596 officiers.

En évaluant, d'après le tarif, à 5 fr. de France par jour la paye moyenne d'un officier, on aura, pour 596 officiers de moins, une économie de 2,980 fr. par jour et de 89,400 fr. par mois.

Pour la cavalerie, l'escadron est de 150 chevaux, au lieu de 64, nombre adopté pour l'escadron suisse. Ainsi 3,000 hommes de cavalerie qui, dans l'exemple ci-dessus, ne donnent que cinq régiments et 20 escadrons, d'après le règlement suisse, donneraient 47 escadrons : donc 27 escadrons de moins qui, à cinq officiers, donnent une réduction de 135 officiers, dont la dépense, à 5 fr. de France par tête par jour, égale 675 fr., et par mois 20,250 fr.

Pour l'artillerie, forte de 120 bouches à feu, on compte en Suisse 30 batteries, ainsi 30 compagnies d'artillerie, sans compter le train.

Il y aurait donc. . . 120 officiers d'artillerie,
et. . . . . . . . . . . 30 officiers du train.
En tout. . . . . . . 150 officiers.

Tandis que dans le système proposé, il n'y aurait que 15 batteries et. . . . . . . . . . . 60 —

Donc une réduction de 90 officiers qui, à 5 fr.

de France, font 450 fr. par jour, ou 13,500 fr. par mois.

Donc l'économie réelle serait, dans le système proposé, pour les officiers d'un grade inférieur seulement,

Infanterie. . . . . . 89,400
Cavalerie. . . . . . 20,250
Artillerie. . . . . . 13,000

Total. . . . 122,650 fr. de France par mois, ou 1,471,800 fr. par an.

Cette économie sera encore augmentée si l'on compte la diminution des états-majors, des sous-officiers, de voitures de munitions et de la simplification de l'administration.

Ainsi donc le système présent offrirait à la Suisse les avantages :

1° D'une économie en temps de guerre de plus d'un million et demi ;

2° D'une force militaire plus imposante, parce qu'elle serait plus unie et mieux exercée.

On trouvera peut-être cette organisation trop chère pour la Suisse; mais cependant, puisque tout le monde est d'accord sur la question de faire quelques sacrifices pour l'instruction, qu'y a-t-il de plus modeste et en même temps de plus utile que la réunion de quelques mille hommes manœuvrant seulement pendant dix jours tous les ans? D'ailleurs, chaque canton aurait les mêmes charges en rapport avec ses moyens. Pour la mise sur pied d'un contingent, on compte comme moyenne de tous les frais un franc de Suisse par jour, par soldat, pour toute la dépense. Le rassemblement d'une division de 6,000 hommes coûterait donc 6,000 fr. de Suisse par jour, ou 60,000 fr. pour dix jours : ainsi 700,000 fr. par an pour la réunion, pendant dix jours, de toutes les divisions. Mais on pourrait ne rassembler par an que la moitié du contingent dans chaque division; alors, la dépense diminuant de moitié, elle ne s'élèverait plus qu'à 350,000 fr. de Suisse, somme très-modique.

Mais il y aurait encore un mode d'organisation qui présenterait de grands avantages, en réunissant celui d'être peu dispendieux.

Supposons toujours la Suisse partagée en sept divisions militaires; il y aurait une école centrale où tous les cadres de la milice fédérale viendraient s'instruire. D'après l'organisation projetée, le premier contingent, fort de 70,000 hommes, aurait à peu près 1,400 officiers et 7,000 sous-officiers; total, 8,400, et avec les officiers supérieurs, à peu près 8,500 hommes.

Chaque année, pendant trois mois, le général en chef rassemblerait les sept chefs de division, les colonels des régiments, un tiers des officiers et sous-officiers de tout le contingent, ce qui porterait leur nombre de 2,800 à 3,000. Ce petit corps d'armée manœuvrerait et ferait tous les exercices nécessaires pendant trois mois consécutifs.

Les sous-officiers feraient le service de soldats, les officiers le service de sous-officiers; les chefs de division ne feraient réellement que le service de chef de bataillon.

Cette réunion de 3,000 hommes aurait un échantillon de toutes les armes. Deux bataillons à 1,000 hommes; deux batteries, 382 hommes; deux escadrons, 300 hommes; une compagnie du génie, 100 hommes, une de pontonniers, 100 hommes. Total, 2,882 hommes. Le reste serait l'état-major.

On voit qu'en trois ans tous les officiers et sous-officiers du contingent suisse auraient passé par une instruction assez suivie; et, réunis ainsi pendant quatre mois en corps d'armée, ils auraient acquis plus d'expérience et d'instruction qu'il n'en auraient jamais pu avoir dans leurs cantons respectifs.

Quant aux dépenses, en calculant de la même

manière à 1 fr. de Suisse par jour pour chaque homme, on aurait pour 3,000 hommes, pour quatre mois, 270,000 fr. de Suisse : car, quoique ces 3,000 soient des officiers et des sous-officiers, ils ne seraient payés que comme des sous-officiers et soldats. Les dépenses seraient encore diminuées en les casernant.

A leur retour dans leur canton, ils instruiraient leurs soldats avec plus d'ardeur et de connaissance. Les divisions ne seraient alors rassemblées que tous les quatre ou cinq ans.

Les avantages d'une école semblable sont frappants, car la force d'un corps dépend de la bonté de ses cadres : ce sont les véritables nerfs de l'armée.

Tout en approuvant ce projet, on le trouvera peut-être encore trop dispendieux ; mais comment faire quelque chose avec rien !

Mais ce n'est pas tout que d'avoir des troupes, il faut calculer d'avance les différentes chances d'invasion, et, d'après la topographie du pays, arrêter les points les plus avantageux pour les rassemblements, ainsi que les lignes les plus propres à favoriser la défense. Si la Suisse est attaquée, fût-elle même sur ses gardes, il lui faudrait dans l'état présent, un temps infini pour réunir ses troupes. Il y a tant de rouages inutiles et si peu de force motrice dans l'organisation actuelle, qu'avant d'être rassemblés, les contingents subiraient tant de combinaisons et de remaniements, que leur action en serait considérablement ralentie.

Comme une des premières maximes de stratégie est de rassembler les cantonnements sur le point le plus éloigné et le plus à l'abri de l'ennemi, on ne peut guère compter que les Suisses pourraient défendre les premières lignes de leurs frontières. Ainsi, la vallée du Rhin à l'est, la ligne de la Thur et celle de la Thoss ne peuvent guère être comptées comme pouvant être défendues. Ces rivières d'ailleurs sont souvent guéables, et peuvent être facilement tournées. Donc la ligne de première importance est celle de la Limatt, dont le centre est à Zurich. Cette ligne, si illustrée par Masséna, a sa droite appuyée au lac de Wallenstatt, qui est encaissé dans des montagnes impraticables, et la gauche est flanquée par le Rhin. Zurich est donc un point important, non comme place forte, quoiqu'elle soit fortifiée, mais comme tête de pont pour protéger une retraite ou pour faciliter un retour d'opérations offensives. Si, comme le conseil de Zurich vient de le décider, on rase les fortifications, les mouvements d'une armée sur les hauteurs en avant de Zurich, sur la rive droite de la Limatt, seront paralysés en quelque sorte, car une armée est toujours dangereusement placée quand elle ne peut faire sa retraite que sur un pont, et que sa retraite sur ce pont n'est protégée par aucun ouvrage de fortifications (1).

Après la Limatt, la Reuss présente encore de grandes ressources : son cours est rapide; elle a de hautes montagnes à sa source, la Limatt et l'Aar à son confluent, le Rhin à son embouchure; elle partage la Suisse en deux parties, du nord au midi. En supposant l'armée se retirant toujours vers le sud-ouest pour regagner les montagnes par le cours de l'Aar, on remarquera que toutes les petites rivières qui se jettent dans l'Aar, comme la Suerra, le Wigger et l'Emmen, rejoignent ce fleuve perpendiculairement à son cours. Elles présentent ainsi tout le front de leurs cours à l'ennemi, et offrent des lignes de défense plus ou moins bonnes, suivant la profondeur de leurs eaux.

(1) Quoique les fortifications de Zurich ne puissent pas résister à une attaque en règle, elles arrêteraient toujours un ennemi qui n'aurait pas d'artillerie de siége; comme tête de pont, ses ouvrages sont excellents, et des troupes enfermées dans ses murailles pourraient tenir longtemps en échec une armée supérieure, et donner le temps aux contingents de se former derrière la ligne de la Limatt.

Enfin l'Aar est une bonne ligne de défense, soit que l'armée qui se retire vers l'ouest considère Berne et Aarberg comme les points centraux de la ligne dont la droite s'appuie à Thun, et la gauche au lac de Bienne ; soit qu'appuyant sa droite à l'Aar et sa gauche au Rhin, à Bâle, elle occupe la base d'un triangle, et refoule l'ennemi dans le sommet entre l'Aar et le Rhin.

Le terrain que nous venons de parcourir rapidement peut s'appeler plaine en Suisse. Quant aux Alpes, l'ennemi serait arrêté à chaque pas par des montagnes et des défilés que depuis Lecourbe et Suwarow nous ne pouvons cependant plus appeler inaccessibles. Depuis 99 on ne peut donc plus s'étonner si l'on fait entrer dans les calculs de stratégie la possibilité de voir des soldats suspendus au milieu des abîmes, ou se battant au-dessus des nuages.

Un des points les plus importants de la chaîne des Alpes, est le Saint-Gothard. De ce point on est maître de tous les débouchés des vallées formées par les fleuves qui prennent leurs sources sur les différents revers de cette montagne. Par le Pont-du-Diable, on est maître des débouchés qui ouvrent la vallée de la Reuss. Si l'on occupe tout le cours de cette rivière, on est maître de la plus courte communication entre l'Italie et l'Allemagne. Le lac de Lucerne, qui est au centre de cette ligne, serait muni de chaloupes canonnières, afin de faciliter les communications. On peut, par la vallée de la haute Reuss, passer dans le canton de Berne par le Mayenthal et le Sturten-Pass, dans le canton d'Unterwalden par l'Iserthal ou par l'Engelberg, passage que fit une division française en 99 pour rejoindre le général en chef Lecourbe, qui venait par eau de Brunnent. On peut, par le Schechenthal, arriver à Linthal dans le canton de Glaris, ou, comme Suwarow, faire le prodigieux passage d'Altorf dans le Muottathal, canton de Schwitz, à travers les rochers les plus escarpés.

Du Saint-Gothard on peut, par l'Ober-Alp, descendre dans la vallée du Rhin, entrer dans les Grisons, et tomber sur les derrières d'un ennemi qui aurait passé le Splugen, ou le Petit-Bernardin. Par Airolo on descend dans la vallée du Tessin, et là on peut occuper les positions de Bellinzona et du Monte Cenere.

Du Saint-Gothard par la Furka, on descend dans la vallée du Rhône. On peut tomber sur les derrières d'un ennemi qui aurait débouché par le Simplon ou le Saint-Bernard, tandis que les ouvrages faits à Saint-Maurice arrêteraient ses têtes de colonnes. Enfin par la Furka et le Grimsel, on se mettrait de même en communication avec la vallée de l'Aar.

En m'occupant des points stratégiques, je dirai un mot sur Bâle. Les souverains alliés, en 1815, forcèrent la France d'abattre les fortifications d'Huningue, alléguant que ses canons inquiétaient les Suisses. Ce prétexte pour découvrir un des points de la frontière de France est d'autant plus ridicule qu'il est facile de voir que l'intérêt des Suisses serait qu'Huningue fût rebâtie, et eût une tête de pont sur la rive droite; car, alors la France ayant un débouché en Allemagne pourrait plus facilement se passer du pont de Bâle. Quoi de plus humiliant, pour nous Français, que de voir des canons sur les remparts d'une ville suisse, et de penser que la sainte-alliance ose nous empêcher de relever nos murailles!

En 1830, la révolution de Juillet réveillant partout les sentiments nationaux, réveilla en même temps la crainte que les puissances ne voulussent les étouffer. Les Suisses aussi comprirent tout ce qu'ils auraient à redouter d'une invasion étrangère, et ils se préparèrent à la défense. Parmi les patriotes qui, à cette époque, réclamèrent hautement des mesures énergiques, je citerai avec plaisir le colonel Dufour, homme d'un mérite supérieur, ancien lieutenant-colonel du génie sous l'Empire. La diète fit rassembler l'état-major de tout le contingent, et donna des pleins pouvoirs au général en chef Guiger pour faire intercepter les passages les plus rapprochés des frontières. On fortifia Saint-Maurice dans le Valais, où l'on établit deux redoutes sur les hauteurs et un front bastionné comme tête de pont pour fermer la vallée du Rhône.

Au Simplon, on fit miner le pont et créneler les galeries de Gondo. A Luziensteig dans les Grisons, on établit un front bastionné pour défendre ce passage, qui, s'il était ouvert, permettrait à un corps d'armée de prendre à dos les troupes qu'on aurait rassemblées dans les Grisons pour garantir les frontières du Midi, en surveillant les débouchés de l'Inn et de l'Adda.

Enfin on avait pris les mesures les plus urgentes pour montrer à l'Europe que l'Helvétie n'était pas endormie.

En parlant militairement de la Suisse, mon cœur a souvent battu en pensant à ces belles campagnes de Masséna et de Lecourbe. Et, en effet, quel lieu d'Europe peut-on parcourir sans y voir des traces de la gloire française! Passez-vous un pont, le nom vous rappelle que nos bataillons l'on emporté à la baïonnette. Traversez-vous les Alpes et les Appennins, les routes qui aplanissent ces montagnes ont été faites sur les traces de nos soldats, qui, les premiers, en ouvrirent les passages. Enfin, la terre que nous foulons aux pieds, depuis Moskou jusqu'aux Pyramides, a été le champ de bataille où les enfants de la République et de l'Empire ont donné un nouveau lustre au nom français. Et ce qu'il y a peut-être encore de plus glorieux, c'est que chez tous les peuples étrangers, si nous voyons des améliorations dans leurs codes, des ouvrages utiles, des travaux durables, des institutions bienfaisantes, ce sont les jeunes bataillons de la République qui ont préparé ce changement en renversant tout ce qui entravait leur marche; ce sont les vieilles cohortes de l'Empire qui l'ont affermi en jetant les premières bases d'un nouvel édifice que la révolution de Juillet était appelée à terminer.

Et depuis 1815, que sont devenus ces restes glorieux de nos grandes armées? Qu'on me permette de leur rendre justice. Excepté quelques sommités de l'Empire, tous les autres se sont montrés dans tous les temps, dans tous les pays, ardents à seconder toute noble entreprise. En France, ils ont rougi de leur sang les échafauds de la restauration. En Grèce, ils ont aidé des esclaves à recouvrer leur indépendance. En Italie, ils sont les chefs de cette malheureuse jeunesse qui aspire à la liberté. Ils ont rempli les prisons de leurs corps mutilés. Enfin, en Pologne, quels étaient les chefs de ce peuple héroïque? des soldats de Napoléon. Partout on trouve encore des soldats du grand homme, quand il s'agit d'honneur, de liberté et de patrie.

En Suisse même, si la liberté helvétique était menacée, ce seraient encore des soldats de Napoléon qui voleraient les premiers à la défense des frontières.

Je viens de passer rapidement sur les lois qui gouvernent la Suisse, et sur les moyens de défense. Je laisse à d'autres le soin de développer un sujet si plein d'intérêt. Je me borne à féliciter un peuple qui se gouverne lui-même, qui tend journellement à se rendre plus digne de la liberté et de ce grand nom de république dont nous n'avons eu jusqu'ici que de si imparfaits modèles. Je me borne à conseiller aux Suisses d'être toujours les alliés de la France, parce que leurs intérêts de pays les y engagent, leur intérêt de nation civilisée les y oblige. S'ils étaient attaqués, je ne doute pas qu'ils ne défendissent la patrie de Guillaume Tell : avec une armée mieux organisée, à la faveur de leurs montagnes, ils peuvent opposer une longue résistance. L'amour de la patrie et de la liberté ne rendent-ils pas souvent invincibles ! ou si l'on succombe, les cyprès ne sont-ils pas alors aussi beaux que des lauriers ?

DES

IDÉES NAPOLÉONIENNES.

# PRÉFACE.

Si la destinée que me présageait ma naissance n'eût pas été changée par les événements, neveu de l'Empereur, j'aurais été un des défenseurs de son trône, un des propagateurs de ses idées; j'aurais eu la gloire d'être un des piliers de son édifice ou de mourir dans un des carrés de sa garde en combattant pour la France. L'Empereur n'est plus!... mais son esprit n'est pas mort. Privé de la possibilité de défendre par les armes son pouvoir tutélaire, je puis au moins essayer de défendre sa mémoire par des écrits. Éclairer l'opinion en recherchant la pensée qui a présidé à ses hautes conceptions, rappeler ses vastes projets, est une tâche qui sourit encore à mon cœur et qui me console de l'exil. La crainte de choquer des opinions contraires ne m'arrêtera pas ; des idées, qui sont sous l'égide du plus grand génie des temps modernes, peuvent s'avouer sans détour ; elles ne sauraient varier au gré de l'atmosphère politique. Ennemi de toute théorie absolue et de toute dépendance morale, je n'ai d'engagements envers aucun parti, envers aucune secte, envers aucun gouvernement ; ma voix est libre comme ma pensée... et j'aime la liberté !

Carlton-Terrace, juillet 1839.

# DES IDÉES NAPOLÉONIENNES

## CHAPITRE PREMIER.

### DES GOUVERNEMENTS EN GÉNÉRAL.

Mouvement général du progrès. — Forme de gouvernements. — Leur mission.

Toutes les révolutions qui ont agité les peuples, tous les efforts des grands hommes, guerriers ou législateurs, ne doivent-ils aboutir à rien? Nous remuons-nous constamment dans un cercle vicieux, où les lumières succèdent à l'ignorance, et la barbarie à la civilisation? Loin de nous une pensée aussi affligeante; le feu sacré qui nous anime doit nous mener à un résultat digne de la puissance divine qui nous l'inspire. L'amélioration des sociétés marche sans cesse, malgré les obstacles ; elle ne connait de limites que celles du monde.

« Le genre humain, a dit Pascal, est un homme qui ne meurt jamais, et qui se perfectionne toujours. » Image sublime de vérité et de profondeur ! Le genre humain ne meurt pas, mais il subit cependant toutes les maladies auxquelles l'homme est sujet ; et quoiqu'il se perfectionne sans cesse, il n'est pas exempt des passions humaines, arsenal dangereux mais indispensable, qui est la cause de notre élévation ou de notre ruine.

Cette comparaison résume les principes sur lesquels se fonde la vie des peuples, cette vie qui a deux natures et deux instincts : l'un divin, qui tend à nous perfectionner, l'autre mortel, qui tend à nous corrompre.

La société renferme donc en elle deux éléments contraires : d'un côté, immortalité et progrès ; de l'autre, malaise et désorganisation.

Les générations, qui se succèdent, participent toutes des mêmes éléments.

Les peuples ont tous quelque chose de commun, c'est le besoin de perfectionnement ; ils ont chacun quelque chose de particulier : c'est le genre de malaise qui paralyse leurs efforts.

Les gouvernements ont été établis pour aider la société à vaincre les obstacles qui entravaient sa marche. Leur forme a dû varier suivant la nature du mal qu'ils étaient appelés à guérir, suivant l'époque, suivant le peuple qu'ils devaient régir. Leur tâche n'a jamais été et ne sera jamais facile, parce que les deux éléments contraires dont se compose notre existence exigent l'emploi de moyens différents. Sous le rapport de notre essence divine, il ne nous faut pour marcher que liberté et travail; sous le rapport de notre nature mortelle, il nous faut, pour nous conduire, un guide et un appui.

Un gouvernement n'est donc pas, comme l'a dit un économiste distingué, *un ulcère nécessaire;* mais c'est plutôt le moteur bienfaisant de tout organisme social.

En déroulant à nos yeux le tableau de l'histoire, nous y trouvons sans cesse ces deux grands phénomènes : d'un côté, un système constant, qui obéit à une progression régulière, qui avance sans jamais revenir sur ses pas : c'est le progrès ; de l'autre, au contraire, nous ne voyons que flexibilité et mobilité : ce sont les formes de gouvernement.

Le progrès ne disparaît jamais, mais il se déplace souvent ; il va des gouvernants aux gouvernés. La tendance des révolutions est de le ramener toujours parmi les gouvernants. Lorsqu'il est à la tête des sociétés, il marche hardiment, car il conduit ; lorsqu'il est dans la masse, il marche à pas lents, car il lutte. Dans le premier cas, le peuple confiant se laisse gouverner ; dans le second cas, il veut au contraire tout faire par lui-même.

Depuis que le monde existe, le progrès a toujours eu lieu. Pour le reconnaître, il suffit de mesurer la route suivie par la civilisation ; la trace en est marquée par les grands hommes qui en sont comme les bornes militaires ; chacun a un degré supérieur qui nous rapproche du but ; et l'on va d'Alexandre à César, de César à Constantin, de Constantin à Charlemagne, de Charlemagne à Napoléon.

Les formes de gouvernement, au contraire, ne suivent pas des lois constantes. Les républiques sont aussi vieilles que le monde ; l'élection et l'hérédité se sont, depuis des siècles, disputé le pouvoir, et le pouvoir est resté tour à tour à ceux qui avaient pour eux les sciences et les lumières, le droit ou la force. Il ne saurait donc y avoir de gouvernement assis sur des formes invariables ; il n'y a pas plus de formule gouvernementale pour le bonheur des peuples qu'il n'y a de panacée universelle qui guérisse de tous les maux. « Toute question de forme politique, a dit Carrel (1), a ses données dans l'état de la société, nullement ailleurs. » Ces paroles renferment une grande vérité. En politique le bien n'est que relatif, jamais absolu.

En admettant les idées qui précèdent, il serait impossible d'attacher une haute importance aux distinctions savantes que les publicistes ont faites entre le gouvernement d'un seul et le gouvernement de plusieurs, entre les gouvernements démocratiques et les gouvernements aristocratiques (2). Tous ont été bons, puisqu'ils ont duré ; telle forme a été la meilleure pour tel peuple qui

---

(1) *Histoire de la contre-révolution en Angleterre*, Introduction, page 5.

(2) Loin de moi l'idée d'entrer en discussion sur le mérite de la monarchie, ou de la République ; je laisse aux philosophes et aux métaphysiciens le soin de résoudre un problème qu'*à priori* je crois insoluble. Je ne vois dans la monarchie ni le principe de droit divin, ni tous les vices que l'on veut y trouver. Je ne vois uniquement dans le système héréditaire que la garantie de l'intégrité d'un pays. Pour apprécier cette opinion, il suffit de se rappeler que les deux monarchies de France et d'Allemagne naquirent en même temps du partage de l'empire de Charlemagne ; la couronne devint purement élective en Allemagne, elle resta héréditaire en France. Huit cents ans plus tard, l'Allemagne est divisée en douze cents États environ ; sa nationalité a disparu, tandis qu'en France le principe héréditaire a détruit tous les petits souverains, et formé une nation grande et compacte.

a duré le plus longtemps. Mais *à priori*, le meilleur gouvernement est celui qui remplit bien sa mission, c'est-à-dire celui qui se formule sur le besoin de l'époque, et qui, en se modelant sur l'état présent de la société, emploie les moyens nécessaires pour frayer une route plane et facile à la civilisation qui s'avance.

Je le dis à regret, je ne vois aujourd'hui que deux gouvernements qui remplissent bien leur mission providentielle; ce sont les deux colosses qui sont au bout du monde, l'un à l'extrémité du nouveau, l'autre à l'extrémité de l'ancien (1). Tandis que notre vieux centre européen est comme un volcan qui se consume dans son cratère, les deux nations orientale et occidentale marchent, sans hésiter, vers le perfectionnement, l'une par la volonté d'un seul, l'autre par la liberté.

La Providence a confié aux États-Unis d'Amérique le soin de peupler et de gagner à la civilisation tout cet immense territoire qui s'étend de l'Atlantique à la mer du Sud, et du pôle nord à l'équateur. Le gouvernement qui n'est qu'une

---

(1) Je ne prétends pas dire par là que tous les autres gouvernements de l'Europe soient mauvais; je veux dire seulement que, dans le moment actuel, il n'en est aucun qui soit à la hauteur d'une aussi grande mission.

simple administration, n'a eu, jusqu'à présent, qu'à mettre en pratique ce vieil adage, *laissez faire, laissez passer*, pour favoriser cet instinct irrésistible qui pousse vers l'ouest les peuples d'Amérique.

En Russie, c'est à la dynastie impériale qu'on doit tous les progrès qui, depuis un siècle et demi, ont tiré ce vaste empire de la barbarie. Le pouvoir impérial doit lutter contre les vieux préjugés de notre vieille Europe ; il faut qu'il centralise, autant que possible, dans les mains d'un seul, les forces de l'État, afin de détruire tous les abus qui se perpétuent à l'abri des franchises communales et féodales. L'Orient ne peut recevoir que de lui les améliorations qu'il attend.

Mais toi, France de Henri IV, de Louis XIV, de Carnot, de Napoléon, toi qui fus toujours pour l'occident de l'Europe la source des progrès, toi qui possèdes les deux soutiens des empires, le génie des arts pacifiques et le génie de la guerre, n'as-tu plus de mission à remplir ? Épuiseras-tu tes forces et ton énergie à lutter sans cesse avec tes propres enfants ? Non, telle ne peut être ta destinée ; bientôt viendra le jour où, pour te gouverner, il faudra comprendre que ton rôle est de mettre dans tous les traités ton épée de Brennus en faveur de la civilisation.

## CHAPITRE II.

### IDÉES GÉNÉRALES.

Mission de l'Empereur. — La liberté suivra la même marche que la Religion. — Rétablissement de la Monarchie et de la Religion catholique. — Comment il faut juger Napoléon.

Lorsque des idées qui ont gouverné le monde pendant de longues périodes perdent, par la transformation nécessaires des sociétés, de leur force et de leur empire, il en surgit de nouvelles, destinées à remplacer celles qui les précédaient. Quoiqu'elles portent en elles un germe réorganisateur, elles procèdent cependant par la désorganisation. Mais tant est grande la présomption des idées naissantes, et tant plaît à notre existence éphémère l'idée de durée, qu'à chaque pierre qu'elles arrachent du vieil édifice, elles proclament ce débris sur lequel elles se posent comme une nouvelle fondation à bases indestructibles; jusqu'à ce que d'autres éboulements, s'ensevelissant réciproquement, leur prouvent qu'elles ont ébranlé sans avoir construit, et qu'il faut à leur ouvrage de plus solides matériaux, pour être à l'abri des ruines du passé qui s'écroule.

C'est ainsi que les idées de 89, idées qui, après avoir bouleversé l'Europe, finiront par assurer son repos, paraissaient, déjà en 91, avoir détruit l'ancien ordre des choses et en avoir créé un nouveau. Mais l'enfantement de la liberté est pénible, et l'œuvre des siècles ne se détruit pas sans des secousses terribles! 93 suivit de près 91, et l'on vit ruines sur ruines, transformations sur transformations; jusqu'à ce qu'enfin Napoléon apparut, débrouilla ce chaos de néant et de gloire, sépara les vérités des passions, les éléments de succès des germes de mort, et ramena à l'idée de synthèse tous ces grands principes qui, luttant sans cesse entre eux, compromettaient le succès auquel tous étaient intéressés.

Napoléon, en arrivant sur la scène du monde, vit que son rôle était d'être *l'exécuteur testamentaire* de la révolution. Le feu destructeur des partis était éteint, et lorsque la révolution mourante mais non vaincue légua à Napoléon l'accomplissement de ses dernières volontés, elle dut lui dire : « Affermis sur des bases solides les principaux résultats de mes efforts, réunis les Français divisés, repousse l'Europe féodale liguée contre moi, cicatrise mes plaies, éclaire les nations, exécute en étendue ce que j'ai dû faire en profondeur ; sois pour l'Europe ce que j'ai été pour la France ; et quand même tu devrais de ton sang arroser l'arbre de la civilisation, voir tes projets méconnus et les tiens sans patrie errer dans le monde, n'abandonne jamais la cause sacrée du peuple français, et fais-la triompher par tous les moyens que le génie enfante, que l'humanité approuve. »

Cette grande mission, Napoléon l'accomplit jusqu'au bout. Sa tâche fut difficile. Il fallait asseoir une société bouillonnante encore de haine et de rancune sur de nouveaux principes, se servir, pour consolider, des mêmes instruments qui jusque-là n'avaient servi qu'à abattre.

Le sort commun à toute nouvelle vérité qui surgit est d'effrayer au lieu de séduire, de blesser au lieu de convaincre. C'est qu'elle s'élance avec d'autant plus de force qu'elle a été plus longtemps comprimée ; c'est qu'ayant des obstacles à vaincre, il faut qu'elle lutte et qu'elle renverse, jusqu'à ce que, comprise et adoptée par la généralité, elle devienne la base d'un nouvel ordre social.

La liberté suivra la même marche que la religion chrétienne. Arme de mort pour la vieille société romaine, le christianisme a excité pendant longtemps la crainte et la haine des peuples ;

puis, à force de martyrs et de persécutions, la religion du Christ a pénétré dans les esprits et dans les consciences; bientôt elle eut à ses ordres des armées et des rois; Constantin et Charlemagne la promenèrent triomphante en Europe. Alors la religion déposa ses armes de guerre; elle dévoila à tous les yeux les principes d'ordre et de paix qu'elle renfermait, et devint l'élément organisateur des sociétés, l'appui même du pouvoir. Il en sera ainsi de la liberté. Elle a déjà eu les mêmes phases. En 1793, elle effraya les peuples autant que les souverains; puis, ayant revêtu des formes plus douces, elle s'insinua partout à la suite de nos bataillons. En 1815 tous les partis adoptèrent son drapeau, et, s'étayant de sa force morale, ils se couvrirent de ses couleurs. L'adoption n'était pas sincère, la liberté fut obligée de reprendre son armure de guerre. Avec la lutte reparurent les craintes. Espérons que bientôt elles cesseront, et que la liberté revêtira ses habits de fête pour ne plus les quitter.

L'empereur Napoléon a contribué plus que tout autre à accélérer le règne de la liberté, en sauvant l'influence morale de la révolution, et en diminuant les craintes qu'elle inspirait (1).

(1) Ce sont les craintes que la révolution française inspira aux son

Sans le Consulat et l'Empire, la révolution n'eût été qu'un grand drame qui laisse de grands souvenirs, mais peu de traces. La révolution se serait noyée dans la contre-révolution, tandis que le contraire a eu lieu, parce que Napoléon enracina en France et introduisit partout en Europe les principaux bienfaits de la grande crise de 89, et que, pour nous servir de ses expressions, *il dessouilla la révolution, affermit les rois et ennoblit les peuples.* Il dessouilla la révolution, en séparant les vérités qu'elle fit triompher des passions qui dans leur délire les avaient obscurcies; il raffermit les rois en rendant le pouvoir honoré et respectable; il ennoblit les peuples en leur donnant la conscience de leur force et ces institutions qui relèvent l'homme à ses propres yeux. L'Empereur doit être considéré comme le messie des idées nouvelles. Car, il faut le dire, dans les moments qui suivent de près un bouleversement social, l'essentiel n'est pas de mettre en application des principes dans toute la subtilité de leur théorie, mais de s'emparer du génie régénérateur, de s'identifier avec les sentiments du peuple, et de le diriger hardiment vers le but qu'il veut at-

verains, qui arrêtèrent chez eux les progrès qui avaient été introduits avant 1789 par Joseph II, en Autriche, et par Léopold, en Italie.

teindre. Pour être capable d'accomplir une tâche semblable, il faut que *votre fibre réponde à celle du peuple* (1), que vous sentiez comme lui, et que vos intérêts soient tellement confondus, que vous ne puissiez vaincre ou tomber qu'ensemble!

C'est cette union de sentiments, d'instincts et de volontés qui a fait toute la force de l'Empereur. On commettrait une grave erreur si l'on croyait qu'un grand homme a l'omnipotence et qu'il ne puise de force qu'en lui-même. Savoir deviner, profiter et conduire, telles sont les premières qualités d'un génie supérieur. « Je n'ai garde, disait Napoléon, de tomber dans la faute des hommes à systèmes modernes, de me croire par moi seul et par mes idées la sagesse des nations. Le génie de l'ouvrier est de savoir se servir des matériaux qu'il a sous la main. »

Une des premières nécessités pour un gouvernement, c'est de bien connaître l'état du pays qu'il régit, et de savoir où sont les éléments de force sur lesquels il doit s'appuyer. L'ancienne monarchie avait pour soutiens la noblesse et le clergé, parce que c'était alors dans ces deux classes que résidaient les deux principaux éléments de force, la richesse territoriale et l'influence morale. La révolution avait détruit tout

(1) Paroles de l'Empereur.

cet édifice féodal : elle avait déplacé les intérêts, créé de nouvelles sources de puissance et de richesse, fait naître de nouvelles idées.

Tenter de ramener l'ancien régime, s'appuyer sur des forces qui n'avaient plus de racines, eût été folie. L'Empereur tout en rétablissant les formes anciennes, ne basa son autorité que sur une sève jeune et vigoureuse, les intérêts nouveaux. Il rétablit la religion, mais sans faire du clergé un moyen de gouvernement. Aussi le passage de la république à la monarchie et le rétablissement des cultes, au lieu d'éveiller des craintes, rassurèrent les esprits; car, loin de froisser aucun intérêt, ils satisfaisaient à des besoins politiques et moraux, et répondaient au vœu du plus grand nombre. En effet, si ces transformations n'eussent pas été dans les sentiments et les idées de la majorité, Napoléon ne les aurait pas accomplies; car il devinait juste, et son pouvoir moral il voulait l'augmenter et non l'affaiblir. Aussi jamais de si grands changements ne se firent avec moins d'efforts. Napoléon n'eut qu'à dire : « Qu'on ouvre les églises, » et les fidèles s'y précipitèrent à l'envi. Il a dit à la nation : « Voulez-vous un pouvoir héréditaire ? » et la nation répondit affirmativement par quatre millions de votes (1). C'est

(1) Quelques personnes veulent révoquer en doute la légitimité

qu'il est difficile de se dépouiller entièrement du passé; une génération a, comme un individu, des antécédents qui la dominent. Nos sentiments ne sont, pour la plupart, que des traditions. Esclave des souvenirs de son enfance, l'homme obéit toute sa vie, sans s'en douter, aux impressions qu'il a reçues dans son jeune âge, aux épreuves et aux influences auxquelles il a été en butte. La vie d'un peuple est soumise aux mêmes lois générales. Un jour seul ne fait pas d'une république de 500 ans une monarchie héréditaire, ni d'une monarchie de 1400 ans une république élective.

Voyez Rome : pendant 500 ans ses formes républicaines l'ont mise à la tête du monde; pendant 500 ans le système électif a produit de grands hommes; et la dignité de consul, de sénateur, de tribun, a été bien au-dessus des trônes

---

d'une telle élection; mais elles attaquent ainsi toutes les constitutions de la République, car ces constitutions n'obtinrent pas même une sanction aussi forte.

|  | votants. | acceptants. | refusants. |
|---|---|---|---|
| Constitution de 1791 non soumise à l'acceptation du peuple, | | | |
| « 1793 | — | 1,801,018 | 11,600 |
| « de l'an III | — | 1,057,390 | 49,977 |
| « de l'an VIII (Consulat) | 3,012,569 | 3,011,007 | 1,562 |
| Consulat à vie | 3,577,259 | 3,568,888 | 8,374 |
| Empire héréditaire (1804) | 3,524,254 | 3,521,675 | 2,579 |

des rois, que les Romains n'avaient connus qu'en les voyant attachés au char triomphal du vainqueur. Aussi, quoique Rome ne fût plus capable de supporter ces institutions séculaires qui avaient fait sa grandeur et sa force, elle conserva néanmoins, pendant 600 ans encore, sous les empereurs, les formes vénérées de la République. De même la République française, qui succédait à une monarchie de 1400 ans, dont le résultat avait été de faire une France grande et glorieuse par le seul principe de la centralisation monarchique, en dépit des vices et des erreurs des rois ; de même cette république, non-seulement se revêtit bientôt des formes anciennes, mais dès son origine elle conserva le caractère distinctif de la monarchie, en proclamant et en renforçant par tous les moyens cette centralisation du pouvoir qui avait été l'élément vital de la nationalité française.

Ajoutons à ces considérations, que Napoléon et César, qui se trouvèrent tous les deux dans des circonstances analogues, durent agir par les mêmes motifs dans un sens opposé. Tous les deux voulaient reconstituer avec les anciennes formes sur de nouveaux principes (1). César devait donc

---

(1) L'Empereur, dans son *Précis des guerres de César*, a suffisam-

vouloir conserver les formes républicaines, Napoléon rétablit celles de la monarchie.

Au commencement du dix-neuvième siècle, les idées étaient toutes portées pour l'hérédité du pouvoir de l'Empereur, soit par la force traditionnelle des anciennes institutions, soit par le prestige qui environnait l'homme investi de l'autorité, soit enfin par le désir d'un ordre de choses qui donnât plus de garantie de stabilité. Mais la difficulté de l'établissement de la République pouvait s'expliquer peut-être par une autre considération. La France était démocratique depuis 1689; or, dans un grand État européen, il est difficile de concevoir l'existence d'une république sans aristocratie (1).

---

ment prouvé que ce grand homme n'a jamais voulu, n'a jamais pu vouloir se faire roi : « Vainqueur, dit Napoléon, César ne gouverna que comme consul, dictateur ou tribun ; il confirma donc, au lieu de les discréditer, les formes anciennes de la République. Auguste même, longtemps après, et lorsque les générations républicaines tout entières étaient détruites par les proscriptions et la guerre des triumvirs, n'eut jamais l'idée d'élever un trône. C'eût été, de la part de César, une étrange politique de remplacer la chaise curule des vainqueurs du monde par le trône pourri, méprisé des vaincus. »

(1) Je trouve dans l'*Histoire de la révolution*, par M. Thiers, une idée analogue, tome VIII, page 12. « En y réfléchissant mieux, on aurait vu qu'un corps aristocratique convient *plus particulièrement* aux républiques. » On peut ajouter que l'aristocratie n'a pas besoin de

Il y a pour tout pays deux sortes d'intérêts bien distincts et souvent opposés : les intérêts généraux et les intérêts particuliers; autrement dit, les intérêts permanents et les intérêts passagers. Les premiers ne changent pas avec les générations; leur esprit se transmet d'âge en âge par tradition plutôt que par calcul. Ces intérêts ne peuvent être représentés que par une aristocratie, ou, à son défaut, par une famille héréditaire. Les intérêts passagers ou particuliers, au contraire, changent continuellement selon les circonstances, et ne peuvent être bien compris que par des délégués du peuple, qui, se renouvelant sans cesse, soient l'expression fidèle des besoins et des désirs des masses. Or, la France n'ayant plus et ne pouvant plus avoir d'aristocratie, c'est-à-dire de ces corps privilégiés dont l'influence n'est grande que parce que le temps a consacré leur autorité, la République eût été privée de ce pouvoir conservateur qui, gardien fidèle, quoique souvent oppressif, des intérêts généraux et permanents, a fait pendant des siècles à Rome, à Venise et à Londres, la grandeur de ces pays par la simple persévérance dans un système national.

chef, tandis que la nature de la démocratie est de se personnifier dans un homme.

Pour obvier à ce manque de fixité et de suite, qui est le plus grand défaut des républiques démocratiques, il fallait créer une famille héréditaire, qui fût la conservatrice de ces intérêts généraux et dont la puissance ne fût basée que sur l'esprit démocratique de la nation.

Que les opinions diffèrent sur la valeur de ces considérations ; qu'on blâme Napoléon d'avoir surmonté d'une couronne ses lauriers républicains ; qu'on blâme le peuple français d'avoir voulu et sanctionné ce changement, tout est susceptible de controverse. Mais il est un point sur lequel tous ceux qui reconnaissent dans l'Empereur un grand homme doivent tomber d'accord, c'est que, se fût-il trompé, ses intentions durent toujours être à la hauteur de ses facultés. Le comble de l'inconséquence est de prêter à un grand génie toutes les faiblesses de la médiocrité. Il y a cependant des esprits vulgaires qui, jaloux de la supériorité du mérite, semblent vouloir s'en venger en lui attribuant leurs mesquines passions ! Ainsi, au lieu de comprendre qu'un grand homme n'a pû être dirigé que par des grandes conceptions, par des raisons d'État de la plus haute portée, ils disent : « Napoléon s'est fait « empereur par ambition personnelle ; il s'est « entouré de noms illustres de l'ancien régime

« pour satisfaire son amour-propre ; il a dépensé
« les trésors de la France et le plus pur de son
« sang, pour agrandir sa puissance et pour mettre
« ses frères sur des trônes ; enfin il a épousé une
« archiduchesse d'Autriche pour mettre une vraie
« princesse dans son lit. » — « Ai-je donc régné
sur des pygmées en intelligence, qu'ils m'aient si
peu compris ? » s'écriait Napoléon à Saint-Hélène
dans un moment d'humeur... Que son âme se
console ! Les masses depuis longtemps lui ont
rendu justice ; chaque jour qui s'écoule, en découvrant une des misères qu'il avait guéries, un mal qu'il avait extirpé, explique assez ses nobles projets. Et ses grandes pensées, qui brillent d'autant plus que le présent s'obscurcit, sont comme des phares lumineux qui font entrevoir au milieu des ténèbres et des tempêtes un avenir de sécurité !

# CHAPITRE III.

## QUESTION INTÉRIEURE.

Tendance générale. — Principes de fusion, d'égalité, d'ordre, de justice. — *Organisation administrative.* — Ordre judiciaire. — Finances. — Établissements de bienfaisance, communes, agriculture, industrie, commerce. — Instruction publique. — De l'armée. — *Organisation politique.* — Principes fondamentaux. — Accusations de despotisme. — Du gouvernement militaire. — Réponses à ces accusations.

Les divers gouvernements qui s'étaient succédés depuis 1789 jusqu'en 1800 avaient, malgré leurs excès, obtenu de grands résultats. L'indépendance de la France avait été maintenue, la féodalité avait été détruite, des principes salutaires avaient été répandus. Cependant rien n'était encore solidement établi ; trop d'éléments contraires étaient en présence.

A l'époque où Napoléon arriva au pouvoir, le génie du législateur consistait à juger d'un coup d'œil les rapports qui existaient entre le passé et le présent, entre le présent et l'avenir.

Il fallait résoudre les questions suivantes :

Quelles sont les idées qui sont passées sans retour?

Quelles sont celles qui doivent triompher par la suite?

Enfin, quelles sont les idées qui peuvent être appliquées immédiatement et qui accéléreront le règne de celles qui doivent prévaloir?

L'Empereur fit d'un coup d'œil cette distinction, et, tout en prévoyant les possibilités futures, il se borna à la réalisation des possibilités actuelles.

La grande difficulté des révolutions est d'éviter la confusion dans les idées populaires. Le devoir de tout gouvernement est de combattre les idées fausses et de diriger les idées vraies, en se mettant hardiment à leur tête; car si, au lieu de conduire, un gouvernement se laisse entraîner, il court à sa perte, et il compromet la société au lieu de la protéger.

C'est parce que l'Empereur fut le représentant des idées vraies de son siècle, qu'il acquit si facilement l'ascendant le plus immense. Quant aux idées nuisibles, il ne les attaqua jamais de front, mais il les prit à revers, parlementa, traita avec elles, et enfin les soumit par une influence morale; car il savait que la violence ne vaut rien contre des idées.

Ayant toujours un but devant les yeux, il employa, suivant les circonstances, les moyens les plus prompts pour y arriver.

Quel est son but? La Liberté.

Oui, la liberté!... et plus on étudiera l'histoire de Napoléon, plus on se convaincra de cette vérité. Car la liberté est comme un fleuve : pour qu'elle apporte l'abondance et non la dévastation, il faut qu'on lui creuse un lit large et profond. Si, dans son cours régulier et majestueux, elle reste dans ses limites naturelles, les pays qu'elle traverse bénissent son passage; mais si elle vient comme un torrent qui déborde, on la regarde comme le plus terrible des fléaux; elle éveille toutes les haines, et l'on voit alors des hommes, dans leur prévention, repousser la liberté parce qu'elle détruit, comme si l'on devait bannir le feu parce qu'il brûle, et l'eau parce qu'elle inonde.

La liberté, dira-t-on, n'était pas assurée par les lois impériales! Son nom n'était pas, il est vrai, en tête de toutes les lois, ni affiché à tous les carrefours, mais chaque loi de l'Empire en préparait le règne paisible et sûr.

Quand, dans un pays, il y a des partis acharnés les uns contre les autres, des haines violentes, il faut que ces partis disparaissent, que ces haines s'apaisent, avant que la liberté soit possible.

Quand, dans un pays démocratisé comme l'était la France, le principe d'égalité n'est pas appliqué généralement, il faut l'introduire dans toutes les lois, avant que la liberté soit possible.

Lorsqu'il n'y a plus ni esprit public, ni religion, ni foi politique, il faut recréer au moins une de ces trois choses, avant que la liberté soit possible.

Lorsque les changements successifs de constitution ont ébranlé le respect dû à la loi, il faut recréer l'influence légale, avant que la liberté soit possible.

Lorsque les anciennes mœurs ont été détruites par une révolution sociale, il faut en recréer de nouvelles d'accord avec les nouveaux principes, avant que la liberté soit possible.

Quand le gouvernement, quelle que soit sa forme, n'a plus ni force, ni prestige; que l'ordre n'existe ni dans l'administration, ni dans l'État, il faut recréer le prestige, il faut rétablir l'ordre, avant que la liberté soit possible.

Lorsque dans une nation il n'y a plus d'aristocratie et qu'il n'y a d'organisé que l'armée, il faut reconstituer un ordre civil, basé sur une organisation précise et régulière, avant que la liberté soit possible.

Enfin, lorsqu'un pays est en guerre avec ses voisins et qu'il renferme encore dans son sein des partisans de l'étranger, il faut vaincre les ennemis et se faire des alliés sûrs, avant que la liberté soit possible.

Il faut plaindre les peuples qui veulent récolter avant d'avoir labouré le champ, ensemencé la terre, et donné à la plante le temps de germer, d'éclore et de mûrir. Une erreur fatale est de croire qu'il suffise d'une déclaration de principes pour constituer un nouvel ordre de choses !

Après une révolution, l'essentiel n'est pas de faire une constitution, mais d'adopter un système qui, basé sur les principes populaires, possède toute la force nécessaire pour fonder et établir, et qui, tout en surmontant les difficultés du moment, ait en lui cette flexibilité qui permette de se plier aux circonstances. D'ailleurs, après une lutte, une constitution peut-elle se garantir des passions réactionnaires ? et quel danger n'y a-t-il pas à traduire en principes généraux des exigences transitoires (1) ! « Une constitution, a dit Napo-

---

(1) On pourrait citer mille exemples à l'appui de cette assertion ; nous nous bornerons à rappeler qu'en 92, pour empêcher que l'autorité ne rétablît indirectement l'inégalité dans le partage, on avait, pour ainsi dire, ôté aux citoyens la liberté de tester. Napoléon réforma cette loi réactionnaire. Sous la restauration, on détestait en France les troupes suisses, qui étaient mieux payées que les troupes françaises. Après la révolution de 1830, on ne se contenta pas de les renvoyer, on introduisit dans la charte un article qui interdisait au gouvernement de prendre à sa solde des troupes étrangères. Un an plus tard

léon, est l'œuvre du temps ; on ne saurait y laisser une trop large voie aux améliorations. »

Nous allons parcourir, sous les points de vue précédents, les actions de l'Empereur. Juger, c'est comparer. Nous comparerons donc son règne avec l'époque immédiate qui l'a précédé, avec l'époque qui l'a suivi. Nous jugerons ses projets sur ce qu'il a fait étant vainqueur, sur ce qu'il a laissé malgré sa défaite.

Lorsque Napoléon revint d'Égypte, toute la France l'accueillit avec transport; on vit en lui le sauveur de la révolution, qui était au moment de périr. Fatiguée par tant d'efforts successifs, balottée par tant de partis différents, la France s'était endormie au bruit de ses victoires, et semblait prête à perdre tout le fruit de ce qu'elle avait acquis. Le gouvernement était sans force morale, sans principe, sans vertu. Les fournisseurs et les faiseurs d'affaires étaient à la tête de la société, et y tenaient le premier rang au milieu de la corruption. Les généraux d'armée, tels que Championnet à Naples et Brune en Lombardie (1), se sentant les plus forts, commençaient à ne plus

surviennent les malheurs de la Pologne ; 6,000 Polonais se réfugient en France, on voudrait les enrégimenter; la loi réactionnaire de la veille s'y oppose !

(1) Thiers, *Histoire de la révolution*, tome x, p. 2 .

obéir au gouvernement et emprisonnaient ses représentants. Le crédit était anéanti, le trésor était vide, la rente était tombée à onze francs ; le gaspillage était dans l'administration ; le brigandage le plus odieux infestait la France, et l'Ouest était toujours en insurrection. Enfin, l'ancien régime s'avançait d'une manière effrayante, depuis qu'à côté du bonnet de la liberté on n'apercevait plus la hache du licteur.

On parlait sans cesse de liberté et d'égalité, et chaque parti n'en voulait que pour lui. Nous voulons l'égalité, disaient les uns, mais nous ne voulons pas accorder les droits de citoyen aux parents des nobles et des émigrés ; nous voulons laisser cent quarante-cinq mille Français dans l'exil (1). Nous voulons l'égalité, disaient les autres, mais nous ne voulons pas accorder d'emploi aux conventionnels. Enfin, nous voulons la liberté, mais nous maintenons la loi qui condamne à la peine de mort ceux dont les écrits tendaient à rappeler l'ancien régime ; nous maintenons la loi des otages qui détruit la sécurité de deux cent mille familles (2) ; nous maintenons les entraves qui rendent nulles la liberté des cultes, etc., etc.

(1) Ce nombre est celui fixé par le rapport du ministre de la police, an VIII.

(2) Bignon, tome 1$^{er}$, p. 11.

Une telle contradiction entre les principes proclamés et leur application tendait à introduire la confusion dans les idées et dans les choses. Il devait en être ainsi, tant qu'il n'y aurait pas un pouvoir national qui, par sa stabilité et la conscience de sa force, fût exempt de passions, et pût donner protection à tous les partis, sans rien perdre de son caractère populaire.

Les hommes ont eu dans tous les temps les mêmes passions. Les causes qui produisent les grands changements sont différentes, mais les effets sont souvent les mêmes. On a presque toujours vu, dans les temps de troubles, les opprimés réclamer pour eux la liberté, et une fois obtenue, la refuser à ceux qui étaient leurs oppresseurs. Il y avait en Angleterre au dix-septième siècle une secte religieuse et républicaine, qui, persécutée par l'intolérance du clergé et du gouvernement, se décida à abandonner le pays de ses ancêtres et à aller au delà des mers, dans un monde inhabité, jouir de cette douce et sainte liberté que l'ancien monde lui refusait. Victimes de l'intolérance, consciens des maux qu'elle fait souffrir, ah! certes, dans la patrie qu'ils vont fonder, ces hommes indépendants seront plus justes que leurs oppresseurs. Mais, inconséquence du cœur humain! la première loi des Puritains fondant une nouvelle société dans l'état des Massachussets, est la peine de mort pour ceux qui s'écarteront de leur doctrine religieuse!

Admirons l'esprit napoléonien, il ne fut jamais ni exclusif, ni intolérant. Supérieur aux petites passions des partis, généreux comme le peuple qu'il était appelé à gouverner, l'Empereur professa toujours cette maxime, qu'en politique il faut guérir les maux, jamais les venger.

L'abus du pouvoir royal, la tyrannie de la noblesse, avaient produit cette réaction immense qu'on appela la révolution de 89. Celle-ci amena d'autres réactions opposées et funestes. Avec Napoléon cessèrent toutes les passions réactionnaires. Fort de l'assentiment du peuple, il procéda rapidement à l'abolition de toutes les lois injustes, il cicatrisa toutes les plaies, récompensa tous les mérites, adopta toutes les gloires, et fit concourir tous les Français à un seul but, la prospérité de la France.

A peine investi du pouvoir, le premier consul révoque les lois qui excluaient les parents des émigrés et des ci-devant nobles de l'exercice des droits politiques et des fonctions publiques. La loi de l'emprunt forcé est rapportée et remplacée par une subvention extraordinaire additionnelle aux contributions. Napoléon fait cesser les réqui-

sitions en nature et abolit la loi des otages. Il rappelle les écrivains condamnés à la déportation par la loi du 19 fructidor an V, tel que Carnot, Portalis, Siméon. Il fait revenir les conventionnels Barrère et Vadier. Il ouvre les portes de la France à plus de cent mille émigrés, parmi lesquels étaient compris les membres de l'Assemblée constituante. Il fait réintégrer dans leur emploi quelques conventionnels qu'on avait voulu écarter. Il pacifie la Vendée, organise l'administration des municipalités dans les villes de Lyon, Marseille et Bordeaux. Il s'écriait un jour au conseil d'État : « Gouverner par un parti, c'est se
« mettre tôt ou tard dans sa dépendance. On ne
« m'y prendra pas ; je suis national. Je me sers de
« tous ceux qui ont de la capacité et la volonté de
« marcher avec moi. Voilà pourquoi j'ai composé
« mon conseil d'État de constituants qu'on appelait
« Modérés ou Feuillants, comme Defermon, Rœ-
« derer, Regnier, Regnault ; de royalistes comme
« Devaines et Dufresnes ; enfin de jacobins comme
« Brune, Réal et Berlier. J'aime les honnêtes gens
« de tous les partis. » Prompt à récompenser les services récents, comme à illustrer tous les grands souvenirs, Napoléon fait mettre à l'hôtel des Invalides à côté des statues de Hoche, de Joubert, de Marceau, de Dugommier, de Dampierre, la

statue de Condé, les cendres de Turenne et le cœur de Vauban. Il fait revivre à Orléans la mémoire de Jeanne d'Arc, à Beauvais celle de Jeanne Hachette. En 1800, il fait de la reddition d'un grand citoyen, la Fayette, la condition impérieuse d'un traité. Plus tard, il prend pour aides de camp des officiers (Drouot, Lobau, Bernard) qui avaient été opposés au consulat à vie; on le voit traiter avec la même bienveillance les sénateurs qui avaient voté contre l'établissement de l'Empire. Toujours fidèle aux principes de conciliation, l'Empereur, dans le cours de son règne, donne une pension à la sœur de Robespierre, comme à la mère du duc d'Orléans (1). Il soulage l'infortune de la veuve de Bailly, président de l'Assemblée constituante, et soutient dans sa vieillesse la dernière descendante des du Guesclin.

Réunir toutes les forces nationales contre l'étranger, réorganiser le pays sur des principes d'égalité, d'ordre et de justice, telle est la tâche de Napoléon. Il trouve sous la main bien des éléments antipathiques, et, suivant sa propre expression, il les réunit en amalgamant au lieu d'extirper.

(1) L'Empereur accorda à la mère du roi actuel, Louis-Philippe, une pension de 400 mille francs, et une autre de 200 mille francs à la duchesse de Bourbon.

Les divisions existaient non-seulement dans les partis politiques, mais aussi dans les autres corps de la nation. Le clergé était partagé entre les anciens et les nouveaux évêques, la grande et la petite église, les prêtres assermentés partisans de la révolution, et les prêtres réfractaires. Ces derniers étaient les enfants chéris du pape. Profitant de l'influence que leur donnait la protection du chef de la religion, ils égaraient les esprits par les écrits qu'ils répandaient de l'étranger dans les campagnes. L'Empereur, par son concordat, enleva le chef à ce troupeau égaré, et ramena le clergé à des idées de concorde et de soumission (1). La république des lettres était partagée entre le nouvel Institut et l'ancienne Académie. Il fondit les académiciens dans l'Institut, et les savants vécurent en paix, réunissant leurs lumières pour éclairer la nation et accélérer les progrès de la science. Il existait de vieux noms dont quelques-uns se rattachaient à des souvenirs de gloire ; il existait des titres dont l'influence n'é-

---

(1) Par l'art. 3 du concordat, le pape s'engageait à procurer la renonciation des évêques émigrés, dont les mandements et les lettres pastorales continuaient à semer le trouble dans leurs anciens diocèses. L'art. 13 sanctionnait l'aliénation des biens ecclésiastiques, et en déclarait la possession incommutable dans la main de leurs acquéreurs et de leurs ayant-cause.

tait pas entièrement éteinte. Napoléon allia l'ancienne France à la nouvelle, en confondant les titres héréditaires avec de nouveaux titres acquis par des services. Les Juifs formaient une nation dans la nation : quelques-uns de leurs dogmes étaient opposés aux lois civiles françaises. L'Empereur fit convoquer le grand Sanhédrin, qui, d'accord avec les commissaires impériaux, réforma dans la loi de Moïse les dispositions politiques susceptibles de modifications. Les Juifs devinrent citoyens, et les barrières qui les séparaient du reste de la nation disparurent peu à peu.

N'oublions pas surtout de remarquer que tout ce qu'entreprit Napoléon pour opérer une fusion générale, il le fit sans renoncer aux principes de la révolution. Il avait rappelé les émigrés sans toucher à l'irrévocabilité de la vente des biens nationaux. Il avait rétabli la religion catholique, tout en proclamant la liberté des consciences, et en donnant une rétribution égale aux ministres de tous les cultes. Il se fit sacrer par le souverain pontife sans souscrire à aucune des concessions que lui demandait le pape sur les libertés de l'Église gallicane. Il épousa la fille de l'empereur d'Autriche sans abandonner aucun des droits de la France sur les conquêtes qu'elle avait faites.

Il rétablit les titres nobiliaires, mais sans y attacher de priviléges ni de prérogatives; ces titres allaient atteindre toutes les naissances, tous les services, toutes les professions. Sous l'Empire, toute idée de caste était détruite, personne ne pensait à se vanter de ses parchemins; on demandait à unoq mme ce qu'il avait fait, et non de qui il était né.

La première qualité d'un peuple qui aspire à un gouvernement libre est le respect de la loi. Or, une loi n'a de force que l'intérêt qu'a chaque citoyen de la respecter ou de l'enfreindre. Pour enraciner dans le peuple le respect de la loi, il fallait qu'elle fût exécutée dans l'intérêt de tous, et qu'elle consacrât le principe de l'égalité dans toute son extension ; il fallait recréer le prestige du pouvoir et enraciner dans les mœurs les principes de la révolution; car les mœurs sont le sanctuaire des institutions. A la naissance d'une nouvelle société, c'est le législateur qui fait les mœurs ou qui les corrige ; tandis que plus tard ce sont les mœurs qui font les lois ou qui les conservent intactes d'âge en âge. Lorsque les institutions sont d'accord non-seulement avec les intérêts, mais encore avec les sentiments et les habitudes de chacun, c'est alors que se forme cet esprit public, cet esprit général qui fait la force d'un pays, parce qu'il sert de rempart contre tout empiétement de pouvoir, contre toute attaque des partis. « Il y a dans chaque nation, dit Montes-« quieu, un esprit général sur lequel la puis-« sance même est fondée. Quand elle choque cet « esprit, elle se choque elle-même et s'arrête né-« cessairement. »

Cet esprit général, si difficile à créer après une révolution, se forma sous l'Empire par l'établissement de ces codes qui fixaient le droit de chacun, par la morale sévère introduite dans l'administration, par la promptitude avec laquelle le pouvoir réprimait toutes les injustices, enfin par le zèle que l'Empereur mettait sans cesse à satisfaire les besoins matériels et moraux de la nation. Son gouvernement ne commit pas la faute commune à tant d'autres, de séparer les intérêts de l'âme de ceux du corps, en rejetant les premiers dans la légion des chimères, et en admettant les seconds seuls dans la réalité. Napoléon, au contraire, en donnant l'élan à toutes les passions élevées, en montrant que le mérite et la vertu conduisaient aux richesses et aux honneurs, prouva au peuple que les sentiments nobles du cœur humain ne sont que les drapeaux des intérêts matériels bien entendus; de même que la morale chrétienne est sublime, parce que, même comme loi civile, elle est le guide le plus sûr que nous puissions suivre, la meilleure conseillère de nos intérêts privés.

Pour constituer la nation, il ne suffisait pas à l'Empereur de réparer les injustices des gouvernements passés, ou de s'appuyer indistinctement sur toutes les classes, il fallait encore organiser. Un système de gouvernement embrasse *l'organisation administrative* et *l'organisation politique.* Dans un état démocratique comme était la France, l'organisation administrative avait plus d'importance que dans tout autre, car elle domine jusqu'à un certain point l'organisation politique. Dans un pays aristocratique, l'action politique étant le partage de toute une classe, les délégués du pouvoir règnent plutôt par leur influence personnelle que par une influence administrative ; la force gouvernementale est répartie entre toutes les familles patriciennes (1). Mais dans un gouvernement dont la base est démocratique, le chef seul a la puissance gouvernementale ; la force morale ne dérive que de lui, tout aussi remonte directement

---

(1) L'Angleterre fournit un exemple à l'appui de cette opinion. Les lords-lieutenants des comtés n'ont pas la moitié du pouvoir qu'ont les préfets en France, ils ont le double de force morale. Leur influence vient de leur position dans la société, et non de leur emploi ; c'est le *lord* qui gouverne beaucoup plus que le *lieutenant* du gouvernement.

jusqu'à lui, soit haine, soit amour. Dans une telle société, la centralisation doit être plus forte que dans toute autre; car les représentants du pouvoir n'ont de prestige que celui que le pouvoir leur prête, et, pour qu'ils conservent ce prestige, il faut qu'ils disposent d'une grande autorité sans cesser d'être vis-à-vis du chef dans une dépendance absolue, afin que la surveillance la plus active puisse s'exercer sur eux.

### Organisation administrative.

L'organisation administrative sous l'Empire eut, comme la plupart des institutions de cette époque, un objet momentané à remplir, et un but éloigné à atteindre. La centralisation était alors le seul moyen de constituer la France, d'y établir un régime stable et d'en faire un tout compacte, capable tout à la fois de résister à l'Europe et de supporter plus tard la liberté. L'excès de centralisation, sous l'Empire, ne doit pas être considéré comme un système définitif et arrêté, mais plutôt comme un moyen. Dans toutes les institutions, c'est l'idée prédominante et la tendance générale qu'il faut surtout rechercher et approfondir.

Une bonne administration se compose d'un système régulier d'impôts, d'un mode prompt et égal pour les percevoir, d'un système de finances qui assure le crédit, d'une magistrature considérée qui fasse respecter la loi ; enfin, d'un système de rouages administratifs qui porte la vie du centre aux extrémités et des extrémités au centre. Mais ce qui distingue surtout une bonne administration, c'est lorsqu'elle fait appel à tous les mérites, à toutes les spécialités, pour éclairer sa marche et mettre en pratique tous les perfectionnements ; c'est lorsqu'elle réprime avec force tous les abus, qu'elle améliore le sort des classes pauvres, qu'elle éveille toutes les industries, et qu'elle tient une balance égale entre les riches et les pauvres, entre ceux qui travaillent et ceux qui font travailler, entre les dépositaires du pouvoir et les administrés.

La Convention avait divisé le territoire français en départements ; l'Empereur facilita l'exercice du pouvoir par la création des préfets, sous-préfets, maires et adjoints. La France fut divisée en outre en 398 arrondissements communaux. Chaque département avait un conseil général et un conseil de préfecture ; le premier présidait à la répartition des charges publiques, et surveillait l'agent spécial du pouvoir ; le second décidait des demandes des particuliers envers l'administration.

L'Empereur se félicitait à Sainte-Hélène d'avoir institué un ministre du trésor et un ministre secrétaire d'État. Le ministre du trésor concentrait toutes les ressources et contrôlait toutes les dépenses de l'Empire. Du ministre secrétaire d'État émanaient tous les actes; c'était le ministre des ministres donnant la vie à toutes les actions intermédiaires; le grand notaire de l'Empire signant et légalisant toutes les pièces.

L'Empereur introduisit l'ordre et l'économie dans toutes les branches du service, ainsi que dans l'administration des établissements de charité. Il rétablit la direction générale des forêts, de l'enregistrement et des douanes, qui étaient auparavant régies par des administrations collectives. L'administration des forêts fut rendue plus économique et plus simple, celle de l'enregistrement moins onéreuse, par une meilleure distribution des droits à percevoir.

Quant à l'administration militaire, nous voyons dans le *Mémorial de Sainte-Hélène* que Napoléon la trouvait trop étendue : « On avait centralisé à « Paris, dit-il, la direction des marchés, des « fournitures, les confections, et subdivisé la « correspondance du ministère en autant de per- « sonnes qu'il y avait de régiments. Il fallait au « contraire centraliser les correspondances et

« subdiviser les ressources en les transportant
« dans les localités elles-mêmes. »

*L'ordre judiciaire* se composait, sous le Directoire, de 417 tribunaux correctionnels, et de 98 tribunaux civils. En 1800 il fut rétabli, dans chaque arrondissement communal, un tribunal de première instance, connaissant aussi des matières de police correctionnelle; ce qui rendait la justice plus facile à tous les citoyens. Au-dessus de ces tribunaux de première instance s'élevaient vingt-neuf tribunaux d'appel. Chaque département avait un tribunal criminel. A Paris siégeait la cour de Cassation. En 1810, les cours d'appel et les cours criminelles furent réunies, et reçurent le titre de cours impériales; elles connaissaient des matières civiles et des matières criminelles; les cours de justice criminelle furent supprimées. Les cours d'assises et les cours spéciales étaient une émanation des cours impériales.

La réunion de ces deux justices avait deux avantages; le premier, de donner une garantie à l'accusé en le soumettant à une juridiction moins rigoureuse, puisqu'elle n'aurait plus l'habitude de ne chercher que des crimes dans les affaires qui lui étaient soumises. En second lieu, la magistrature criminelle étant, au contraire, par la nature même de ses attributions, impopulaire, la fusion de ces deux corps judiciaires avait pour résultat de faire participer la magistrature criminelle à la considération qui entourait la magistrature civile.

Comme preuve de la bonté des institutions judiciaires sous l'Empire, il n'est pas inutile de remarquer que les crimes allèrent toujours en diminuant, et que le nombre des prisonniers d'État, qui était de 9,000 au 18 brumaire, se trouva réduit à 150 en 1814.

*Les finances* d'un grand État devaient, suivant l'Empereur, offrir les moyens de faire face aux circonstances extraordinaires, et même aux vicissitudes des guerres les plus acharnées, sans qu'on fût obligé d'avoir recours à de nouveaux impôts dont l'établissement est toujours difficile. Son système consistait à en avoir un grand nombre, qui pesaient peu sur le peuple en temps ordinaire, et dont le taux s'élèverait ou s'abaisserait suivant les besoins, au moyen des centimes additionnels.

On sait à combien d'abus était soumis le recouvrement des impôts avant le 18 brumaire ; aussi le trésor ne possédait-il à cette époque que 150,000 fr. Les rentes et pensions de l'État n'étaient payées qu'en papier qui perdait considérablement sur la place. Les produits versés au trésor se composaient de plus de quarante espèces. Il était impossible de faire un budget.

Au commencement du Consulat, Pitt, notre terrible adversaire, voyait dans le manque d'argent et de crédit la ruine prochaine de la France. Il ignorait toutes les ressources que pouvait en tirer un gouvernement habile et fort. Un an, en effet, suffit à Napoléon, après le 18 brumaire, pour régulariser le recouvrement des contributions, de telle sorte que tout en abolissant les moyens violents, il avait fait face aux dépenses, diminué les impôts, rétabli le numéraire effectif, et possédait en portefeuille trois cents millions de valeurs.

« Des finances fondées sur une bonne agriculture ne se détruisent jamais, » disait le premier Consul (1). Les faits lui ont donné raison.

Par l'ordre et la régularité qu'il introduisit dans l'administration et dans les budgets, il fit revivre le crédit. Il favorisa la création de la banque de France; mais, tout en la rendant indépendante du gouvernement, il se réservait sur elle une action de contrôle. Il demandait, non qu'elle lui prêtât de l'argent, mais qu'elle présentât des facilités pour réaliser à bon marché les revenus de l'État, aux époques et dans les

---

(1) Lettre de Napoléon au roi d'Angleterre.

lieux convenables. Il se montra constamment disposé à venir à son aide dans les moments difficiles. « Malgré le mauvais esprit et la méfiance dont quelques régents sont animés, disait-il en 1805, j'arrêterai, s'il le faut, la solde de mes troupes pour soutenir la banque. » Il avait l'intention d'ériger des succursales de cet établissement dans toutes les grandes villes de France.

Il créa un ministre du trésor indépendant du ministre des finances. Il ne voulait pas d'alliance entre la banque et le trésor, parce qu'il pensait qu'un simple mouvement de fonds peut porter avec lui le secret de l'État. Une des plus importantes innovations qui eurent lieu à la trésorerie, fut l'introduction de la comptabilité en partie double.

La France doit se féliciter de ce que le système d'emprunt, qui écrase aujourd'hui l'Angleterre, n'ait pas été mis en vigueur sous l'Empire. Napoléon avait posé les principes contraires, en fixant par une loi spéciale, le montant de la dette publique à quatre-vingt millions de rentes.

On peut compter parmi les améliorations qu'on doit à l'Empire la loi qui obligeait les receveurs-généraux, les notaires et les agents de change à fournir des cautionnements. Pour un gouvernement nouveau, il était essentiel que le cours de la dette se maintînt en état progressif; et la conséquence naturelle de cette nécessité était un droit de police et de surveillance sur les hommes qui, ne spéculant que sur la variation de ce cours, peuvent avoir intérêt à lui imprimer un mouvement rétrograde. Les investigations éclairées de l'Empereur allèrent jusqu'à faire rectifier le taux des rentes viagères comme n'étant pas d'accord avec le calcul des probabilités.

Il fonda la caisse d'amortissement. Il s'exprimait ainsi à cette occasion : « On dit qu'une caisse d'amortissement ne doit être qu'une machine à emprunt ; cela peut être vrai ; mais le *temps n'est pas venu pour la France de fonder ses finances sur des emprunts.* » Il installa une caisse de service qui était principalement chargée d'opérer avec célérité dans les départements l'application locale des recettes aux dépenses. Elle ouvrait des comptes courants aux receveurs généraux.

Il avait l'intention de créer des caisses d'activité, dont les sommes croissantes eussent été consacrées aux travaux d'amélioration publique. Il y aurait eu la caisse d'activité de l'Empire pour les travaux généraux, la caisse des départements pour les travaux locaux, la caisse des communes pour les travaux municipaux.

En 1806, le droit de passe et de taxe sur les

routes fut supprimé, et une loi autorisa l'établissement d'octrois municipaux dans les villes où les hospices civils n'avaient pas de revenus suffisants.

Le conseil de liquidation, installé en 1802, cessa ses travaux le 30 juin 1810. Il avait ainsi liquidé toutes les dettes de l'État ; cette longue plaie de la révolution, comme le dit M. Thibaudeau, était enfin fermée (1).

L'Empereur estimait qu'il fallait à la France un budget de 800,000,000 pour l'état de guerre, et de 600,000,000 pour l'état de paix. Le budget sous l'Empire n'a jamais dépassé le chiffre ci-dessus, excepté après les revers de Moscou ; il était donc, malgré la guerre, de 400,000,000 moins élevé que celui, dont vingt-quatre années d'une paix profonde ont grevé la France (2). L'Empereur ne dépensait pas pour lui la moitié de sa liste civile, et il employait l'excédant, soit à former un fonds de réserve, soit à faire exécuter des travaux publics, soit à seconder les manufactures. En 1814, toutes ses réserves furent consacrées à soutenir la guerre nationale.

Un bon système de comptabilité est le complément indispensable d'un bon système de finances. La Constitution de l'an VIII avait conservé une

---

(1) Thibaudeau, tome VIII, page 28.
(2) Voir les budgets de l'Empire dans les pièces à l'appui.

commission de comptabilité chargée de juger les comptes; elle n'avait pu suffire aux travaux immenses accumulés sur elle. Depuis 1792 jusqu'en 1807, sur 11,477 comptes, elle n'en avait jugé que 8,793 (1). L'Empereur jaloux de tout régulariser, établit la cour des comptes, qui mit au courant cette partie importante du service public.

On a reproché à l'Empereur d'avoir, dans le prélèvement des impôts, trop favorisé la propriété foncière. Il pensait que, pendant la paix, il fallait ménager la ressource des impôts directs, parce que ce sont les seuls qui, pendant la guerre, supportent toutes les charges; et qu'il fallait profiter de l'activité que la paix imprime aux consommations pour leur demander des contributions indirectes, qu'elles ne peuvent plus fournir en temps de guerre. D'ailleurs, un but politique aurait pu présider à cette préférence momentanée; car il faut remarquer que les changements politiques survenus depuis 1789 avaient créé environ dix millions de propriétaires fonciers; que ces propriétaires, dont tous les intérêts se rattachaient à la révolution, étaient la classe que le gouvernement devait surtout ména-

(1) Thibaudeau, tome VIII, page 130.

ger ; car c'était cette masse de nouveaux acquéreurs qui était appelée à former l'esprit public. L'Empereur disait un jour au conseil d'État :
« Le système d'impositions est mauvais; il fait
« qu'il n'y a ni propriété ni liberté civile ; car la
« liberté civile dépend de la sûreté de la pro-
» priété. Il n'y en a point dans un pays où l'on
« peut chaque année changer le vote du contri-
« buable. Celui qui a 3,000 fr. de rente ne sait
« pas combien il lui en restera l'année suivante
« pour exister. On peut absorber tout son revenu
« par la contribution. On voit, pour un misérable
« intérêt de 50 à 100 fr., plaider solennellement
« devant un grave tribunal, et un simple commis
« peut d'un seul coup de plume, vous surcharger
« de plusieurs milliers de francs ! Il n'y a donc
« plus de propriété ! Lorsque j'achète un do-
« maine, je ne sais pas ce que je fais. En Lom-
« bardie, en Piémont, il y a un cadastre ; chacun
« sait ce qu'il doit payer. Le cadastre est inva-
« riable; on n'y fait des changements que dans les
« cas extraordinaires, et après un jugement so-
« lennel. Si l'on augmente la contribution, cha-
« cun en supporte sa part au marc la livre, et
« peut faire ce calcul dans son cabinet. On sait
« alors ce qu'on a ; il y a une propriété. Pour-
« quoi n'y a-t-il pas d'esprit public en France ?

« C'est qu'un propriétaire est obligé de faire sa
« cour à l'administration. S'il est mal avec elle,
« il peut être ruiné. Le jugement des réclamations
« est arbitraire. C'est ce qui fait que chez au-
« cune autre nation on n'est aussi servilement
« attaché au gouvernement qu'en France, parce
« que la propriété y est dans la dépendance. En
« Lombardie, au contraire, un propriétaire vit
« dans sa terre sans s'inquiéter qui gouverne. On
« n'a jamais rien fait en France pour la pro-
« priété. Celui qui fera une bonne loi sur le ca-
« dastre méritera une statue. » En 1810, le cadastre parcellaire était exécuté dans 3,200 communes ; environ 600,000 propriétaires jouissaient de l'égalité proportionnelle dans les communes cadastrées.

La propriété des mines n'avait jamais été réglée qu'imparfaitement. En 1810, elle fut régularisée par des lois, et l'Empereur créa un corps d'ingénieurs des mines.

*L'amélioration des classes pauvres* fut une des premières préoccupations de l'Empereur. Dans une lettre au ministre de l'intérieur, du 2 novembre 1807, il dit qu'il attache à la destruction de la mendicité une grande idée de gloire. Il fit établir des dépôts de mendicité ; quarante-deux existaient déjà en 1809. Pour trouver les moyens efficaces de soulager la misère du peuple, il provoquait les avis de tous les publicistes. Il institua la société maternelle, qui devait avoir un conseil d'administration dans chacune des grandes villes de l'Empire. L'institution des sœurs de la charité fut rétablie avec tous ses anciens avantages, sans les abus qui en avaient altéré la destination. Six maisons destinées à recueillir les orphelines de la Légion d'honneur, jusqu'au nombre de 600, furent créées en 1810. L'hôtel des Invalides reçut en 1803 une nouvelle organisation, et on lui adjoignit sur divers points plusieurs succursales. Napoléon créa des camps pour les vétérans, où chacun de ceux qui y étaient admis avait une habitation rurale, une portion de terre d'un revenu net, égal à la somme de retraite.

En 1807, on rendit aux hospices les biens qu'un décret de la Convention avait aliénés.

Les condamnés par les tribunaux criminels et par la police correctionnelle restaient confondus dans les prisons et avec les prévenus et les accusés. Le gouvernement adopta le système des prisons centrales pour les condamnés à une année au moins de détention.

L'Empereur voulait que tout dans le culte fût gratuit, et pour le peuple, que l'inhumation du pauvre fût faite gratuitement et décemment. « On n'avait pas le droit, disait-il, de mettre un impôt sur les morts ; on ne devait pas priver les pauvres, parce qu'ils sont des pauvres, de ce qui les console de la pauvreté. » Il ordonna que les églises fussent ouvertes gratuitement au public ; que si l'église était tendue en noir pour un riche, on ne la détendrait qu'après le service du pauvre. Il avait eu l'intention de faire réduire le dimanche les places du parterre du Théâtre-Français à 1 fr., afin que le peuple pût jouir des chefs-d'œuvre de notre littérature. Dans le discours qu'il prononça en 1807 devant le corps législatif, il dit que dans toutes les parties de son empire, même dans le plus petit hameau, l'aisance des citoyens et la valeur des terres se trouveraient bientôt augmentées par l'effet du système général d'amélioration qu'il avait conçu.

La guerre l'empêcha de réaliser complétement un aussi grand projet, et arrêta l'exécution d'une foule d'autres améliorations philanthropiques, parmi lesquelles nous citerons le désir de faire cesser les inconvénients existants à la maison de dépôt de la préfecture de police à Paris, où l'on voit les plus honnêtes gens exposés à passer la nuit confondus avec des voleurs et des scélérats.

*Communes.* — L'administration de la France

était une machine qui s'organisait. Il fallait, comme cela a été dit plus haut, tout centraliser pour améliorer, vivifier, fonder, sauf à reporter ensuite à la circonférence la part de pouvoir que le centre avait absorbée momentanément.

L'Empereur sentait toute l'importance d'une bonne administration communale; il disait qu'il fallait bien se garder de détruire l'esprit municipal. Il soutenait souvent les maires contre les préfets, et voulait que ceux-ci assistassent à l'installation des maires. Suivant son opinion, les octrois devaient être administrés, dans l'intérêt des communes par les maires, et les préfets devaient se borner à une simple surveillance.

Pour encourager, dans les communes rurales, des échanges propres à faire disparaître la dissémination et l'enchevêtrement des pièces de terre, le gouvernement exempta des droits d'enregistrement la première commune dont les habitants auraient exécuté cette opération par un accord général.

L'esprit communal est un esprit essentiellement conservateur; tout ce qu'il a acquis, que ce soit un abus ou un avantage, il le garde avec la même ténacité. Pour régénérer la commune, il fallait la priver momentanément d'une partie de ses droits, jusqu'à ce que son éducation fût faite;

alors seulement on lui eût rendu, sans crainte pour le bien général, une plus grande indépendance. La prospérité des communes fut l'objet de toute la sollicitude de l'Empereur. Le plan qu'il avait conçu pour améliorer leur état se trouve développé dans une lettre écrite par lui au ministre de l'intérieur, et que nous reproduisons à la fin de cet écrit.

« Travailler, disait-il, à la prospérité des 36,000 communautés, c'est travailler au bonheur des 30 millions d'habitants, en simplifiant la question, en diminuant la difficulté de tout ce qu'établit de différence le rapport de 36,000 à 30 millions. » Dans ce but, l'Empereur classa les communes en trois catégories : communes endettées, communes au courant, communes ayant des ressources disponibles. D'après des moyens qu'il expliqua au ministre de l'intérieur, cinq années auraient suffi pour faire disparaître les municipalités endettées; il n'y aurait plus eu alors que deux classes de communes : communes ayant des ressources disponibles, et communes au courant; et au bout de dix ans, la France n'aurait plus compté que des communes ayant des ressources disponibles.

« L'aliénation des biens des communes, sous le rapport des progrès de l'agriculture, était, disait l'Empereur, la plus grande question d'économie politique qu'on pût agiter.» Elle fut tranchée par les besoins impérieux de la guerre. En 1813, on vendit les terres, maisons et usines appartenant aux communes; on leur laissa les bois, pâtis, pâturages, tourbières, et autres biens dont les habitants jouissaient en commun, ou dont ils ne tiraient aucun loyer : aussi bien que les édifices affectés au service public, et les emplacements qui concouraient à la salubrité des lieux ou à l'agrément. Les biens à vendre étaient cédés à la caisse d'amortissement. Les communes recevaient, en inscriptions à cinq pour cent, une rente proportionnée au revenu net de leurs biens cédés.

On voit clairement, par ce qui précède, que les intentions de l'Empereur étaient toutes portées vers l'amélioration du bien-être matériel du pays. On voit encore que lorsque les désastres de la guerre le forcent à recourir à des expédients, les ressources qu'il sait se créer ne sont pas désastreuses pour le pays, et qu'elles ne ressemblent guère à tous les moyens employés par d'autres gouvernements dans des circonstances analogues. Il n'y eut ni papier-monnaie, ni emprunt forcé, ni emprunt écrasant, ni altération de la valeur de la même monnaie, comme cela se fit sous Frédéric-le-Grand.

L'Empereur avait fait une distinction précise entre les ressources d'un État. « Jadis, disait-il, on ne connaissait qu'une espèce de propriété, celle du terrain ; il en est survenu une nouvelle, celle de l'industrie, aux prises en ce moment avec la première ; c'est la grande lutte des champs contre les comptoirs, des créneaux contre les métiers ; puis une troisième, celle dérivant des énormes charges perçues sur les administrés, et qui, distribuées par les mains neutres et impartiales du gouvernement, peuvent garantir du monopole des deux autres, leur servir d'intermédiaire, et les empêcher d'en venir aux mains. » Il faisait la classification suivante :

L'Agriculture, l'âme, la base de l'Empire.

L'Industrie, l'aisance, le bonheur de la population.

Le Commerce extérieur, la surabondance, le bon emploi des deux autres.

Le Commerce extérieur, infiniment au-dessous des deux autres dans ses résultats, leur a été aussi constamment subordonné dans la pensée de Napoléon. « Celui-ci est fait pour les deux autres, disait-il ; les deux autres ne sont pas faits pour lui. Les intérêts de ces trois bases essentielles sont divergents, souvent opposés. Je les ai constamment servis dans leur rang naturel.

*L'agriculture* n'a cessé de faire de grands progrès sous l'Empire (1). « C'est par des comparaisons et des exemples, disait Napoléon, que l'agriculture, comme tous les autres arts, se perfectionne. » Il ordonnait aux préfets de lui faire connaître les propriétaires-cultivateurs qui se distingueraient, soit par une culture mieux entendue et mieux raisonnée, soit par une éducation plus soignée des bestiaux et par l'amélioration des espèces. Dans les départements qui étaient arriérés pour la culture, on engageait les bons propriétaires à envoyer leurs enfants étudier la méthode usitée dans les départements où l'agriculture était florissante. Des éloges et des distinctions étaient décernés à ceux qui avaient le mieux profité.

Le Code rural, projeté dès 1802, fut soumis en 1808 à des commissions consultatives, formées dans chaque ressort de cour d'appel, et composées de juges, d'administrateurs et d'agriculteurs les plus distingués. Il ne put être achevé sous l'Empire.

En 1807, le gouvernement créa dans l'école vétérinaire d'Alfort une chaire d'économie rurale.

1) Voyez à la fin de l'ouvrage l'exposé de la situation de l'empire présenté, en 1813, par le ministre de l'*intérieur*.

*L'industrie* non-seulement fut encouragée sous l'Empire, mais on peut dire qu'elle fut en quelque sorte créée; elle atteignit en peu de temps un degré extraordinaire de prospérité.

L'Empereur, en disant que l'industrie était une nouvelle propriété, exprimait d'un seul mot son importance et sa nature. L'esprit de propriété est par lui-même envahissant et exclusif. La propriété du sol avait eu ses vassaux et ses serfs. La révolution affranchit la terre; mais la nouvelle propriété de l'industrie, s'agrandissant journellement, tendait à passer par les mêmes phases que la première, et à avoir comme elle ses vassaux et ses serfs.

Napoléon prévit cette tendance inhérente à tout système dont les progrès sont des conquêtes; et, tout en protégeant les maîtres des établissements industriels, il n'oublia pas aussi le droit des ouvriers. Il établit à Lyon, et plus tard dans d'autres villes manufacturières, un conseil de prud'hommes, véritables juges de paix de l'industrie, qui étaient chargés de régler les différends qui pouvaient naître entre ceux qui travaillent et ceux qui font travailler. Des règlements furent publiés sur la police des fabriques, les marques particulières, le contentieux, les obligations respectives des ouvriers et des fabricants. Des chambres consultatives de manufactures, fabriques, arts et métiers furent instituées. On installa au ministère de l'intérieur un conseil général de fabriques et de manufactures. L'Empereur prêta souvent sur sa liste civile à des manufactures qui, faute de débit, étaient dans le cas de suspendre leurs travaux. Son intention était de venir au secours de l'industrie par l'établissement d'une caisse particulière. Il écrivait, après la bataille d'Eylau, au ministre de l'intérieur : « Mon but n'est pas d'empêcher tel négociant de faire banqueroute ; les finances de l'État n'y suffiraient pas ; mais d'empêcher telle manufacture de se fermer. Mon but est de suppléer à la vente en prêtant. Je veux bâtir un établissement stable et perpétuel, et le doter de quarante à cinquante millions, de manière que le défaut de débit soit moins cruel pour le manufacturier.

L'Empereur releva l'industrie en faisant concourir les sciences à son amélioration. « Si l'on m'eût laissé le temps, disait-il, bientôt il n'y aurait plus eu de métiers en France ; tous eussent été des arts. » En effet, la chimie et la mécanique furent sous son règne employées à perfectionner toutes les branches d'industrie. Aussi que de machines furent créées, que d'inventions virent le jour durant le régime impérial !

Si l'esprit d'association n'a pas fait plus de progrès en France, ce n'est pas faute d'encouragement de la part du chef de l'Etat; car au milieu des préoccupations de la guerre, il ordonna au ministre de l'intérieur de chercher à vendre à des compagnies les canaux qui étaient achevés, et lui enjoignit en 1807 de faire exécuter le pont d'Iéna en fer comme le pont des arts, par une compagnie.

L'Empereur s'opposa toujours au rétablissement des jurandes et des maîtrises. Il établit des écoles d'arts et de métiers à Châlons. Les prix les plus élevés furent fondés pour encourager toutes les inventions. Une somme d'un million fut promise à l'inventeur de la meilleure machine pour filer le lin; un premier prix de 40,000 francs, et un second de 20,000, à l'auteur de la machine la plus propre à ouvrir, carder, peigner et filer la laine.

Il créa des manufactures de coton, qui comportent le coton filé, le tissu, enfin l'impression. Avant l'Empire, l'art de filer le coton n'était pas pratiqué en France; les tissus nous venaient de l'étranger. Le coton fut cultivé avec avantage au midi de la France, en Corse, en Italie; on en évalua en 1810 la récolte à 100,000 kilogrammes Les mérinos furent enlevés et répandus dans tout l'Empire Napoléon ordonna qu'on fît des fouilles pour chercher du granit, et c'est à cet ordre qu'on doit les carrières qu'on exploite aujourd'hui (1). Les produits européens remplacèrent les produits exotiques ; le pastel suppléa à l'indigo ; la betterave fut substituée à la canne à sucre ; et la garance à la cochenille ; les fabriques de soudes artificielles remplacèrent les soudes étrangères ; et maintenant tous ces différents produits sont, pour la plupart, une source de richesse pour la France. La fabrication du sucre de betterave s'élève à 50,000,000 de kilogrammes par an.

Le *commerce* extérieur au delà des mers ne put, à cause de la guerre, avoir une grande extension ; mais le commerce intérieur prit un immense développement ; car on peut dire qu'alors le commerce intérieur était le commerce européen, depuis Hambourg jusqu'à Rome.

Un conseil général de commerce fut installé près du ministre de l'intérieur, de même qu'il en avait été établi un pour l'industrie.

Dans tous ses traités, l'Empereur vise toujours à favoriser le commerce français. En 1808, il ouvre des débouchés en Espagne aux produits nationaux, en faisant supprimer les prohibitions

---

(1) Bignon.

sur les soieries de Lyon, de Tours et de Turin. Il assure un pareil accès au drap de Carcassonne, à la toile de Bretagne, à la quincaillerie française. Il veut que le commerce établisse à Pétersbourg des maisons françaises, qui reçoivent des marchandises de France, et fassent venir en France des marchandises russes. Et c'est encore grâce à un traité fait par l'Empereur avec la Russie, que la France tire aujourd'hui de ce pays les bois de construction nécessaires à sa marine.

Le Code commercial fut terminé et adopté en 1807.

Les *travaux publics*, que l'Empereur fit exécuter sur une si grande échelle, furent non-seulement une des causes principales de la prospérité intérieure, mais ils favorisèrent même un grand progrès social. En effet, ces travaux, en multipliant les communications, produisaient trois grands avantages : le premier, d'employer tous les bras oisifs et de soulager ainsi les classes pauvres ; le second, de favoriser l'agriculture, l'industrie et le commerce ; la création de nouvelles routes et de canaux augmentant la valeur des terres, et facilitant l'écoulement de tous les produits. Le troisième enfin était de détruire l'esprit de localité, et de faire disparaître les barrières qui séparent, non-seulement les provinces d'un

État, mais les différentes nations, en facilitant tous les rapports des hommes entre eux, et en resserrant les liens qui doivent les unir. On trouvera à la fin de l'ouvrage le relevé des principaux travaux publics exécutés sous l'Empire. Le système de Napoléon consistait à faire faire par l'État un grand nombre de constructions, et une fois celles-ci terminées, de les revendre et d'affecter le produit de cette vente à l'exécution d'autres travaux. Il est important de remarquer que, malgré la guerre, l'Empereur trouva le moyen de dépenser en douze ans 1,005,000,000 pour des travaux publics ; et l'homme qui eut tant de trésors à sa disposition, qui distribua 700 millions en dotations, n'eut jamais de propriétés particulières.

L'*instruction publique* devait, sous un régime éclairé comme l'était celui de l'Empire, participer à l'impulsion imprimée par le chef de l'État à toutes les branches de l'administration. « Il n'y a,
« disait l'Empereur, que ceux qui veulent trom-
« per les peuples et gouverner à leur profit, qui
« peuvent vouloir les retenir dans l'ignorance;
« car plus les peuples seront éclairés, plus il y
« aura de gens convaincus de la nécessité des
« lois, du besoin de les défendre, et plus la so-
« ciété sera assise, heureuse, prospère ; et s'il
« peut arriver jamais que les lumières soient nui-

« sibles à la multitude, ce ne sera que quand le
« gouvernement, en hostilité avec les intérêts du
« peuple, l'acculera dans une position forcée, ou
« réduira la dernière classe à mourir de misère ;
« car alors il se trouvera plus d'esprit pour se dé-
« fendre ou devenir criminel. »

La Convention nationale avait déjà beaucoup fait en renversant l'édifice gothique de l'enseignement. Mais, dans les moments de troubles, il est difficile de fonder ; et les établissements d'instruction projetés étaient restés imparfaits. Il n'y avait d'écoles primaires que dans les villes, les écoles centrales étaient désertes. Napoléon divisa, en 1802, l'enseignement en trois classes : 1° les écoles municipales ou primaires ; il devait en être créé 23,000 ; 2° les écoles secondaires, ou colléges communaux ; 3° les lycées et les écoles spéciales, entretenues aux frais du trésor. L'Institut était la tête de tout l'édifice. La plus grande activité fut imprimée à la création des écoles, que se disputèrent à l'envi les villes et les départements, et dont ils offrirent de faire les frais.

On établit d'abord quarante-cinq lycées : il devait y en avoir un au moins par arrondissement de chaque tribunal d'appel. Trois commissions de savants parcoururent le pays, pour verser dans les lycées tous les matériaux de l'instruction. Il y avait 6,400 élèves pensionnaires de l'État.

Le gouvernement fit faire des ouvrages pour l'enseignement des mathématiques par la Place, Monge et Lacroix; d'histoire naturelle par Duménil; de minéralogie par Brongniart; de chimie par Adet; d'astronomie par Biot; de physique par Haüy.

La dénomination de prytanée français, sous laquelle jusqu'alors avaient été compris plusieurs colléges, fut donnée, en 1803, au seul collége de Saint-Cyr, école gratuite réservée aux fils de militaires morts sur le champ de bataille. Les élèves de cette école, après avoir subi des examens, passaient à l'école spéciale de Fontainebleau, qui fut aussi créée à cette époque.

On établit une école spéciale de marine et des vaisseaux-écoles à Toulon et à Brest.

On créa deux écoles pratiques de mines, l'une à Geislautern, département de la Saar; l'autre à Pesey, département du Mont-Blanc.

En 1806, l'Empereur sentit le besoin de régulariser l'instruction par un système général. On a reproché à ce système d'entraver la liberté; mais, comme il a été dit plus haut, le temps de la liberté n'était pas venu; et lorsqu'un gouvernement se trouve à la tête d'une nation qui vient de s'affranchir de toutes les idées du passé, il est de son devoir, non-seulement de diriger la génération présente, mais d'élever la génération qui surgit dans les principes qui ont fait triompher cette révolution. « Il n'y aura pas d'État politique fixe, « dit l'Empereur, s'il n'y a pas de corps ensei« gnant avec des principes fixes ; sa création, au « contraire, fortifiera l'ordre civil. »

Tout en renfermant des restrictions, le système d'éducation était un beau et grand monument, et se trouvait en harmonie avec l'ensemble de l'organisation impériale, qui s'adressait à toutes les capacités, frayait le chemin, le traçait avec précision, en faisant disparaître toutes les entraves qui empêchaient de le parcourir. Vous tous qui voulez vous livrer à l'art d'enseigner, comme vous qui voulez vous vouer, soit à l'art de guérir, soit à la science du jurisconsulte, la carrière vous est ouverte ; pourvu que la société ait les garanties suffisantes que vous êtes capables d'enseigner la morale et non le vice ; que vous sayez distinguer les plantes bienfaisantes des sucs venimeux, ou que, élèves de la loi, vous en avez étudié l'esprit, et que vous saurez la défendre !

Les premières dispositions adoptées par Napoléon avaient fait faire de grands progrès à l'instruction publique. De nombreuses écoles s'étaient élevées; mais elles étaient isolées et indépendantes les unes des autres. L'état des hommes qui se consacraient à l'enseignement n'était pas assuré; ils n'étaient point assujettis à un règlement commun. L'Empereur conçut le projet de lier par des rapports immédiats tous ces établissements, en réunissant en un corps tous les professeurs, et en relevant l'importance de leur état à l'égal des emplois les plus considérés.

L'enseignement public dans tout l'Empire fut confié exclusivement à l'université. Elle était composée d'autant d'académies qu'il y avait de cours d'appel. Les écoles appartenant à une académie étaient placées dans l'ordre suivant : 1° les facultés pour les sciences approfondies et pour la collation des grades; 2° les lycées; 3° les colléges et écoles secondaires communales; 4° les institutions, écoles tenues par des instituteurs particuliers; 5° les pensionnats, appartenant à des maîtres particuliers et consacrés à des études moins fortes que celles des institutions; 6° les petites écoles, écoles primaires. Les petits séminaires étaient sous la surveillance de l'université.

Il y avait cinq ordres de facultés, ceux de théologie, de droit, de médecine, des sciences mathématiques et physiques. Il y avait une faculté de théologie par église métropolitaine, en outre une à Strasbourg et une à Genève pour la religion réformée. Les écoles de droit formaient douze facultés; les cinq écoles de médecine en formaient cinq. Une faculté des sciences et une faculté des lettres étaient établies auprès de chaque lycée, chef-lieu d'une académie.

Dans chaque faculté les grades étaient le baccalauréat, la licence, le doctorat, qui étaient conférés à la suite d'examens.

La hiérarchie administrative et d'enseignement comprenait dix-neuf degrés. Nul ne pouvait être appelé à une place qu'après avoir passé par les places inférieures et obtenu dans les différentes facultés des grades correspondants à la nature et à l'importance des fonctions. Les fonctionnaires étaient divisés en titulaires, en officiers de l'université et en officiers des académies; ils étaient soumis à une discipline sévère. Après un service de trente années sans interruption, ils pouvaient être déclarés émérites et obtenir une pension de retraite.

- L'université était régie et gouvernée par le grand maître nommé par l'Empereur, et révocable.

Le conseil de l'université était composé de trente membres. Au chef-lieu de chaque académie, il y avait un conseil académique de dix membres.

Il y avait des inspecteurs généraux de l'université, chargés de visiter les établissements d'instruction par ordre du grand maître.

Il devait être établi, auprès de chaque académie et dans l'intérieur des colléges et des lycées, une ou plusieurs écoles destinées à former de bons maîtres pour les écoles primaires.

L'université devait tendre sans relâche à perfectionner l'enseignement dans tous les genres, à favoriser la composition des ouvrages classiques, et veiller surtout à ce que l'enseignement des sciences fût toujours au niveau des connaissances acquises et à ce que l'esprit de système ne pût jamais en arrêter les progrès.

Les lycées, dont le nombre fut porté à cent en 1811, devaient être la pépinière des professeurs, des recteurs, des maîtres d'études. L'Empereur voulait qu'on leur donnât de grands motifs d'émulation, afin que les jeunes gens qui se voueraient à l'enseignement eussent la perspective de s'élever d'un grade à l'autre jusqu'aux premières places de l'État. Il y eut dans chaque lycée vingt élèves entretenus aux frais du gouvernement; quatre-vingts l'étaient par moitié, et cinquante aux trois quarts, afin de faciliter aux talents pauvres les moyens de se produire.

Dans l'élan qu'il imprima à l'instruction, Napoléon remplaça l'étude des langues mortes, qui étaient presque exclusivement enseignées auparavant, par l'étude plus utile des sciences physiques et mathématiques, et ce fut dans le même esprit qu'il s'opposa à la prééminence qu'on voulait donner à la médecine sur la chirurgie.

L'école polytechnique, dont la fondation appartient au Directoire, prit un grand développement et fournit des officiers distingués aux armées, et des savants dans toutes les autres branches de la science pratique.

L'école normale, dont l'établissement avait été projeté sous la Convention, reçut sa destination salutaire sous l'Empire.

Napoléon créa, sous le titre de maisons impériales, deux établissements distincts : l'un pour l'éducation des filles des membres de la Légion d'honneur, l'autre pour l'éducation des orphelines. Dans le premier on recevait une éducation brillante ; dans le second les orphelines apprenaient tous les ouvrages de femme propres à leur donner les moyens de gagner leur vie.

Il fut pourvu au sort des enfants dont l'éducation était confiée à la charité publique; ils formaient trois classes, les enfants trouvés, les enfants abandonnés, les orphelins pauvres. Un hospice dans chaque arrondissement fut chargé de les recevoir.

On créa à Rouen une école de préparation anatomique. L'école des arts et métiers, fondée en 1803 à Compiègne et transférée ensuite à Châlons-sur-Marne, avait pour objet de répandre partout les bienfaits d'une éducation industrielle. En 1806 on en créa une seconde à Beaupréau, et une troisième dans l'abbaye de Saint-Maximilien près de Trèves.

L'école française des beaux-arts à Rome fut remise en activité et transférée à la villa de Medici. On y envoya quinze élèves.

L'Empereur ne se borna pas à créer des écoles, il stimula encore tous les genres de mérite par des prix et des récompenses auxquels, dans un grand but d'émulation, il fit concourir tous les savants de l'Europe. Un prix de 60,000 francs fut institué pour celui qui ferait faire des progrès au galvanisme, et un autre, consistant en une médaille de 3,000 francs, pour la meilleure expérience qui, au jugement de l'Institut, serait faite chaque année sur ce même sujet. En 1808 le célèbre chimiste anglais Davy gagna le prix annuel de l'Institut.

Les prix décennaux, qui furent alors fondés, étaient un encouragement offert à toutes les sciences et à tous les arts. Il y en avait neuf de 10,000 francs, et treize de 5,000.

Parmi les nombreux encouragements accordés aux sciences, il faut mentionner le prix de 12,000 francs, qui fut promis à l'auteur du meilleur mémoire sur la maladie du croup.

L'Empereur consacra le droit de propriété aux héritiers des auteurs morts ayant laissé des ouvrages posthumes.

Il avait conçu l'idée d'ériger une sorte d'université littéraire, composée d'une trentaine de chaires si bien coordonnées, qu'elles présentassent comme une sorte de bureau destiné à faciliter les recherches littéraires, géographiques, historiques et politiques; où, par exemple, quiconque voudrait connaître une époque pût s'informer des ouvrages qu'il devait lire, des mémoires, des chroniques qu'il devait consulter; où tout homme, enfin, qui voudrait parcourir une contrée, pût se procurer les renseignements nécessaires sur son voyage.

« Le seul encouragement raisonnable pour la littérature, disait l'Empereur, ce sont les places à l'Institut, parce qu'elles donnent aux poètes un caractère dans l'État. » Il aurait voulu que la seconde classe de l'Institut formât une sorte de tribunal littéraire, chargé de faire une critique raisonnée et impartiale des écrits de quelque mérite qui viendraient à paraître.

Il n'épargna rien pour honorer la mémoire des savants qui étaient morts. D'Osterode, tout couvert de la poussière des batailles, il ordonna de placer la statue de d'Alembert dans la salle des séances de l'Institut. Il fit élever des mausolées à Voltaire et à Rousseau.

Les bustes de Tronchet et de Portalis, les rédacteurs du premier projet du Code Napoléon, furent placés dans la salle du conseil d'Etat.

A Cambrai, un monument fut élevé aux cendres de Fénelon.

Malgré les guerres, le gouvernement impérial ne négligea rien de ce qui pouvait avancer les sciences. C'est ainsi qu'en 1806, entre autres, il ordonna la publication, à ses frais, de la relation des voyages et découvertes, faits de 1800 à 1804, par Perron, Lesueur et le capitaine Baudin.

Biot et Arago furent envoyés en Espagne pour continuer la mesure de l'arc du méridien jusqu'aux îles Baléares.

L'Institut national fut chargé de dresser un tableau général des progrès des sciences, des lettres et des arts depuis 1789 ; il était tenu de le faire présenter tous les cinq ans, au gouvernement, par une députation. Ce corps devait en outre proposer ses vues sur les découvertes dont il croirait l'application utile au service public, sur les secours et les encouragements dont les sciences, les arts et les lettres auraient besoin, et sur le perfectionnement des méthodes employées dans les différentes branches de l'enseignement public.

On voit donc que l'Empereur donna à l'instruction le même élan qu'à l'industrie; et l'on peut le dire avec Thibaudeau (1), que ce sont les élèves des lycées qui, après la chute de l'Empire, ont continué dans les arts, les sciences et les lettres, la gloire de la France.

*De l'armée.* — Il serait hors de notre sujet d'examiner toutes les améliorations que subit l'organisation de l'armée, et de raconter les hauts faits qui l'ont illustrée. L'univers entier connaît les exploits de ces soldats héroïques qui depuis Arcole jusqu'à Waterloo secondèrent les entreprises gigantesques de Napoléon, et mouraient pour lui avec bonheur, parce qu'ils savaient que c'était mourir pour la France. Il serait d'ailleurs trop long de retracer tout ce que l'armée a fait

---

(1) Tome III, page 404.

pour l'Empereur, et tout ce que l'Empereur a fait pour elle; examinons seulement sous un point de vue social l'organisation militaire.

La conscription, qui malheureusement pesa tant sur la France à cause de la prolongation de la guerre, fut une des plus grandes institutions du siècle. Non-seulement elle consacrait le principe d'égalité, mais, comme l'a dit le général Foy (1), « elle devait être le palladium de notre indépendance, parce que, mettant la nation dans l'armée et l'armée dans la nation, elle fournit à la défense des ressources inépuisables. » Le principe qui avait présidé à l'institution de la loi sur la conscription devait recevoir de plus grands développements, et l'on peut dire que les idées de l'Empereur ont été mises en pratique par d'autres gouvernements, entre autres par la Prusse. Il ne suffisait pas, en effet, que l'armée fût recrutée dans toute la nation; mais il fallait que toute la nation pût, dans un cas de malheur, servir de réserve à l'armée. L'Empereur disait que « jamais une nation, lorsqu'elle repousse une invasion, ne manque d'hommes, mais trop souvent de soldats. » Le système militaire de la Prusse offre des avantages immenses; il fait disparaître

(1) Guerre de la Péninsule, tome 1, p. 54.

les barrières qui séparent le citoyen du soldat ; il donne le même mobile et le même but à tous les hommes armés, la défense du sol de la patrie ; il fournit les moyens d'entretenir une grande force militaire avec le moins de frais possible ; il rend tout un peuple capable de résister avec succès à une invasion. L'armée en Prusse est une grande école où toute la jeunesse vient s'instruire au métier des armes ; la landwehr, qui est divisée en trois bans, est la réserve de l'armée. Dans l'organisation militaire, il y a donc plusieurs classifications ; mais toutes partant de la même source, elles ont le même but : il y a émulation entre les corps organisés, et non rivalité.

On sait que la garde nationale, dont l'institution était tombée en désuétude dans les derniers temps de la République, fut rétablie par Napoléon en 1806. En 1812 on la divisa en trois bans, composés, le premier, des hommes de 20 à 26 ans, des six dernières classes de la conscription, qui n'avaient pas été mis en activité ; le second, de tous les hommes valides de 26 à 40 ans ; le troisième, ou arrière-ban, des hommes de 40 à 60 ans. On voit que ce système était complétement en rapport avec celui qui est aujourd'hui en vigueur en Prusse. « A la paix, disait l'Empereur, j'aurais amené tous les souverains à n'avoir plus que leur simple garde ; j'aurais procédé à l'organisation de la garde nationale de manière à ce que chaque citoyen connût son poste au besoin ; alors, ajoutait-il, on aurait eu vraiment une nation maçonnée à chaux et à sable, capable de défier les siècles et les hommes. »

### Organisation politique.

Nous avons passé rapidement en revue l'organisation administrative de l'Empire, et fait ressortir les principaux bienfaits matériels de cette époque. Jetons maintenant un coup d'œil sur son organisation politique.

En premier lieu, qu'il me soit permis de dire que je considère comme un malheur la fatale tendance qu'on a en France de vouloir toujours copier les institutions des peuples étrangers, pour les adopter parmi nous. Sous la République on était Romain ; puis la constitution anglaise a paru le chef-d'œuvre de la civilisation ; les titres de *noble pair* et d'*honorable député* ont semblé plus libéraux que ceux de tribun et de sénateur, comme si en France, cette patrie de l'honneur, être *honorable* était un titre et non une qualité. Enfin plus tard a surgi l'école américaine. Ne serons-nous donc jamais nous-mêmes ? L'Angleterre, il est vrai, nous a offert pendant longtemps un beau spectacle de liberté parlementaire. Mais quel est l'élément de la constitution anglaise, quelle est la base de l'édifice? l'aristocratie. Supprimez-la, et en Angleterre vous n'auriez rien d'organisé; « de même qu'à Rome, a dit Napoléon, si l'on eût ôté la religion, il ne serait rien resté. »

Aux Etats-Unis d'Amérique nous voyons aussi de grandes choses; mais où trouver un seul rapport entre ce pays et la France? Les Etats-Unis ne sont pas encore devenus un monde social; car l'organisation d'un tel monde suppose la fixité et l'ordre; la fixité, l'attachement au sol, à la propriété, conditions impossibles à remplir, tant que l'esprit commerçant et la disproportion entre le nombre d'habitants et la grandeur du territoire ne feront regarder la terre que comme une marchandise. L'homme n'a pas encore pris racine en Amérique, il ne s'est pas incorporé à la terre; les intérêts sont personnels et non territoriaux (1). En Amérique, le commerce est en première ligne; ensuite vient l'industrie, et en dernier l'agriculture; c'est donc l'Europe renversée.

La France, sous beaucoup de rapports, est à la tête de la civilisation : et on semble douter

---

(1) Voyez à ce sujet Tocqueville.

qu'elle puisse se donner des lois qui soient uniquement françaises, c'est-à-dire des lois adaptées à nos besoins, modelées sur notre nature, subordonnées à notre position politique! Prenons, des pays étrangers, des améliorations qu'une longue expérience a consacrées; mais gardons dans nos lois la forme, l'instinct et l'esprit français. « La politique, a dit un écrivain (1), est l'application de l'histoire à la morale des sociétés. » On peut en dire autant d'une constitution : il faut que le pacte qui lie les divers membres d'une société puise sa forme dans l'expérience des temps passés, les choses dans l'état présent de cette société, son esprit dans l'avenir. Une constitution doit être faite uniquement pour la nation à laquelle on veut l'adapter. Elle doit être comme un vêtement qui, pour être bien fait, ne doit aller qu'à un seul homme.

Sous le rapport politique, l'Empereur n'a pu organiser la France que provisoirement; mais toutes ses institutions renfermaient un germe de perfectionnement qu'à la paix il eût développé.

Constatons d'abord une vérité, c'est que lorsque le peuple français proclama Napoléon empereur, la France était tellement fatiguée des dés-

(1) M. Daunou.

ordres et des changements continuels, que tout concourait à investir le chef de l'État du pouvoir le plus absolu. L'Empereur n'eut donc pas besoin de le convoiter, il n'eut au contraire qu'à s'en défendre. Autant autrefois l'opinion publique avait réclamé l'affaiblissement du pouvoir, parce qu'elle le croyait hostile, autant elle se prêtait à le renforcer, depuis qu'elle le voyait tutélaire et réparateur. Il n'eût tenu qu'à Napoléon de n'avoir ni corps législatif, ni sénat, tant on était las de ces discussions éternelles, entretenues, comme il le disait lui-même, par une foule de gens qui s'acharnaient à disputer sur les nuances avant d'avoir assuré le triomphe de la couleur.

L'empereur Napoléon ne commit pas la faute de beaucoup d'hommes d'État, de vouloir assujettir la nation à une théorie abstraite, qui devient alors, pour un pays, comme le lit de Procuste; il étudia, au contraire, avec soin le caractère du peuple français, ses besoins, son état présent; et, d'après ces données, il formula un système, qu'il modifia encore suivant les circonstances. « Où en serais-je, disait-il, vis-à-vis de l'Europe entière, avec un gouvernement que je bâtis au milieu des décombres, dont les fondements ne sont pas encore assis, et dont à tout instant je dois combiner les formes avec des circonstances nouvelles qui naissent de la variation même de la politique extérieure ; si je soumettais quelques-unes de ces combinaisons à des méthodes absolues qui n'admettent pas de modifications, et qui ne sont efficaces que parce qu'elles sont immuables. »

L'idée prédominante qui a présidé à tous les établissements de l'Empereur à l'intérieur est le désir de fonder un ordre civil (1). La France est entourée de puissants voisins. Depuis Henri IV, elle est en butte à la jalousie de l'Europe. Il lui faut une grande armée permanente, pour maintenir son indépendance. Cette armée est organisée, elle a des colonels, des généraux, des maréchaux; mais le reste de la nation ne l'est pas: et à côté de cette hiérarchie militaire, à côté de ces dignités auxquelles la gloire donne tant d'éclat, il faut qu'il y ait aussi des dignités civiles qui aient la même prépondérance; sinon le gouvernement risquerait toujours de tomber dans les mains d'un soldat heureux. Les Etats-Unis nous offrent un exemple frappant des inconvénients

---

(1) « Je veux constituer en France l'ordre civil. Il n'y a eu jusqu'à présent dans le monde que deux pouvoirs, le militaire et l'ecclésiastique. Les barbares, qui ont envahi l'empire romain, n'ont pu former d'établissement solide, parce qu'ils manquaient à la fois d'un corps de prêtres et d'un ordre civil. » — Paroles de l'Empereur au conseil d'État.

qu'entraîne la faiblesse de l'autorité civile. Quoique dans ce pays il n'y ait aucun des ferments de discorde qui bouillonneront longtemps encore en Europe, le pouvoir civil central étant faible, toute organisation indépendante de lui l'effraye, car elle le menace. Ce n'est pas seulement le pouvoir militaire qu'on redoute, mais le pouvoir d'argent, la banque : de là, la division des partis. Le gouverneur de la banque pourrait avoir plus d'influence que le président; à plus forte raison un général vainqueur éclipserait bientôt le pouvoir civil. Dans les républiques italiennes, ainsi qu'en Angleterre, l'aristocratie était l'ordre civil organisé; mais la France n'ayant plus heureusement de corps privilégiés, c'était pour une hiérarchie démocratique qu'on pouvait se procurer les mêmes avantages sans froisser les principes d'égalité.

Examinons sous ce point de vue les constitutions de l'Empire.

Les principes sur lesquels reposaient les lois impériales, sont :

L'égalité civile, d'accord avec le principe démocratique.

La hiérarchie, d'accord avec les principes d'ordre et de stabilité.

Napoléon est le chef suprême de l'Etat, l'élu

du peuple, le représentant de la nation. Dans ses actes publics, l'Empereur se glorifia toujours de ne devoir tout qu'au peuple français. Lorsque, entouré de rois et d'hommages, du pied des Pyrénées, il dispose des trônes et des empires, il réclame avec énergie le titre de premier représentant du peuple qu'on semblait vouloir donner exclusivement au corps législatif (1).

Le pouvoir impérial seul se transmet par droit d'hérédité. Il n'y a point d'autre emploi héréditaire en France; tous sont accordés à l'élection ou au mérite.

Il y a deux chambres : le sénat et le corps législatif.

Le sénat, dont le nom est plus populaire que celui de chambre des pairs, est composé des membres proposés par les colléges électoraux : un tiers seul est laissé à la nomination de l'Empereur. Il est présidé par un membre nommé par le chef de l'État; il veille au maintien de la constitution, il est garant de la liberté individuelle et de la liberté de la presse (2). Le sénat étant, après le souverain, le premier pouvoir

---

(1) Voir la note insérée par ordre de l'Empereur dans le *Moniteur* du 19 décembre 1808.

(2) M. Bignon, dans son *Histoire de l'Empire*, s'exprime ainsi :

« Le système établi n'était pas vicieux en lui-même, ni les libertés

de l'Etat, l'Empereur avait cherché, autant que les circonstances le permettaient, à lui donner une grande importance; car lorsque l'influence qu'exercent les corps constitués ne suit pas l'ordre de leur hiérarchie politique, c'est une preuve évidente que la constitution n'est pas en harmonie avec l'esprit public; c'est alors une machine dont les rouages ne fonctionnent pas dans leur ordre respectif.

Aussi, pour donner de l'influence au sénat, l'idée de l'Empereur n'est pas d'en faire uniquement une cour de justice, ni un refuge pour tous les ministres que l'opinion publique a condamnés, mais au contraire de le composer de toutes les sommités, et d'en faire le gardien et le garant de toutes les libertés de la nation (1).

de la nation entièrement laissées sans garanties. Si ces garanties deviennent illusoires, si les commissions sénatoriales de la liberté individuelle et de la liberté de la presse doivent rester un jour sans efficacité ou même sans action, c'est que la France parcourt un ordre d'événements dans lequel les questions d'intérêt domestique et de droit privé seront nécessairement subordonnées aux besoins de la force publique et de la puissance extérieure.

(1) L'opinion de l'Empereur était qu'une chambre héréditaire ne pouvait pas s'établir en France, et qu'elle n'aurait aucune espèce d'influence. Il disait en 1815, à Benjamin Constant, qui était un des plus fervents partisans de la constitution anglaise : « Votre chambre des pairs ne sera bientôt qu'un camp ou une antichambre. »

Le président du sénat convoque le sénat sur un ordre du propre

Pour rendre les sénateurs indépendants, et les attacher au sol des provinces, on établit, dans chaque arrondissement de cour d'appel, une sénatorerie rapportant au sénateur titulaire 20,000 à 25,000 livres de rentes à vie.

Le corps législatif est nommé par les colléges électoraux des départements ; les membres de ce corps sont rétribués pendant les sessions.

Il est essentiel de rappeler ici le mode d'élection introduit par Napoléon. Dans la constitution de l'an VIII, Siéyès avait inventé un système de notabilités qui enlevait au peuple toute participation aux élections. Quoique Siéyès, ancien membre de l'Assemblée constituante, de la Con-

---

mouvement de l'Empereur, sur la demande des commissions sénatoriales de la liberté individuelle et de la liberté de la presse, ou d'un sénateur pour dénonciation d'un décret rendu par le corps législatif, ou d'un officier du sénat pour les affaires intérieures du corps.

Chacune des commissions sénatoriales est composée de sept membres. Toute personne arrêtée et non mise en jugement après dix jours d'arrestation peut s'adresser à cette commission.

Une haute cour impériale est établie pour connaître des crimes contre la sûreté intérieure de l'État, des délits de responsabilité d'office commis par les ministres et conseillers d'État, des abus de pouvoir commis par les agents impériaux civils et militaires, etc.

Le siége de la haute cour est dans le sénat, l'archichancelier de l'Empire la préside ; les formes de procéder sont protectrices ; les débats et les jugements ont lieu en public.

vention et du Directoire, fût un ami de la liberté, il s'était vu obligé par les circonstances et pour le maintien de la République d'en agir ainsi ; car, avant le 18 fructidor, les élections portèrent des royalistes au corps législatif : cette journée les en chassa. Vint ensuite le tour des jacobins ; le 20 floréal les écarta ; aux élections suivantes, ils parurent se maintenir et se disposèrent à éloigner leurs rivaux. Il n'y avait donc rien de stable ; c'était chaque année le triomphe d'un parti, comme le dit Thibaudeau lui-même.

Mais la marche ferme et nationale du consulat avait déjà créé une France forte et compacte ; et le vaisseau de l'État risquait moins d'échouer sur les deux écueils qui étaient toujours à craindre, la terreur et l'ancien régime.

Napoléon, créé consul à vie, supprima les listes de notabilités de Siéyès, établit des assemblées de canton, composées de tous les citoyens domiciliés dans le canton. Ces assemblées nommaient les membres des colléges électoraux d'arrondissement et de département. Les éligibles aux colléges électoraux devaient être les plus imposés du département ; mais on pouvait ajouter aux colléges d'arrondissement dix membres, et aux colléges de département vingt membres non propriétaires, pris parmi les membres de la Légion d'honneur ou parmi les hommes qui avaient rendu des services. Les colléges présentaient deux candidats aux places vacantes dans le corps législatif; le collége de département seul proposait des candidats pour les places de sénateurs; un des deux candidats devait être pris hors du collége qui le présentait.

En examinant l'esprit qui dicta ces lois, à une époque où l'on sortait de violentes dissensions, et où la guerre était toujours menaçante; alors même que les amis les plus sincères de la liberté voyaient la nécessité de restreindre les droits électoraux, on ne peut s'empêcher de reconnaître que l'intention de l'Empereur était de rétablir l'élection sur les bases les plus larges; et les paroles suivantes de l'orateur du gouvernement d'alors confirment cette opinion : « Les « colléges électoraux rattachent les grandes au- « torités au peuple et réciproquement : ce sont « des corps intermédiaires entre le pouvoir et le « peuple ; c'est une classification de citoyens, « une organisation de la nation. Dans cette clas- « sification, il fallait combiner les intérêts opposés « des propriétaires et des prolétaires, puisque la « propriété est la base fondamentale de toute « association politique; il fallait y appeler aussi

« des non-propriétaires, pour ne pas fermer la
« carrière aux talents et aux génies. »

Le conseil d'Etat était un des premiers rouages de l'Empire. Composé des hommes les plus distingués, il formait le conseil privé du souverain. Les hommes qui en faisaient partie, affranchis de toute gêne, ne visant point à faire de l'effet, et stimulés par la présence du souverain, élaboraient les lois sans autre préoccupation que les intérêts de la France. Les orateurs du conseil d'État devaient porter à l'acceptation des chambres les lois qui avaient été préparées dans son sein.

L'Empereur créa des auditeurs au conseil d'État; leur nombre fut porté à trois cent cinquante; ils furent divisés en trois classes, et attachés à toutes les administrations. Le conseil d'État formait ainsi une pépinière d'hommes instruits et éclairés, capables de bien administrer le pays. Familiers à toutes les grandes questions politiques, ils recevaient du gouvernement des missions importantes.

Cette institution remplissait une grande lacune; car, lorsque dans un pays il y a des écoles pour l'art de urisconsulte, pour l'art de guérir, pour l'art de a guerre, pour la théologie, etc., n'est-il pas choquant qu'il n'y en ait pas pour l'art de gouverner, qui est certainement le plus difficile de tous, car il embrasse toutes les sciences exactes, politiques et morales (1)?

« Je ménageais à mon fils une situation des « plus heureuses, disait l'Empereur à Sainte-Hé-« lène. J'élevais précisément pour lui une école « nouvelle, la nombreuse classe des auditeurs au « conseil d'État. Leur éducation finie et leur âge « venu, ils eussent un beau jour relevé tous les « postes de l'Empire; forts de nos principes et « des exemples de nos devanciers, ils se fussent « trouvés, tous, de douze à quinze ans plus âgés « que mon fils; ce qui l'eût placé précisément « entre deux générations et tous leurs avantages : « la maturité, l'expérience et la sagesse, au-des-« sus; la jeunesse, la célérité, la prestesse au-« dessous. »

Le conseil du contentieux fut institué comme tribunal spécial pour le jugement des fonctionnaires publics, pour les appels des conseils de

(1) A défaut d'une tribune effective que le gouvernement constitutionnel eût donnée à la France, jamais chef de royauté n'eut un conseil aussi éclairé, où toutes les questions d'ordre administratif et civil furent discutées avec plus de franchise et d'indépendance. A défaut de cette tribune qui eût exprimé l'opinion publique, jamais chef de royauté ne devina mieux la véritable opinion; jamais nul autre n'en démêla mieux les caractères et ne sut si bien profiter, souvent de sa rectitude, quelquefois aussi de ses erreurs. (Thibaudeau.)

préfecture, pour les questions relatives à la fourniture des subsistances, pour violations des lois de l'État, etc.

Le désir de l'Empereur de relever les corps politiques se manifeste par la création de la dignité de grand électeur, par les honneurs dont il environna le président du corps législatif (1), par les exposés détaillés de l'état de l'Empire qu'il faisait présenter au corps législatif, par l'importance qu'il donnait aux sessions d'ouverture. Se regardant comme le premier représentant de la nation, il se croyait dans l'obligation de rendre compte de ses actes devant les corps constitués. Aussi l'ouverture du corps législatif ne fut jamais sous son règne une vaine cérémonie; il ne venait pas s'asseoir sur un trône, avec tous les dehors d'une royauté du seizième siècle, pour répéter banalement les paroles de ses ministres; mais, au contraire, debout devant le corps législatif, il lui communiquait ses idées sans détour. Ce n'était pas la faiblesse qui se cachait sous l'appareil de la force; c'était au contraire la force qui de son plein gré rendait hommage aux corps constitués.

Au lieu d'influencer les élections, on vit

(1) Le président du Corps législatif avait une garde d'honneur.

Napoléon recommander souvent aux hommes qui l'entouraient de ne pas se porter candidats au sénat; il leur disait qu'ils pouvaient parvenir à ce poste par une autre route, qu'il fallait laisser cette satisfaction aux notables des provinces.

Les principes qui dirigeaient l'Empereur dans le choix des fonctionnaires publics étaient bien plus rationels que ceux d'après lesquels on procède aujourd'hui. Lorsqu'il nomme le chef d'une administration, il ne consulte pas la nuance politique de l'homme, mais sa capacité comme fonctionnaire. C'est ainsi qu'au lieu de rechercher les antécédents politiques des ministres qu'il emploie, il ne leur demande que des connaissances spéciales : Chaptal, chimiste célèbre, est chargé d'ouvrir des routes nouvelles à l'industrie; le savant Denon est nommé directeur du musée des arts; Mollien ministre du trésor. Si les finances ont été si prospères sous l'Empire, c'est en grande partie parce que Gaudin, duc de Gaëte, est entré au ministère des finances sous le consulat, et qu'il n'en est sorti qu'en 1814.

Afin que la route fût ouverte à toutes les améliorations, la cour de cassation était chargée de faire pour les lois ce que l'Institut accomplissait pour les sciences. Tous les ans elle devait présenter un compte rendu des améliorations dont les diverses parties de la législation étaient susceptibles, et faire connaître les vices et les défauts que l'expérience avait constatés.

On doit aussi remarquer dans les institutions de l'Empire un mouvement continuel, qui de la circonférence agit sur le centre, et du centre réagit vers la circonférence, semblable au sang qui, dans le corps humain, afflue vers le cœur, et qui du cœur reflue vers les extrémités. D'un autre côté on voit le peuple participant par l'élection à tous les emplois politiques, d'un autre, les corps politiques présidés par des hommes qui tiennent au pouvoir. Les grands dignitaires de l'Empire présidaient les colléges électoraux des plus grandes villes; les autres grands officiers ou les membres de la Légion d'honneur présidaient les autres colléges (1).

Les conseillers d'État en service extraordinaire étaient envoyés dans les départements pour surveiller l'administration; ils transmettaient les projets du gouvernement, et recevaient les plaintes et les vœux des populations. Les sénateurs qui jouissaient des bénéfices des sénatoreries, étaient tenus à une résidence de trois mois par

---

(1) Chaque collége électoral terminait sa session par le vote d'une adresse à l'Empereur, qui lui était présentée par une députation.

an dans leur arrondissement, afin d'y apporter l'opinion du centre, et de rapporter à Paris l'opinion de l'arrondissement.

La création de la Légion d'honneur, qui divisait le territoire français en seize arrondissements avec désignation du chef-lieu, était, suivant les expressions du rapporteur de la loi, une institution politique qui plaçait dans la société des intermédiaires par lesquels les actes du pouvoir étaient traduits à l'opinion avec fidélité et bienveillance, et par lesquels l'opinion pouvait remonter jusqu'au pouvoir.

On sait tout le bien que produisit l'introduction du Code Napoléon; il avait mis plusieurs parties de la législation en harmonie avec les principes de la révolution, et il avait considérablement diminué les procès en mettant une foule de causes à la portée de chacun. Mais ce code ne répondait pas encore à tous les désirs de l'Empereur; il projetait un code universel, afin qu'il n'y eût plus d'autres lois que celles inscrites dans ce seul code, et qu'on pût proclamer, une fois pour toutes, nul et non avenu tout ce qui n'y serait pas compris : « Car, ajoutait-il, avec quel-
« ques vieux édits de Chilpéric ou de Pharamond,
« déterrés au besoin, il n'y a personne qui puisse

« se dire à l'abri d'être dûment et légalement
« pendu. »

Pour résumer le système impérial, on peut dire que la base en est démocratique, puisque tous les pouvoirs viennent du peuple; tandis que l'organisation est hiérarchique, puisqu'il y a dans la société des degrés différents pour stimuler toutes les capacités.

Le concours est ouvert à 40 millions d'âmes; le mérite seul les distingue; les différents degrés de l'échelle sociale les récompensent.

Ainsi, politiquement : assemblées de canton, colléges électoraux, corps législatif, conseil d'État, sénat, grands dignitaires.

Pour l'armée, tout homme est soldat, tout soldat peut devenir un officier; colonel, général, maréchal.

Pour la Légion d'honneur, tous les mérites y ont le même droit : services civils, militaires, industriels, ecclésiastiques, scientifiques; tous peuvent obtenir les grades de légionnaires, officiers, commandants, grands officiers, grands aigles.

L'instruction publique a ses écoles primaires, ses écoles secondaires, ses lycées, et l'Institut comme tête de tout l'édifice.

La justice a ses tribunaux de première instance, ses cours impériales, sa cour de cassation.

Enfin l'administration a ses maires, ses adjoints, ses sous-préfets, ses préfets, ses ministres, ses conseillers d'État.

Napoléon était donc en quelque sorte le foyer autour duquel venaient se grouper toutes les forces nationales. Il avait divisé la France administrativement par les arrondissements communaux et les préfectures; politiquement par les colléges électoraux et les sénatoreries; militairement par les divisions militaires; judiciairement par les cours impériales; religieusement par les évêchés; philosophiquement par les lycées; moralement par les arrondissements de la Légion d'honneur.

Le corps politique, comme le corps enseignant, comme le corps administratif, avait ses pieds dans les communes et sa tête dans le sénat.

Le gouvernement de l'Empereur était donc, pour nous servir d'une comparaison, un colosse pyramidal à base large et à tête haute.

Après avoir parcouru la période de 1800 à 1814, si l'on porte ses regards sur l'époque actuelle, on voit que la plupart des institutions fondées par l'Empereur existent encore, et qu'elles ont à elles seules maintenu l'administration. Quoique privée de la force motrice, la France obéit depuis vingt-quatre ans à l'impulsion que Napoléon lui avait imprimée. Mais il ne faut pas juger de l'Empire par les fausses imitations que nous avons vues; on a copié les choses, comme si l'on avait toujours ignoré l'esprit qui avait présidé à leur création. On doit à deux causes tous les prodiges que l'on vit éclore sous l'Empire malgré les guerres : l'une tient au génie de l'homme, l'autre au système qu'il avait établi. Sous l'Empire, toutes les intelligences, toutes les capacités de la France étaient appelées à concourir à un seul but, la prospérité du pays. Depuis, au contraire, toutes les intelligences n'ont été occupées qu'à lutter entre elles, qu'à discuter sur la route à suivre, au lieu d'avancer. La discipline politique s'est rompue, et au lieu de marcher droit à un but en colonne serrée, chacun a improvisé un ordre de marche particulier et s'est séparé du corps d'armée.

On a dit que l'Empereur était un despote. Sa puissance avait, il est vrai, toute la force nécessaire pour créer; elle était en proportion de la confiance que le peuple avait en lui. « Avec Napoléon, dit le général Foy, qu'on ne peut, certes, accuser de partialité, on ne connaissait ni les vexations des subalternes, ni l'intolérance des castes, ni l'intolérable domination des partis. La loi était forte, souvent dure, mais égale pour tous (1). »

Napoléon était despote, a-t-on dit ; et cependant il ne prononçait jamais de destitutions sans une enquête, sans un rapport préalable, et rarement même sans avoir entendu le fonctionnaire inculpé. Jamais pour les questions civiles ou administratives, Napoléon ne prit de parti sans une discussion préalable sur les questions qu'il s'agissait de régler (2). Jamais souverain ne demanda autant de conseils que l'Empereur, car il ne cherchait qu'une chose, la vérité. Pouvait-il être despote par système, celui qui, par ses codes et son organisation, tendit sans cesse à remplacer l'arbitraire par la loi ? Nous le voyons en 1810 empêcher l'expropriation pour cause d'utilité publique sans jugement préalable (3), et établir le conseil du contentieux, pour régler l'emploi de cette portion d'arbitraire nécessaire à l'administration de l'État. Il disait à cette occasion : « Je

---

(1) Guerre de la Péninsule, tome 1, page 18.
(2) Bignon, tome v, page 178.
(3) Je veux que l'utilité publique soit constatée par un sénatus-consulte, une loi ou un décret délibéré en conseil d'État; ensuite que les contestations qui surviendraient soient jugées par les tribunaux. J'avoue que je ne m'accoutume pas à voir l'arbitraire se glisser partout, et un si vaste État avoir des magistrats sans qu'on puisse leur adresser des plaintes. — (Paroles de l'Empereur au conseil d'État.)

« veux qu'on gouverne l'État par des moyens lé-
« gaux, et qu'on légalise par l'intervention d'un
« corps constitué ce qu'on peut être obligé de
« faire hors de la loi. »

Nous le voyons encore en 1810 manifester son mécontentement de ce qu'on n'ait pas fait de loi sur la presse (1), et, ce qu'il est surtout utile de remarquer, c'est que l'Empereur prononçait souvent ces paroles mémorables : « Je ne veux pas
« que ce pouvoir reste à mes successeurs, parce
« qu'ils pourraient en abuser. »

Lorsqu'on lit l'histoire, on est étonné de la sévérité des jugements portés par les Français sur leur propre gouvernement, et de leur indulgence pour les gouvernements étrangers. Voici, par exemple, le jugement que Carrel portait sur l'administration de Cromwel ; et, certes, le protecteur anglais était bien au-dessous du héros français : « Il fut heureux pour l'Angleterre qu'un tel
« homme (Cromwel) prît sur lui la responsabilité
« d'une violence inévitable, parce que l'ordre
« vint de l'usurpation au lieu de l'anarchie, et

---

(1) La presse, qu'on prétend libre, est dans l'esclavage le plus absolu ; la police cartonne, supprime, comme elle veut, les ouvrages ; et même ce n'est pas le ministre qui juge, il est obligé de s'en rapporter à ses bureaux. Rien de plus irrégulier, de plus arbitraire que ce régime. — (Paroles de l'Empereur au conseil d'Etat.)

« que l'ordre est nécessaire. Partout, et dans tous
« les temps, ce sont les besoins qui ont fait les
« conventions, appelées principes, et toujours les
« principes se sont tus devant les besoins. Il fal-
« lait ici de la sécurité, du repos, une grandeur
« qui imposât aux ennemis extérieurs de la révo-
« lution et aux intérêts commerciaux, ennemis de
« ceux de l'Angleterre. Il fallait une administra-
« tion qui comprît tous les partis et n'appartînt à
« aucun, qui fût instruite de toutes les idées de ce
« temps, et n'en professât exclusivement aucune;
« qui se servît de l'armée et ne se mît point à sa
« suite. Cromwel eut raison contre les royalistes,
« parce qu'ils étaient ennemis du pays; contre les
« presbytériens, parce qu'ils étaient intolérants et
« ne comprenaient pas la révolution ; contre les ni-
« veleurs, parce qu'ils demandaient l'impossible ;
« enfin, contre les républicains exaltés, parce
« qu'ils ne comprenaient pas l'opinion géné-
« rale (1). »

Ces paroles ne sont-elles pas l'explication fidèle
du règne de l'Empereur ? Et cependant on entend
parfois encore des voix françaises proférer des
accusations injustes, et répéter, par exemple, que

(1) *Histoire de la contre-révolution en Angleterre*, Introduction,
page 60.

le gouvernement de Napoléon fut le gouvernement du sabre! Si cette opinion avait pu devenir générale, ce serait le cas de répéter avec Montesquieu : « Malheur à la réputation de tout « prince qui est opprimé par un parti qui devient « le dominant, ou qui a tenté de détruire un pré- « jugé qui lui survit! »

Jamais, en effet, pouvoir à l'intérieur ne fut moins militaire que celui de l'Empereur. Dans tous ses actes, on voit percer cette tendance à donner à l'ordre civil la prééminence sur l'ordre militaire. Sous le régime impérial, aucun poste de l'administration civile ne fut occupé par des militaires. Celui qui créa les dignités civiles pour les opposer aux dignités de l'armée; qui, par l'institution de la Légion d'honneur, voulut récompenser de la même manière les services du citoyen et les services du soldat; qui, dès son avénement au pouvoir, s'occupa du sort des employés civils (1); qui donna toujours la préséance à ces derniers (2);

---

(1) Lorsque Napoléon vint au pouvoir, les pensions militaires étaient déjà réglées par des lois; mais il n'y avait pas moyen de donner une pension civile. Comme il n'y avait point d'avenir pour les fonctionnaires, ils abusaient de leurs places. Le Directoire, ne pouvant pas accorder de pensions, donnait des intérêts dans les affaires, chose immorale. — (Thibaudeau, tome III, page 179.)

(2) Lois sur les Préséances, 13 juillet 1804.

qui, à l'intérieur, et même dans les pays conquis, voyait des conseillers d'État revêtus d'une autorité administrative supérieure à celle des généraux : tel est l'homme que l'esprit de parti a voulu nous peindre comme le partisan du régime militaire (1) !

On s'est plaint de ce que l'uniforme et la discipline militaire étaient introduits dans les lycées. Mais est-ce un mal de propager dans la nation l'esprit militaire, cet esprit qui éveille les plus nobles passions, l'honneur, le désintéressement, l'amour de la patrie, et qui donne des habitudes d'ordre, de régularité et de soumission ? L'esprit

---

(1) M. Thibaudeau, dans son *Histoire sous le Consulat*, en rapportant ce que l'Empereur disait au conseil d'Etat, qu'il n'y avait pas d'homme plus civil que lui, ajoute : « Si le militaire avait de l'impor-
« tance et de la considération, son autorité était rigoureusement cir-
« conscrite dans ses attributions naturelles ; ses moindres écarts étaient
« de suite sévèrement réprimés. Le premier consul soutenait les tri-
« bunaux et les préfets contre les généraux ; le citoyen n'était soumis
« qu'à l'autorité civile. Dire le contraire, c'est nier l'évidence. » —
(Tome II, page 213.)

Un général, eût-il été chargé de témoignages de la faveur du souverain, n'aurait pu faire arrêter un coupable obscur. Dans le conflit assez fréquent entre l'autorité militaire et l'autorité civile, on donnait presque toujours raison à la dernière. — (Ibid., tome I, page 82.)

En 1806, Junot, gouverneur de Paris, fut accusé d'un délit de chasse. Il méconnaissait l'autorité des tribunaux. Il fut obligé de transiger pour empêcher une exécution.—(Thibaudeau, tome V, p. 318.)

militaire n'est dangereux qu'autant qu'il est l'apanage exclusif d'une caste (1).

Quant à l'uniforme militaire, l'Empereur le fit adopter dans les lycées et les écoles spéciales, dans un but d'égalité. Un jour qu'il visitait le prytanée de Saint-Cyr, il fut choqué de la différence qui existait dans l'habillement des élèves; les uns avaient un costume recherché, les vêtements des autres étaient en lambeaux. L'Empereur déclara qu'il ne voulait pas de distinction parmi les élèves; que l'égalité devait être le premier élément de l'éducation ; et il fit donner à tous le même uniforme.

Enfin c'était un étrange gouvernement militaire que celui où la tranquillité dans le vaste empire se maintenait sans un soldat, tandis que le

---

(1) A l'exception du maniement des armes et de l'exercice de peloton, pour lesquels on se trouvait à la portée de la force des élèves, il n'y avait, dans tous leurs mouvements, dans leurs études, leurs repas, leurs récréations, d'autre différence que celle du tambour à la cloche. Entre ces deux instruments, nous donnons sans hésiter la préférence au tambour. La cloche rappelle des idées d'humilité, d'abnégation ; le tambour, celles de gloire et d'honneur. Sous le régime de la cloche on fouettait les élèves; les punitions corporelles étaient interdites sous celui du tambour. Les lycéens observaient une discipline, avaient une tenue soignée et une attitude mâle que les écoliers de la plupart des collèges n'eurent jamais. On leur inspirait, dit-on, le goût des armes. Tous les jeunes gens n'étaient-ils pas soumis à la loi de la conscription ? — (Thibaudeau.)

chef de l'Etat et l'armée étaient à huit cents lieues de la capitale (1). Aussi l'aigle impériale, que tant de lauriers ont illustrée, n'a jamais été souillée du sang français répandu par des troupes françaises. Il y a peu de gouvernements qui puissent en dire autant de leur drapeau !

L'éloge de l'Empereur est dans les faits ; il suffit de feuilleter le *Moniteur*. Sa gloire est comme le soleil ; aveugle qui ne la voit pas. Des détracteurs obscurs ne changeront pas l'influence irrécusable d'actes patents ; quelques gouttes d'encre répandues dans la mer ne sauraient altérer la couleur de ses eaux. Cependant, comme il y a des esprits vulgaires qui ne peuvent comprendre ce qui est grand, et que, dans les époques de transition, l'esprit de parti défigure les grands traits historiques, il n'est pas inutile de rappeler aux masses, qui ont tant d'admiration pour l'Empereur, que leur vénération n'est pas basée sur

(1) Aucunes troupes n'étaient nécessaires même dans les pays réunis. Le Piémont, la Toscane, Gênes, n'avaient pas quinze cents hommes de troupes. Dans le temps que l'Empereur était à Vienne, il n'y avait que 1,200 hommes de garnison à Paris. L'Empereur se promenait au milieu de la foule qui couvrait le Carrousel, ou dans le parc de Saint-Cloud, dans une calèche à quatre chevaux, au pas, avec l'Impératrice et un seul page, au milieu de 150,000 spectateurs environnant sa voiture. Les contemporains l'ont vu. — (Thibaudeau, t. VIII, page 176.)

l'éclat trompeur d'une vaine gloire, mais sur l'appréciation exacte d'actions qui avaient pour but le bien-être de l'humanité.

Et si, dans le séjour céleste où repose maintenant en paix sa grande âme, Napoléon pouvait encore se soucier des agitations et des jugements qui se heurtent ici-bas, son ombre irritée n'aurait-elle pas le droit de répondre à ses accusateurs : « Tout ce que j'ai fait pour la prospérité « intérieure de la France, je n'ai eu pour l'ac- « complir que l'intervalle des batailles. Mais vous, « qui me blâmez, qu'avez-vous fait pendant vingt- « quatre ans d'une paix profonde ? »

Avez-vous apaisé les discordes, réuni les partis autour de l'autel de la patrie ? Avez-vous acquis aux différents pouvoirs de l'Etat la prépondérance morale que la loi leur concède, et qui est un gage de stabilité ?

Avez-vous donné à votre chambre des pairs l'organisation démocratique de mon sénat ?

Avez-vous conservé au conseil d'État sa salutaire influence et son bienfaisant emploi ?

Avez-vous conservé à l'institution de la Légion d'honneur la pureté et le prestige de sa première organisation ?

Avez-vous donné à votre système électoral la base démocratique de mes assemblées de canton ?

Avez-vous facilité l'accès à la chambre représentative, en assurant une rétribution aux députés?

Avez-vous, comme moi, récompensé tous les mérites, réprimé la corruption et introduit dans l'administration cette morale sévère et pure qui rend l'autorité respectable?

Avez-vous fait servir l'influence du pouvoir à l'amélioration des mœurs? Les crimes, au lieu de diminuer, n'ont-ils pas suivi une progression croissante?

Avez-vous assuré la propriété en terminant l'opération du cadastre?

Avez-vous, comme moi, fait jaillir du sol cent nouvelles industries?

Avez-vous achevé, pendant une longue paix, la moitié des travaux que j'avais commencés pendant de cruelles guerres?

Avez-vous ouvert de nouveaux débouchés au commerce?

Avez-vous amélioré le sort des classes pauvres?

Avez-vous employé tous les revenus de la France dans le seul but de sa prospérité?

Avez-vous rétabli la loi du divorce, qui garantissait la moralité des familles?

Avez-vous organisé la garde nationale de telle

sorte qu'elle soit une barrière invincible contre l'invasion?

Avez-vous contenu le clergé dans ses attributions religieuses, loin du pouvoir politique?

Avez-vous conservé à l'armée cette considération et cette popularité qu'elle avait acquises à si juste titre? La noble mission du soldat, n'avez-vous pas cherché à l'avilir?

Avez-vous rendu à nos débris de Waterloo le peu de pain qui leur revenait comme prix du sang qu'ils ont versé pour la France?

Le drapeau tricolore, le nom de Français, ont-ils conservé ce prestige et cette influence qui les faisaient respecter de tout l'univers?

Avez-vous assuré à la France des alliés sur lesquels elle puisse compter au jour du danger?

Avez-vous diminué les charges du peuple? Vos impôts ne sont-ils pas, au contraire, plus élevés que mes impôts de guerre?

Enfin, avez-vous affaibli cette centralisation administrative que je n'avais établie que pour organiser l'intérieur, et pour résister à l'étranger?

Non ; vous avez gardé de mon règne tout ce qui n'était que transitoire, qu'obligations momentanées, et vous avez rejeté tous les avantages qui en palliaient les défauts!

Les bienfaits de la paix, vous n'avez pu les obtenir; et tous les inconvénients de la guerre, vous les avez conservés, sans ses immenses compensations, l'honneur et la gloire de la patrie!

## CHAPITRE IV.

### QUESTION ÉTRANGÈRE.

Politique napoléonienne. — Les différents projets de l'Empereur. — Bienfaits apportés aux peuples. — Italie, Suisse, Allemagne, Westphalie, Pologne. — Ses vues sur l'Espagne.

Il y a trois manières d'envisager les rapports de la France avec les gouvernements étrangers. Elles se formulent dans les trois systèmes suivants :

Il y a une politique aveugle et passionnée, qui voudrait jeter le gant à l'Europe et détrôner tous les rois.

Il y en a une autre qui lui est entièrement opposée, et qui consiste à maintenir la paix, en achetant l'amitié des souverains aux dépens de l'honneur et des intérêts du pays.

Enfin, il y a une troisième politique, qui offre franchement l'alliance de la France à tous les gouvernements qui veulent marcher avec elle dans des intérêts communs.

Avec la première, il ne peut y avoir ni paix ni trêve; avec la seconde, il n'y a pas de guerre, mais aussi point d'indépendance; avec la troisième, pas de paix sans honneur, pas de guerre universelle.

Le troisième système est la politique napoléonienne; c'est celle que l'Empereur a mise en pratique durant toute sa carrière. Si Napoléon a succombé malgré elle, sa chute tient à des causes que nous expliquerons plus tard; mais, ce qui est bien certain, c'est que, sans cette politique, il n'eût jamais triomphé des attaques de l'Europe. « Rome, dit Montesquieu, s'est agrandie, parce « qu'elle n'avait eu que des guerres successives, « chaque nation, par un bonheur inconcevable, « ne l'attaquant que quand l'autre avait été « ruinée. »

Ce que le hasard et la fortune firent pour l'agrandissement de Rome, Napoléon l'obtint en faveur de la France par sa politique.

Dès 1796, lorsque, avec 30,000 hommes, il fait la conquête de l'Italie, il est non-seulement grand général, mais profond politique. Le Directoire, dans son ignorance des choses, envoie au général Bonaparte l'ordre de détrôner le roi de Sardaigne et de marcher sur Rome, laissant sur ses derrières 80,000 Autrichiens qui débouchaient du Tyrol.

Napoléon s'affranchit d'instructions aussi mal calculées. Il conclut une alliance offensive et défensive avec le roi de Piémont, fait un traité avec le pape, et bat les Autrichiens; le fruit de cette conduite est la paix de Campo-Formio. Enfin, quelques années se sont à peine écoulées, que Napoléon, naguère chef d'un État qui était en guerre avec toute l'Europe, réunit sous le drapeau tricolore, pour marcher sur Moscou, des Prussiens, des Hanovriens, des Hollandais, des Saxons, des Westphaliens, des Polonais, des Autrichiens, des Wurtemburgeois, des Bavarois, des Suisses, des Lombards, des Toscans, des Napolitains, etc., etc.

C'est par l'agglomération de tous ces peuples réunis sous ses ordres qu'on peut juger de l'habileté de la politique de l'Empereur. S'il n'a pas réussi à Moscou, ce n'est pas que ses combinaisons aient été mal prises : il a fallu que la fatalité et les éléments se liguassent contre lui. C'est que les risques dans une aussi grande entreprise sont en proportion des résultats qu'on veut obtenir.

Dès que Napoléon eut la puissance en main, il dut évidemment avoir un but général à atteindre ; mais, suivant la marche des événements, ses vues se sont modifiées, son but s'est agrandi ou rétréci. « Je n'avais pas la folie, disait-il, de vouloir tordre « les événements à mon système ; mais, au con-

« traire, je pliais mon système sur la contexture
« des événements. »

Assurer l'indépendance de la France, établir une paix européenne solide, tel est le but auquel il fut si près de parvenir, malgré la complication des événements et le conflit continuel d'intérêts opposés. Plus les secrets diplomatiques se dévoileront, plus on se convaincra de cette vérité, que Napoléon fut conduit pas à pas, par la force des choses, à cette puissance gigantesque qui fut créée par la guerre, et que la guerre détruisit. Il ne fut pas agresseur; au contraire, il fut sans cesse obligé de repousser les coalitions de l'Europe. Si parfois il a l'air de devancer les projets de ses ennemis, c'est que dans l'initiative est la garantie du succès. « Et d'ailleurs, comme l'a dit Mignet (1), le véritable auteur de la guerre n'est pas celui qui la déclare, mais celui qui la rend nécessaire. »

Parcourons rapidement ce grand drame qui a commencé à Arcole et qui a fini à Waterloo; et nous verrons que Napoléon apparaît comme un de ces êtres extraordinaires que crée la Providence pour être l'instrument majestueux de ses impénétrables desseins, et dont la mission est tellement tracée d'avance, qu'une force invincible semble les obliger de l'accomplir.

(1) *Histoire de la Révolution.*

Après avoir fait la conquête de l'Italie et avoir porté le flambeau de la civilisation au pied des Pyramides, là où en fut le berceau, il revient en Europe, et, par la bataille de Marengo, obtient la paix dont la France a un si grand besoin. Mais cette paix est de trop courte durée; l'Angleterre veut la guerre. Il semble que les deux peuples les plus civilisés soient forcés par la Providence à éclairer le monde, l'un en excitant les nations contre la France, l'autre en les conquérant pour les régénérer. Un moment ces deux colosses se regardent face à face; il n'y a qu'un détroit à franchir; ils vont lutter corps à corps. Mais tel n'est pas l'arrêt du sort. Le génie civilisateur du siècle doit marcher vers l'Est. Peuples de l'Illyrie, de la Carinthie, peuples du Danube et de la Sprée, de l'Elbe et de la Vistule, vous le verrez, vous suivrez ses lois; vainqueur, vous l'adorerez; vous le haïrez ensuite, pour, après sa disparition, le regretter et le bénir!

Chaque coalition qui se forme augmente la prépondérance de la France; car le dieu des batailles est avec nous, et la puissance de Napoléon s'accroît en raison de la haine de ses ennemis. Nos alliés profitent de nos conquêtes. En 1805, la France a comme alliés la Prusse, les petits États de l'Allemagne, l'Italie et l'Espagne; Ulm et Austerlitz donnent le Hanovre à la Prusse, Venise à l'Italie, le Tyrol à la Bavière. La Prusse se détache de l'alliance française; Napoléon est obligé de la dompter à Iena (1). Le royaume de Westphalie naît du démembrement de la Prusse et des victoires d'Eylau et de Frieland. Un avenir de paix se fait entrevoir à Tilsitt. Les deux plus puissants monarques du monde, représentant 80 millions d'hommes et la civilisation de l'Occident et de l'Orient, se rencontrent sur un fleuve qui sépare de bien grands intérêts. L'entrevue d'Alexandre et de Napoléon sur le Niémen fut alors pour l'Europe comme l'union des deux pôles voltaïques, qui, par la différence de leur nature, produisent la lumière électrique en se rencontrant. Comment ne pas croire en effet à un avenir brillant de prospérité, lorsque ces deux grands monarques sont d'accord pour le repos du monde? Napoléon, en 1808, se trouve à Erfurth, au milieu d'un congrès de rois maîtrisés ou convain-

(1) On se demandera un jour pourquoi, dans les six dernières années de son règne, Napoléon s'est montré sans pitié pour la Prusse; c'est que la Prusse aura été la puissance qui lui aura fait le plus de mal, en le forçant à la combattre, à la détruire; elle qu'il eût voulu étendre, fortifier, agrandir, pour assurer, par son concours, l'immobilité de la Russie et de l'Autriche, pour donner au système continental un développement incontesté, et par là forcer l'Angleterre à la paix. (Bignon.)

cus ; mais l'Angleterre, elle, n'est ni maîtrisée ni convaincue ; elle a des flottes qui couvrent toutes les côtes, et de l'or qui fait pencher la balance des traités. 1809 voit une nouvelle coalition ; elle se termine par Eckmülh et Wagram. L'aigle française plane à Brême, Dubeck et Hambourg. La Bavière obtient le pays de Salzbourg. L'Illyrie aussi fait partie du grand empire.

Les vues de l'Empereur se sont agrandies en proportion du terrain de ses exploits ; les événements l'ont mis à même de vouloir la régénération de l'Europe. La plus grande difficulté pour Napoléon n'a pas été de vaincre, mais de disposer de ses conquêtes. Comme souverain de la France, il doit en user dans un intérêt français ; comme grand homme, dans un intérêt européen. C'est-à-dire qu'il faut que l'emploi de ses conquêtes satisfasse l'intérêt momentané de la guerre, tout en lui fournissant les moyens de fonder un système de paix générale. Les provinces qu'il incorpore à la France ne sont donc qu'autant de moyens d'échange (1), qu'il tient en réserve jusqu'à une pacification définitive. Mais comme ces

---

(1) « L'Illyrie est une sentinelle avancée aux portes de Vienne ; je la rendrai plus tard pour la Gallicie. » (Paroles de Napoléon.) Il disait à une députation de Berlin en 1807 : « Je n'ai pas voulu la guerre : j'ai assez du Rhin. »

incorporations font supposer une volonté d'établir une monarchie universelle, il fonde des royaumes qui ont une apparence d'indépendance, et il élève ses frères sur des trônes, pour qu'ils soient dans les divers pays les piliers d'un nouvel édifice, et qu'ils concilient avec les chances d'un établissement transitoire l'apparence de la stabilité. Eux seuls, en effet, pouvaient, quoique rois, être soumis à sa volonté, et se résoudre, suivant les décrets de sa politique, à quitter un trône pour redevenir princes français; ils alliaient l'indépendance apparente de la royauté avec la dépendance de famille. Aussi a-t-on vu l'Empereur changer, suivant les événements, les gouvernements de la Hollande, de Naples, de la Lombardie, de l'Espagne et du grand duché de Berg.

Ce fut une fatalité pour Napoléon que d'être obligé de créer tant de nouveaux royaumes; c'est donc à tort qu'on a avancé qu'il aurait dû, dans son intérêt, détrôner les souverains de Prusse et d'Autriche, lorsqu'il occupait leurs capitales. L'Empereur n'eût fait par là qu'augmenter ses embarras, et se créer plus d'ennemis; car ces souverains étaient aimés de leurs peuples; et d'ailleurs qui mettre à leur place? On n'aime pas plus au delà du Rhin les gouvernements imposés par nous que nous n'aimons ceux que les étrangers nous imposent. Qu'on se rappelle qu'en 1808 Napoléon crut nécessaire de changer la dynastie d'une grande nation. Cette dynastie était tellement dégénérée qu'elle applaudit elle-même à sa chute! Le pays dont elle remettait le sort entre les mains de l'Empereur était celui pour la régénération duquel l'influence française était le plus nécessaire. Et cependant toute l'Espagne se leva pour réclamer le monarque que l'étranger lui enlevait!

L'Empereur concilia donc autant que cela fut possible les intérêts momentanés, les exigences transitoires avec son grand but du remaniement de l'Europe, basé sur les intérêts de tous. Mais le sort sembla toujours l'obliger à de nouvelles guerres; et comme il ne suffisait pas que Napoléon eût affranchi des entraves des siècles passés, l'Italie, la Suisse, l'Allemagne, il faut encore qu'il conduise ses armées sous le ciel brûlant de l'Andalousie, et dans les neiges de la Russie, et que, semblables à celles de César, ses légions, même en mourant, laissent, comme traces de leurs passages, les germes d'une nouvelle civilisation. En 1812, la lutte redevient plus terrible. Pour que la paix universelle puisse s'établir et se consolider, il faut que l'Angleterre à l'occident, et la

Russie à l'est, soient persuadés par la raison ou domptées par la victoire. Les grands desseins de l'Empereur vont s'accomplir ; l'occident de l'Europe marche sur Moscou. Mais, hélas ! un hiver a tout changé !!... L'Europe napoléonienne ne peut plus exister. Qu'à la grandeur des revers on juge du résultat gigantesque du succès !... Il ne s'agit plus pour le grand homme de combiner et de fonder, il faut qu'il défende et qu'il protége la France et ses alliés. Le champ de bataille est porté de la Bérésina aux buttes de Montmartre. La paix ! la paix ! s'écrient des lâches qui s'étaient tus jusqu'alors. Mais l'âme de l'Empereur est inaccessible aux conseils pusillanimes; quoique son corps saigne de toutes parts, plutôt la mort, s'écrie-t-il, qu'une paix honteuse ! plutôt la mort que d'être empereur d'une France plus petite que je ne l'ai reçue !

Un éclair luit encore !... mais bientôt survient Waterloo !... Ici toute voix française s'arrête et ne trouve plus que des larmes ! des larmes pour pleurer avec les vaincus, des larmes pour pleurer avec les vainqueurs, qui regretteront tôt ou tard d'avoir renversé le seul homme qui s'était fait médiateur entre deux siècles ennemis !

Toutes nos guerres sont venues de l'Angleterre. Elle n'a jamais voulu entendre aucune proposi-

tion de paix. Croyait-elle donc que l'Empereur voulait sa ruine ? Il n'eut jamais une semblable pensée. Il ne fit qu'agir de représailles. L'Empereur estimait le peuple anglais, et il aurait fait tous les sacrifices pour obtenir la paix, tous, excepté ceux qui eussent compromis son honneur. En 1800, le premier consul écrivait au roi d'Angleterre : « La guerre qui, depuis huit ans,
« ravage les quatre parties du monde, doit-elle
« être éternelle ? N'y a-t-il donc aucun moyen de
« s'entendre ? Comment les deux nations les plus
« éclairées de l'Europe, puissantes et fortes plus que
« ne l'exigent leur sûreté et leur indépendance,
« peuvent-elles sacrifier à des idées de vaine gran-
« deur le bien du commerce, la prospérité inté-
« rieure, le bonheur des familles ? Comment ne
« sentent-elles pas que la paix est le premier des
« besoins comme la première des gloires ? »

En 1805, l'Empereur adresse au même souverain les paroles suivantes : « Le monde est assez
« grand pour que nos deux nations puissent y
« vivre, et la raison a assez de puissance pour
« qu'on trouve les moyens de tout concilier, si
« de part et d'autre on en a la volonté. La paix
« est le vœu de mon cœur; mais la guerre n'a
« jamais été contraire à ma gloire. Je conjure

« Votre Majesté de ne pas se refuser au bon-
« heur de donner elle-même la paix.

En 1808, à Erfurth, Napoléon se joint à Alexandre pour amener le cabinet britannique à des idées de conciliation.

Enfin, en 1812, lorsque l'Empereur était à l'apogée de sa puissance, il fait encore les mêmes propositions à l'Angleterre. Toujours il a demandé la paix après une victoire, jamais il n'y a consenti après une défaite. « Une nation, disait-
« il, retrouve des hommes plus aisément qu'elle
« ne retrouve son honneur. »

Il serait trop pénible de penser que la guerre n'a été entretenue que par des passions haineuses ou des intérêts de partis. Si une lutte aussi acharnée s'est perpétuée longtemps, c'est sans doute parce que les deux peuples se connaissaient trop peu, et que chaque gouvernement s'abusait réciproquement sur l'état de son voisin. L'Angleterre ne voyait peut-être dans Napoléon qu'un despote qui opprime son pays, et qui épuise toutes ses ressources pour satisfaire son ambition guerrière; elle ne savait pas reconnaître que l'Empereur était l'élu du peuple, dont il représentait tous les intérêts matériels et moraux, pour lesquels la France avait combattu depuis 1789. On pourrait de même avancer que le gouvernement français, confondant l'aristocratie éclairée de l'Angleterre avec l'aristocratie féodale qui pesait sur la France avant la révolution, croyait avoir affaire à un gouvernement oppresseur. Mais l'aristocratie anglaise est comme le Briarée de la fable : elle tient au peuple par cent mille racines ; elle a obtenu de lui autant de sacrifices que Napoléon a obtenu d'efforts de la nation française. Et, ce qui est digne de remarque dans la lutte de ces deux pays, c'est que la rivalité de l'Angleterre mit un instant Napoléon en mesure de réaliser contre cette puissance un projet européen semblable à celui que Henri IV eût accompli contre l'Espagne, de concert avec Élisabeth, si le fer d'un assassin n'eût ravi ce grand monarque à la France et à l'Europe.

Nous reviendrons, dans un autre chapitre, sur la moralité du but que se proposait l'Empereur. Examinons maintenant les principales améliorations qu'il introduisit dans les pays étrangers. Bien différents des autres gouvernements, qui ont toujours traité en pays conquis les provinces qu'ils acquéraient, l'Empereur a fait participer toutes les nations dont il fut le maître aux bienfaits d'une administration éclairée ; et les pays qu'il incorpora à la France jouirent à l'instant des mêmes prérogatives que la mère patrie.

Lorsqu'il donnait des couronnes, il imposait toujours deux conditions au roi qu'il nommait : l'inviolabilité de la constitution, et la garantie de la dette publique.

En Italie, il forme un grand royaume qui a son administration, son armée italienne. Tous les emplois administratifs et judiciaires sont remplis par des indigènes. Les troupes ne sont plus composées de mercenaires, de la lie de la nation. Tout homme est appelé à défendre sa patrie; l'armée devient citoyenne. Le souverain ne puise plus, suivant son caprice, dans le trésor public; il a sa liste civile. La féodalité, les dimes, les mainmortes, les ordres monastiques sont détruits; un statut constitutionnel établit trois colléges, des *possidenti*, des *commercianti*, et des *dotti*. On joint donc aux deux premiers colléges qui exigeaient, pour l'admissibilité, une certaine quotité d'impôts, un troisième collége dégagé de cette obligation, composé, sous le nom de colléges des savants, de deux cents citoyens choisis parmi les hommes les plus célèbres dans tous les genres de sciences, arts libéraux ou mécaniques, ou les plus distingués, soit par leurs doctrines en matières ecclésiastiques, soit par leurs connaissances en législation, en morale, en politique, en administration.

Les citoyens sont organisés en garde nationale ; le pays divisé en départements, et administré par les préfectures et sous-préfectures, perd cet esprit provincial qui tue la nationalité. Des lois nouvelles sur la propriété et sur le système hypothécaire simplifient l'administration et enrichissent le pays. L'agriculture, les sciences et les arts sont encouragés. On introduit le Code français, la publicité des procédures en matière criminelle. Des maisons de travail s'élèvent dans plusieurs villes pour détruire la mendicité. Des couvents sont changés en hospice. On établit les justices de paix, et le système décimal pour la monnaie, les poids et mesures. L'instruction publique est réglée par une loi, qui la divise pour la partie économique en trois degrés : nationale, départementale et communale ; et pour la partie scientifique, pareillement en trois degrés : transcendante, moyenne et élémentaire ; au-dessus s'élève l'Institut national. Le concordat italien met le pouvoir temporel à l'abri des empiétements du pouvoir ecclésiastique. Les différents liens des peuples d'Italie se resserrent par des communications qui deviennent plus faciles. Les Alpes s'aplanissent, et l'Apennin, coupé par des routes nouvelles, unit le Piémont à la Méditerranée. La gloire italienne se réveille, et pour la première fois depuis César, on voit les légions italiennes fouler en vainqueurs le sol de l'Ibérie. Le nom si beau d'Italie, mort depuis tant de siècles, est rendu à des provinces jusques-là détachées; il renferme en lui seul tout un avenir d'indépendance (1).

Napoléon détruisit ces petites républiques qui, comme le dit Montesquieu, ne devaient leur existence qu'à la perpétuité de leurs abus. Depuis les Alpes jusqu'à Otrante, il n'y a plus que trois grandes divisions : le royaume d'Italie, le royaume de Naples et les provinces françaises. Napoléon avait réuni au grand Empire le Piémont, ainsi que Rome et Florence, dans le but d'habituer ces peuples à un gouvernement qui fît les hommes citoyens et soldats. Une fois les guerres finies, il les aurait rendus à la mère-patrie; et ces provinces, retrempées par son autorité, se fussent trouvées heureuses de passer de la domination française sous un gouvernement italien; tandis que si cette grande réorganisation eût été plus hâtive, ces peuples, que l'action française n'au-

(1) En recevant la députation italienne qui lui apportait la couronne, Napoléon répondit en public à M. Melzi : « J'ai toujours eu l'intention de créer *libre et indépendante* la nation italienne. J'accepte la couronne, je la garderai, mais seulement tout le temps que mes intérêts l'exigeront. » (Voyez Botta, liv. XXII, page 5.)

rait point préparés à une nationalité commune, auraient sans doute regretté leurs anciennes individualités politiques.

La Suisse, en proie à la guerre civile, livrée à la fois aux terreurs de l'anarchie et aux empiétements de l'aristocratie, est tout à coup pacifiée par la médiation de Napoléon. Il appelle à lui les représentants de l'Helvétie, combat l'opinion de ceux qui voulaient, pour certains cantons seulement, la liberté, pour les autres la dépendance, et ayant discuté longuement les intérêts de chacun en particulier, il leur fait adopter une constitution, qui, tout en consacrant les principes de liberté et de justice, conservait du régime précédent tout ce qui n'était pas incompatible avec ses principes. Les principales clauses de l'acte de médiation étaient : 1° L'égalité des droits entre les dix-neuf cantons ; 2° la renonciation volontaire aux priviléges de la part des familles patriciennes ; 3° une organisation fédérative, d'après laquelle chaque canton se trouvait constitué suivant sa langue, sa religion, ses mœurs, ses intérêts et son opinion. Aussi la Suisse, qui a dû à l'acte de médiation douze années de calme et de prospérité, a toujours conservé de la reconnaissance pour le médiateur.

L'Allemagne méridionale, affranchie du joug

de l'Empire germanique, voit la civilisation s'avancer sous les auspices du Code Napoléon, et au lieu d'être morcelée en deux cent quatre-vingt-quatre États, elle voit ce nombre réduit à trente-un par l'établissement de la Confédération du Rhin (1).

La Westphalie, autre germe régénérateur assis sur l'Elbe, composée de provinces soumises à tous les abus de la féodalité, reçoit des institutions qui consacrent l'égalité de tous les citoyens devant la loi, suppriment tout privilége industriel, tout servage, quel qu'il soit. L'introduction du Code civil, la publicité des jugements par jury en matière criminelle, sont autant d'améliora-

---

(1) Seigneuries et souverainetés de l'ancienne Allemagne ayant voix à la diète, et dans leur territoire droit de législation et de justice

| | |
|---|---|
| Électeurs. . . . . . . . . . . | 9 |
| Princes laïques. . . . . . . . . . | 61 |
| Princes ecclésiastiques . . . . . . . . | 33 |
| Abbés et abbayes avec droits seigneuriaux. . . | 41 |
| Comtes et seigneurs de l'Empire : | |
| — en Wettéravie . . . . . . . . | 16 |
| — en Souabe. . . . . . . . . | 23 |
| — En Franconie. . . . . . . . . | 17 |
| — En Westphalie . . . . . . . . | 33 |
| Souverains . . . . | 233 |
| Plus, républiques . . | 51 |
| Total. . . . | 317 |

Le décret de Ratisbonne (1803) premier acte de l'empire germa-

tions dues au régime français. Les fiefs sont déclarés propriétés libres, en conservant à la couronne la reversibilité en cas de déshérence. Des dispositions prévoyantes sont adoptées pour empêcher les procès que pouvait faire naître l'abolition du servage. Le rachat des rentes et des redevances féodales est réglé par une loi. Toutes les religions jouissent d'une égale liberté; le culte israélite a aussi son consistoire.

En Bavière, le roi Maximilien donne, en 1808, une constitution qui, en assurant les libertés du peuple, détruisait les priviléges féodaux.

nique, rédigé sous l'influence de Napoléon, réduit ces États au nombre de 147.

| | |
|---|---|
| Électeurs . . . . . . . . . . . . . | 10 |
| Seigneurs ayant voix à la diète. . . . . . | 131 |
| Villes libres. . . , . . . . . . . . . | 6 |
| Total. . . . | 147 |

Par la confédération du Rhin, l'empereur Napoléon médiatisa tous ces princes; il ne resta plus que 31 États :

| | |
|---|---|
| Rois. . . . . . . . . . . . . . . | 4 |
| Électeur archichancelier . . . . . . . , . | 1 |
| Grands ducs . . . . . . . . . . . . | 3 |
| Landgrave. . . . . . . . . i . . . | 1 |
| Princes. . . . . . . . . . . . . . | 11 |
| Ducs . . . . . . . . . . . . . . | 10 |
| Comte . . . . . . . . . . . . . . | 1 |
| En tout. . . . | 31 |

Dans les grands duchés de Bade et de Berg, comme dans les pays d'Erfurth, Fulde, Hanau et Bayreuth, l'influence de l'Empereur fait abolir, en 1808, le servage, le colonat et les droits qui en dérivaient au profit des seigneurs. Les serfs et les colons recouvrent la plénitude des droits civils et le droit de propriété.

La liberté de conscience n'existait pas en Saxe, l'Empereur la fait introduire dans la constitution de ce pays en 1806.

La Pologne, cette sœur de la France, toujours si dévouée, toujours si magnanime, peut espérer une prochaine résurrection, car l'Empereur érige le duché de Varsovie, qui doit servir de noyau à une nationalité complète. La constitution de ce nouveau duché abolit l'esclavage, consacre l'égalité des droits, et place l'état des personnes sous la sauvegarde des tribunaux; elle y introduit le Code civil français. Le roi de Saxe est choisi comme souverain de Varsovie, parce qu'il est descendant des princes qui avaient régné sur la Pologne : il a auprès de lui, en sa qualité de grand duc de Varsovie, un conseil d'État, composé des Polonais les plus distingués. On décrète un statut consjitutionnel, qui assure les priviléges et les libertés du peuple. La diète générale est formée de deux chambres, celle du sénat et celle des nonces ; elle vote les impôts et discute les lois. Enfin, comme le dit M. Bignon dans un ouvrage où le patriotisme égale le talent, une tribune est élevée à Varsovie au milieu de l'atmosphère silencieuse des gouvernements voisins.

Quoique l'Empereur ait pu disposer arbitrairement de la destinée de tant de peuples, il les fit toujours coopérer eux-mêmes aux lois qu'il leur donnait. Sa conduite est la même à l'égard de tous les pays dont il a changé les anciens gouvernements. En 1800, il fait venir à Lyon les députés de l'Italie du nord, et il discute avec eux la constitution qui doit les régir (1). En 1805, une autre consulte extraordinaire se réunit à Paris pour constituer le royaume d'Italie. En Hollande, c'est le corps législatif de ce pays qui est chargé de faire la constitution. Pour la Suisse, l'acte de médiation est également l'œuvre des députés des cantons réunis à Paris.

Le système de l'Empereur, qui consistait à appeler près de lui les personnes les plus distinguées

---

(1) Cette consulte extraordinaire renfermait dans son sein toutes les notabilités de la république, le clergé, la magistrature, les administrations des départements et des cités principales, les chambres de commerce, les académies et les universités, les gardes nationaux et les troupes de ligne; toutes les classes, toutes les professions y avaient envoyé leurs représentants.

d'un pays pour travailler à sa régénération, ayant amené d'aussi heureux résultats pour la Suisse et l'Italie, il résolut de l'appliquer, en 1808, à l'Espagne, qui, plus que toute autre nation, avait besoin d'une résurrection politique.

L'Empereur ne s'était pas rendu à Bayonne avec l'intention de détrôner les rois d'Espagne; mais lorsqu'il vit Charles IV et Ferdinand à ses pieds, et qu'il put juger par lui-même de toute leur incapacité, il prit en pitié le sort d'un grand peuple; et, comme il le dit lui-même, il saisit aux cheveux l'occasion que lui présentait la fortune pour reconstituer l'Espagne et l'unir intimement à son système. Il réunit à Bayonne une junte nationale extraordinaire, composée de députés élus par toutes les provinces. Un projet de constitution fut livré à la libre discussion de la junte; ce projet admettait un sénat, un conseil d'État, des Cortès ou assemblées de la nation, divisées en trois bans; il adoptait l'ordre judiciaire de la France; l'égalité était garantie pour le payement des impôts et pour l'admission aux emplois publics: les majorats étaient réduits; la liberté de la presse était autorisée, deux ans après la mise en activité de la constitution; enfin, cette Charte garantissait tous les droits que la nation espagnole pouvait désirer, et détruisait tous les vieux abus, tels que l'inquisition, les priviléges féodaux (1). En faisant connaître au peuple de la Péninsule ses intentions, l'Empereur lui adressa ces belles paroles : « Espagnols! après une longue agonie, « votre nation périssait. J'ai vu vos maux, je vais « y porter remède. Je ne veux point régner sur « vos provinces, mais je veux acquérir des droits « éternels à l'amour et à la reconnaissance de « votre postérité. Votre monarchie est vieille, je « veux la rajeunir. J'améliorerai toutes vos insti- « tutions, et je vous ferai jouir, si vous me se- « condez, des bienfaits d'une réforme sans frois- « sement, sans désordre, sans convulsion. — « Espagnols! j'ai fait convoquer une assemblée « générale de députations des provinces et des « villes. Je veux m'assurer par moi-même de vos « désirs et de vos besoins, et je poserai alors « votre glorieuse couronne sur la tête d'un autre « moi-même, en vous promettant une constitu- « tion qui concilie la facile et salutaire autorité « du souverain avec la liberté et les priviléges du

(1) En arrivant à Madrid, l'Empereur abolit l'inquisition. Il réduisit les couvents, tout en donnant une existence honorable aux religieux et en augmentant le traitement des curés de campagne. Il supprima les droits féodaux et redevances personnelles. Il transporta les douanes aux frontières. Enfin, l'aliénation de certaines impositions civiles et ecclésiastiques, faite par donation, fut révoquée, et toute justice seigneuriale abolie. — Bignon, tome VIII, p. 54.

« peuple ; car je veux que vos derniers neveux
« conservent mon souvenir et disent : Il fut le
« régénérateur de notre patrie. »

Mais aucune nation n'était moins préparée que l'Espagne à subir un changement social. Elle fut sourde à un aussi noble langage, et repoussa la seule main qui pouvait la sauver. Aujourd'hui elle doit éprouver des regrets d'autant plus amers que la terrible prédiction de l'Empereur à Sainte-Hélène s'accomplit : « Je leur eusse épargné, a-t-il dit,
« l'affreuse tyrannie qui les foule, les terribles
« agitations qui les attendent ! »

Si la guerre est le fléau de l'humanité, ce fléau perd une grande partie de sa malheureuse influence quand la force des armes est appelée à fonder, au lieu de détruire. Les guerres de l'Empire ont été comme le débordement du Nil; lorsque les eaux de ce fleuve couvrent les campagnes de l'Égypte, on pourrait croire à la dévastation; mais à peine se sont-elles retirées, que l'abondance et la fertilité naissent de leur passage !

## CHAPITRE V.

#### BUT OU TENDAIT L'EMPEREUR.

Association européenne. — Liberté en France.

Lorsque le sort des armes eut rendu Napoléon maître de la plus grande partie du continent, il voulut faire servir ses conquêtes à l'établissement d'une confédération européenne (1).

Prompt à saisir la tendance de la civilisation, l'Empereur en accélérait la marche, en exécutant sur-le-champ ce qui n'était renfermé que dans les lointains décrets de la Providence. Son génie lui faisait prévoir que la rivalité qui divise les

(1) Il fit précéder l'acte additionnel par ces paroles remarquables : « J'avais, dit-il en parlant du passé, pour but d'organiser un grand système fédératif européen, que j'avais adopté comme conforme à l'esprit du siècle et favorable aux progrès de la civilisation. Pour parvenir à le compléter, et à lui donner toute l'étendue et toute la stabilité dont il était susceptible, j'avais ajourné l'établissement de plusieurs institutions intérieures plus spécialement destinées à protéger la liberté des citoyens. »

différentes nations de l'Europe disparaîtrait devant un intérêt général bien entendu.

Plus le monde se perfectionne, plus les barrières qui divisent les hommes s'élargissent, plus il y a de pays que les mêmes intérêts tendent à réunir.

Dans l'enfance des sociétés, l'état de nature existait d'homme à homme; puis un intérêt commun réunit un petit nombre d'individus, qui renoncèrent à quelques-uns de leurs droits naturels, afin que la société leur garantît l'entière jouissance de tous les autres. Alors se forma la tribu ou la peuplade, association d'hommes où l'état de nature disparut, et où la loi remplaça le droit du plus fort. Plus la civilisation a fait de progrès, plus cette transformation s'est opérée sur une grande échelle. On se battait d'abord de porte à porte, de colline à colline; puis l'esprit de conquête et l'esprit de défense ont formé des villes, des provinces, des États; et un danger commun ayant réuni une grande partie de ces fractions territoriales, les nations se formèrent. Alors l'intérêt national embrassant tous les intérêts locaux et provinciaux, on ne se battit plus que de peuple à peuple; et chaque peuple à son tour s'est promené triomphant sur le territoire de son voisin, lorsqu'il a eu un grand homme à sa tête et une grande cause derrière lui. La commune, la ville, la province, ont donc, l'une après l'autre, agrandi leur sphère sociale, et reculé les limites du cercle au delà duquel existe l'état de nature. Cette transformation s'est arrêtée à la frontière de chaque pays; et c'est encore la force et non le droit qui décide du sort des peuples.

Remplacer entre les nations de l'Europe l'état de nature par l'état social, telle était donc la pensée de l'Empereur; toutes ses combinaisons politiques tendaient à cet immense résultat; mais pour y arriver, il fallait amener l'Angleterre et la Russie à seconder franchement ses vues.

« Tant qu'on se battra en Europe, a dit Napo-
« léon, cela sera une guerre civile. »

« La sainte alliance est une idée qu'on m'a
« volée, » c'est-à-dire, la sainte alliance des peuples par les rois et non celle des rois contre les peuples : là est l'immense différence entre son idée et la manière dont on l'a réalisée. Napoléon avait déplacé les souverains dans l'intérêt momentané des peuples; en 1815, on déplaça les peuples dans l'intérêt particulier des souverains. Les hommes d'État de cette époque, ne consultant que des rancunes ou des passions, basèrent un équilibre européen sur les rivalités des

grandes puissances, au lieu de l'asseoir sur des intérêts généraux ; aussi leur système s'est-il écroulé de toutes parts.

La politique de l'Empereur, au contraire, consistait à fonder une association européenne solide, en faisant reposer son système sur des nationalités complètes et sur des intérêts généraux satisfaits. Si la fortune ne l'eût pas abandonné, il aurait eu dans ses mains tous les moyens de constituer l'Europe ; il avait gardé en réserve des pays entiers dont il pourrait disposer pour atteindre son but. Hollandais, Romains, Piémontais, habitants de Brême et de Hambourg, vous tous qui avez été étonnés de vous trouver Français, vous rentrerez dans l'atmosphère de nationalité qui convient à vos antécédents et à votre position ; et la France, en cédant les droits que la victoire lui avait donnés sur vous, agira encore dans son propre intérêt ; car son intérêt ne peut se séparer de celui des peuples civilisés. Pour cimenter l'association européenne, l'Empereur, suivant ses propres paroles, eût fait adopter un code européen, une cour de cassation européenne, redressant pour tous les erreurs, comme la cour de cassation en France redresse les erreurs de ses tribunaux. Il eût fondé un Institut européen pour animer, diriger et coordonner toutes les associations savantes en Europe (1). L'uniformité des monnaies, des poids, des mesures, l'uniformité de la législation, eussent été obtenues par sa puissante intervention.

La dernière grande transformation eût donc été accomplie pour notre continent. Et de même que dans le principe les intérêts communaux s'étaient élevés au-dessus des intérêts individuels; puis les intérêts de cité au-dessus des intérêts de communes, les intérêts de province au-dessus des intérêts de cité; enfin, les intérêts de nation au-dessus des intérêts de province; de même aussi, les intérêts européens auraient dominé les intérêts nationaux; et l'humanité eût été satisfaite; car la Providence n'a pu vouloir qu'une nation ne fût heureuse qu'aux dépens des autres, et qu'il n'y eût en Europe que des vainqueurs et des

(1) L'Empereur avait déjà commencé cette espèce d'association européenne pour les sciences, en donnant des prix européens pour les découvertes ou inventions nouvelles. Malgré l'état de guerre, Davy à Londres, et Hermann à Berlin, gagnèrent des prix créés par l'Institut.

Dans une même pensée de confraternité européenne, l'Empereur fit déclarer, par un sénatus-consulte du 21 février 1808, que ceux qui auraient rendu ou rendraient des services importants à l'État, ou qui apporteraient dans son sein des talents, des inventions, ou une industrie utile, ou qui formeraient de grands établissements, pourraient, après un an de domicile, être admis à jouir du titre de citoyen français, qui leur serait conféré par un décret.

vaincus, et non des membres réconciliés d'une même et grande famille.

L'Europe napoléonienne fondée, l'Empereur eût procédé en France aux établissements de paix. Il eût consolidé la liberté; il n'avait qu'à détendre les fils du réseau qu'il avait formé.

Le gouvernement de Napoléon, plus que tout autre, pouvait supporter la liberté, par cette unique raison que la liberté eût affermi son trône, tandis qu'elle renverse les trônes qui n'ont pas de base solide.

La liberté eût affermi sa puissance, parce que Napoléon avait établi en France tout ce qui doit précéder la liberté (1); parce que son pouvoir reposait sur la masse entière de la nation; parce que ses intérêts étaient les mêmes que ceux du peuple; parce qu'enfin la confiance la plus entière régnait entre les gouvernants et les gouvernés.

En effet, sans intérêts identiques, sans confiance absolue, aucune autorité n'est possible; car, quelque bien que fasse ou veuille faire un gouvernement, il est condamné à périr si on prête à tous ses actes des intentions coupables. « L'une des qualités indispensables d'un gouver-

---

(1) Voyez le commencement du troisième chapitre, page 207.

« nement, a dit M. Thiers (1), c'est d'avoir cette
« bonne renommée qui repousse la justice.
« Quand il l'a perdue et qu'on lui impute tout à
« crime, les torts des autres et ceux mêmes de
« la fortune, il n'a plus la faculté de gouverner,
« et cette impuissance doit le condamner... à se
« retirer. »

En Angleterre, en 1687, le défaut de confiance du peuple envers le souverain amena de funestes conséquences. Le roi Jacques II publia de sa propre autorité une déclaration de liberté de conscience pour tous ses sujets; mais la nation se méfia des intentions du souverain, et, croyant qu'il voulait par là favoriser le triomphe du catholicisme, elle fut indignée d'un acte qu'elle supposait dicté par la duplicité, quoique le principe en fût juste et généreux.

L'empereur Napoléon, au contraire, possédant la confiance illimitée du peuple, tout lui était facile. Il avait d'abord surmonté la plus grande difficulté, et jeté les principaux fondements d'un établissement solide, en réconciliant entre eux tous les membres de la famille française. Tous étaient d'accord sur la base fondamentale de la constitution. Les intérêts de la majorité se con-

---

(1) *Histoire de la Révolution*, tome X, page 276.

fondaient à un tel point dans ceux de la dynastie de Napoléon, qu'en 1811, à l'endroit même où quelques années auparavant on avait juré haine implacable à la royauté, on vit tout Paris, toute la France saluer de ses acclamations la naissance d'un enfant, parce que cet enfant paraissait être un gage de la durée et de la stabilité du gouvernement impérial.

Aimé surtout des classes populaires, Napoléon pouvait-il craindre de donner des droits politiques à tous les citoyens? Lorsque, nommé consul à vie, il rétablit le principe du droit d'élection, il proféra ces paroles remarquables : « Pour la *sta-bilité* du gouvernement, il faut que le peuple ait plus de part aux élections? » Ainsi, déjà en 1803, Napoléon prévoyait que la liberté fortifierait son pouvoir : ayant ses plus chauds partisans dans le peuple, plus il abaissait le cens électoral, plus ses amis naturels avaient de chances d'arriver à l'assemblée législative ; plus il donnait de pouvoir aux masses, plus il affermissait le sien.

La liberté de discussion dans les chambres n'eût pas eu non plus d'effets dangereux pour le gouvernement impérial ; car tous étant d'accord sur les questions fondamentales, l'opposition n'eût servi qu'à faire naître une noble émulation, et au lieu de dépenser son énergie à provoquer au renversement, elle aurait borné ses efforts à améliorer.

Enfin la liberté de la presse n'eût servi qu'à mettre en évidence la grandeur des conceptions de Napoléon, qu'à proclamer les bienfaits de son règne. Général, consul, empereur, ayant tout fait pour le peuple, eût-il craint qu'on lui reprochât des conquêtes qui n'avaient eu pour résultat que la prospérité et la grandeur de la France, que la paix du monde? Non, ce n'était pas un gouvernement resplendissant de lauriers civils et militaires qui pouvait redouter le grand jour! Plus une autorité a de force morale, moins l'emploi de la force matérielle lui est nécessaire; plus l'opinion lui confère de pouvoir, plus elle peut se dispenser d'en faire usage.

Répétons-le donc, l'identité des intérêts entre le souverain et le peuple, voilà la base essentielle d'une dynastie. Un gouvernement est inébranlable quand il peut se dire : Ce qui profitera au plus grand nombre, ce qui assurera la liberté des citoyens et la prospérité du pays, fera aussi la force de mon autorité et consolidera mon pouvoir. Mais lorsqu'un gouvernement n'a ses partisans que dans une seule classe, que la liberté ne donne des armes qu'à ses ennemis, comment peut-on espérer de lui qu'il étende le système d'élection, qu'il favorise la liberté? Peut-on demander à un gouvernement qu'il se suicide lui-même?

Ainsi, avec Napoléon, on arrivait sans secousses et sans troubles à un état normal, où la liberté eût été le soutien du pouvoir, la garantie du bien-être général, au lieu d'être une arme de guerre, une torche de discorde.

C'est avec l'impression que laisse un rêve enivrant qu'on s'arrête sur le tableau de bonheur et de stabilité qu'eût présenté l'Europe si les vastes projets de l'Empereur eussent été accomplis. Chaque pays, circonscrit dans ses limites naturelles, uni à son voisin par des rapports d'intérêt et d'amitié, aurait joui à l'intérieur des bienfaits de l'indépendance, de la paix et de la liberté. Les souverains, exempts de crainte, et de soupçon, ne se seraient appliqués qu'à améliorer le sort de leurs peuples, et à faire pénétrer chez eux tous les avantages de la civilisation!

Au lieu de cela, qu'avons-nous maintenant en Europe? Chacun en s'endormant le soir craint le réveil du lendemain; car le germe du mal est partout, et toute âme honnête redoute presque le bien, à cause des sacrifices qu'il faudrait pour l'obtenir.

Hommes de la liberté, qui vous êtes réjouis de

la chute de Napoléon, votre erreur a été funeste! Que d'années s'écouleront encore, que de luttes et de sacrifices avant que vous soyez arrivés au point où Napoléon vous avait fait parvenir!

Et vous, hommes d'État du congrès de Vienne, qui avez été les maîtres du monde sur les débris de l'Empire, votre rôle aurait pu être beau, vous ne l'avez pas compris! Vous avez ameuté, au nom de la liberté et même de la licence, les peuples contre Napoléon; vous l'avez mis au ban de l'Europe comme un despote et un tyran; vous avez dit avoir délivré les nations et assuré leur repos. Elles vous ont crus un moment; mais on ne bâtit rien de solide sur un mensonge et sur une erreur! Napoléon avait fermé le gouffre des révolutions : vous l'avez rouvert en le renversant. Prenez garde que ce gouffre ne vous engloutisse!

## CHAPITRE VI.

##### CAUSE DE LA CHUTE DE L'EMPEREUR.

Nous avons montré dans les chapitres précédents toutes les chances de durée qu'avaient les créations impériales. Mais, dira-t-on, l'édifice que vous trouvez si solide à l'intérieur a été renversé. Cette politique étrangère que vous trouvez si profonde a été la cause de sa ruine?

A cela nous répondons : L'édifice à l'intérieur était solide ; car ce n'est pas de l'intérieur qu'est venu le choc qui l'a renversé ; quant au système conçu par l'Empereur, il n'a pu s'établir définitivement, et pour apprécier sa force, il eût fallu d'abord qu'il eût été mis en pratique.

L'Empereur est tombé parce qu'il a achevé trop tôt son ouvrage, parce que les événements se pressant avec trop de rapidité, il vainquit, pour ainsi dire, trop promptement. Devançant par son génie et le temps et les hommes, heureux, on le crut un dieu ; malheureux, on ne vit plus que sa témérité. Emporté par le flot de la victoire, Napoléon ne put être suivi dans son rapide essor par les philosophes, qui, bornant leurs idées au cercle étroit du foyer domestique, pour un rayon de liberté, aidèrent à étouffer le foyer même de la civilisation.

D'un autre côté, les peuples étrangers, impatients des maux momentanés de la guerre, oublièrent les bienfaits que Napoléon leur apportait, et pour un mal passager, ils repoussèrent tout un avenir d'indépendance. C'est qu'il n'était pas donné, même au plus grand génie des temps modernes, de pouvoir, en quelques années, détruire à l'étranger toutes les préventions, persuader toutes les consciences.

La France avait trop grandi par la révolution pour ne pas éveiller des rivalités et des haines; pour les calmer, il eût fallu descendre dès le commencement de l'Empire. Ces mêmes rivalités firent, au contraire, monter Napoléon jusqu'à l'apogée de sa puissance; quand ensuite il fut obligé de descendre, il ne lui fut plus possible de s'arrêter.

Le temps n'ayant point cimenté ses alliances, ni effacé le souvenir de rancunes trop récentes, au premier échec, ses alliés se tournèrent contre lui. Trompé dans ses prévisions, l'Empereur ne voulut plus adhérer à des propositions qu'il ne croyait pas sincères; les étrangers, de leur côté, en voyant Napoléon toujours plus fier après une défaite, pensèrent qu'il ne consentirait jamais à une paix définitive.

Napoléon n'est tombé que parce que ses projets s'agrandissant en proportion des éléments qu'il avait à sa disposition, il voulut, en dix ans d'empire, faire l'ouvrage de plusieurs siècles.

Ce n'est donc pas par impuissance que l'Empereur a succombé, mais par épuisement ; et, malgré des revers effroyables, des calamités sans nombre, le peuple français l'a toujours affermi par ses suffrages, soutenu par ses efforts, encouragé par son attachement.

C'est une consolation pour ceux qui sentent le sang du grand homme couler dans leurs veines, que de penser aux regrets qui ont accompagné sa disparition. Elle est grande et enorgueillissante la pensée qu'il a fallu tous les efforts de l'Europe combinée pour arracher Napoléon à cette France qu'il avait rendue si grande ! Ce n'est pas le peuple français en courroux qui a sapé son trône, il a fallu à deux fois douze cent mille étrangers pour briser le sceptre impérial !

Ce sont pour un souverain de belles funérailles que celles où la patrie éplorée et la gloire en deuil l'accompagnent à son dernier séjour !

## CHAPITRE VII.

### CONCLUSION.

La période de l'Empire a été une guerre à mort de l'Angleterre contre la France. L'Angleterre a triomphé; mais, grâce au génie créateur de Napoléon, la France, quoique vaincue, a moins perdu matériellement que l'Angleterre. Les finances de la France sont encore les plus prospères de l'Europe; l'Angleterre plie sous le poids de sa dette. L'élan donné à l'industrie et au commerce ne s'est point arrêté malgré nos revers; aujourd'hui le continent européen se fournit par lui-même de la plupart des produits que lui fournissait autrefois l'Angleterre.

Or, maintenant, nous le demandons, quels sont les plus grands hommes d'Etat, ceux qui ont gouverné des pays qui ont gagné malgré leur défaite, ou ceux qui ont régi des contrées qui ont perdu malgré leur victoire?

La période de l'Empire a été une guerre à mort

contre le vieux système européen. Le vieux système a triomphé ; mais, malgré la chute de Napoléon, les idées napoléoniennes ont germé partout. Les vainqueurs mêmes ont pris les idées des vaincus, et les peuples se consument en efforts pour refaire ce que Napoléon avait établi chez eux.

En France, on réclame sans cesse, sous d'autres noms ou d'autres formes, la réalisation des idées de l'Empereur. Si une grande mesure ou un grand travail s'exécute, c'est généralement un projet de Napoléon qu'on exécute ou que l'on termine. Tout acte du pouvoir, toute proposition des chambres se met toujours sous l'égide de Napoléon pour se rendre populaire ; et, sur un mot tombé de sa bouche, on bâtit tout un système.

L'Italie, la Pologne, ont cherché à recouvrer cette organisation nationale que Napoléon leur avait donnée.

L'Espagne verse à grands flots le sang de ses enfants pour rétablir les institutions que la consulte de Bayonne de 1808 garantissait. Les troubles qui l'agitent ne sont que la réaction qui s'exerce d'elle-même contre leur résistance à l'Empereur.

A Londres aussi la réaction a eu lieu, et l'on a vu le major général de l'armée française à Waterloo fêté par le peuple anglais à l'égal du vainqueur.

La Belgique, en 1830, a manifesté hautement son désir de redevenir ce qu'elle était sous l'Empire.

Plusieurs pays d'Allemagne réclament les lois que Napoléon leur avait données.

Les cantons suisses, d'un commun accord, préfèrent au pacte qui les lie l'acte de médiation de 1803.

Enfin nous avons vu, même dans une république démocratique, à Berne, les districts qui avaient autrefois appartenu à la France réclamer, en 1838, du gouvernement bernois les lois impériales dont l'incorporation à cette République les avait privés depuis 1815.

Demandons-le donc aussi, quels sont les plus grands hommes d'Etat, ceux qui fondent un système qui s'écoule malgré leur toute-puissance, ou ceux qui fondent un système qui survit à leur défaite, et qui renaît de ses cendres?

Les idées napoléoniennes ont donc le caractère des idées qui règlent le mouvement des sociétés, puisqu'elles avancent par leur propre force, quoique privées de leur auteur : semblables à un corps qui, lancé dans l'espace, arrive par son propre poids au but qui lui était assigné.

Il n'est plus besoin maintenant de refaire le système de l'Empereur, il se refera de lui-même ; souverains et peuples, tous aideront à le rétablir, parce que chacun y verra une garantie d'ordre, de paix et de prospérité.

Où trouver d'ailleurs, aujourd'hui, cet homme extraordinaire qui imposait au monde par le respect dû à la supériorité des conceptions ?

Le génie de notre époque n'a besoin que de la simple raison. Il y a trente ans il fallait deviner et préparer ; maintenant il ne s'agit que de voir juste et de recueillir.

« Dans les faits contemporains, comme dans les faits historiques, a dit Napoléon, on peut trouver des leçons, rarement des modèles. » On ne saurait copier ce qui s'est fait, parce que les imitations ne produisent pas toujours les ressemblances.

En effet, copier dans ses détails, au lieu de copier dans son esprit, un gouvernement passé, ce serait agir comme un général qui, se trouvant sur le même champ de bataille où vainquit Napoléon ou Frédéric, voudrait s'assurer le succès en répétant les mêmes manœuvres.

En lisant l'histoire des peuples, comme l'histoire des batailles, il faut en tirer des principes généraux, sans s'astreindre servilement à suivre pas à pas une trace qui n'est pas empreinte sur le sable, mais sur un terrain plus élevé, les intérêts de l'humanité.

Répétons-le en terminant, l'idée napoléonienne n'est point une idée de guerre, mais une idée sociale, industrielle, commerciale, humanitaire. Si pour quelques hommes elle apparaît toujours entourée de la foudre des combats, c'est qu'elle fut en effet trop longtemps enveloppée par la fumée du canon et la poussière des batailles. Mais aujourd'hui les nuages se sont dissipés, et on entrevoit à travers la gloire des armes une gloire civile plus grande et plus durable.

Que les mânes de l'Empereur reposent donc en paix ! sa mémoire grandit tous les jours. Chaque vague qui se brise sur le rocher de Sainte-Hélène apporte, avec un souffle d'Europe, un hommage à sa mémoire, un regret à ses cendres, et l'écho de Longwood répète sur son cercueil : « LES PEU-« PLES LIBRES TRAVAILLENT PARTOUT A REFAIRE « TON OUVRAGE ! »

# PIÈCES A L'APPUI.

# PIÈCES À L'APPUI.

### I.

*Lettre écrite par Napoléon au ministre de l'intérieur, au sujet des communes.*

Chaque commune représente en France mille habitants. Travailler à la prospérité des 36,000 communautés, c'est travailler au bonheur des 30,000,000 d'habitants, en simplifiant la question, en diminuant la difficulté de tout ce qu'établit de différence le rapport de 36 mille à 30 millions. C'est ainsi que Henri IV entendait faire lorsqu'il parlait de sa *poule au pot* : autrement il n'eût dit qu'une sottise.

Avant la révolution, la commune appartenait aux seigneurs et aux prêtres ; le vassal et le paroissien n'avaient point de chemins de communication ; leurs vaches et leurs moutons, point de fossés ni de prés pour pâturer.

Depuis 1790, qui a brusquement et justement arraché de la propriété du seigneur féodal ce droit commun de marcher et de paître, chaque municipalité est devenue, sous la protection des lois générales, une véritable *personne* ayant droit de posséder, d'acquérir, de vendre et de faire, au profit de la famille municipale, tous les actes de nos codes. Ainsi, par cette grande et nationale pensée, la France s'est trouvée subitement divisée en 36,000 individualités, dont chacune s'est trouvée appelée à éprouver tous les besoins du *propriétaire*, qui consistent à agrandir son domaine, à améliorer ses produits, à accroître ses revenus, etc. Le germe de la prospérité de la France était donc là. Voici comment il n'y a pas eu, pour ce germe, de développement possible :

C'est que l'intérêt personnel de propriétaire veille sans cesse, fait tout fructifier ; au contraire, l'intérêt de communauté est de sa nature somnifère et stérile ; l'intérêt personnel n'exige que de l'instinct ; l'intérêt de communauté exige de la vertu ; elle est rare.

Depuis 1790, les 36,000 communes représentent en France 36,000 orphelines, héritières des vieux droits féodaux, filles délaissées ou pillées depuis dix ans par les tuteurs municipaux de la Convention et du Directoire. En changeant de maires, d'adjoints et de conseillers de commune, elles n'ont guère fait en général que changer de mode de brigandage ; on a volé le chemin vicinal, on a volé le sentier, on a volé les arbres, on a volé l'église, on a volé le mobilier de la commune, et on vole encore sous le flasque régime municipal de l'an VIII.

Que deviendraient les communes si un tel régime subsistait dix ans encore ? Ce ne seraient plus que des héritières endettées, obérées, sollicitant l'aumône de l'habitant, au lieu de la protection et du secours qu'elles lui doivent ; ayant vendu ou engagé, comme les mauvais sujets de familles, jusqu'à leurs dernières hardes, et ne pouvant plus même vivre d'emprunts qu'on leur refuserait. Chacun craindrait d'aller établir son domicile dans la commune endettée, où il n'aurait à attendre que charges et impôts de toute nature, sous la forme de mendicité, de souscriptions, de cotisations, de contributions extraordinaires, etc. La commune doit être attractive de la population ; elle en sera répulsive.

Le premier devoir d'un ministre de l'intérieur

est d'arrêter un tel mal, qui porterait la gangrène dans ces 30,000 membres du corps social.

La première condition, lorsqu'on veut arrêter un grand mal, c'est d'en bien constater la gravité et les circonstances.

Ainsi le ministre de l'intérieur commencera par faire établir un inventaire général de la situation des 36,000 communes en France.

Cet inventaire a toujours manqué. Voici les principaux faits qu'on inventoriera. On fera trois classes : communes endettées; communes au courant ; communes ayant des ressources disponibles. Les deux dernières classes forment le plus petit nombre ; il n'est point pressé de s'occuper de celles-là.

La question est de mettre au courant les communes endettées.

L'inventaire donnera : 1° le détail des biens échéants à la commune à la suite de l'ancien partage des biens communaux ; 2° le détail des emprunts et de ce qui reste à payer avec les échéances; 3° l'estimation des revenus par nature d'objets, comme locations, rentes, etc. ; 4° l'état des charges autres que celles de la commune proprement dites, comme rentes à des hospices, à des établissements de bienfaisance, etc.; 5° le détail des chemins avec indication très-large de ceux qui sont utiles et de ceux qu'on peut vendre ; 6° l'état des presbytères, églises et annexes de ces églises maintenant sans desservant (car il y a une multitude d'églises annexes des anciennes paroisses qui tombent en ruines, et où des paysans jettent leur paille et leur foin sans autorisation et sans prix de loyer); on exprimera ce qui peut être vendu et utilisé par l'intérêt particulier ; 7° le détail des reprises à faire sur des riverains qui ont volé la commune ; 8° des arbres qui pourraient être vendus avantageusement, et quelle nature d'arbres ; 9° on indiquera s'il y aurait lieu d'augmenter le prix des baux et d'affermage des droits de pêche, de pâturage, etc., etc.; 10° dans un développement à l'appui de ce grand tableau, les résultats principaux d'une enquête ordonnée par le ministre pour faire établir par des notables de la commune, et au besoin du canton, quels sont les meilleurs moyens de reconstituer le plus promptement la fortune matérielle de la commune. J'estime que cet inventaire comprendra plus de la moitié des communes ; car toute municipalité qui est obligée de s'imposer extraordinairement est une commune endettée.

Cet inventaire étant une fois établi, on préviendra les préfets et sous-préfets que toute l'action de la force administrative doit se porter sur ces communes endettées ; qu'il faut changer sur-le-champ les maires et adjoints qui n'entreraient pas dans les vues d'amélioration et de régénération communales. Le préfet devra visiter ces communes au moins deux fois l'année, et le sous-préfet quatre fois l'année, sous peine de destitution. Chaque mois il sera fait un rapport au ministre, sur chaque commune, des résultats de ce qui aura été entrepris et de ce qu'il y aurait à faire.

On me proposera un prix pour les maires qui auront libéré leur commune dans le délai de deux ans, et le gouvernement nommera un commissaire extraordinaire préposé à l'administration de la commune qui, dans le délai de cinq années, ne sera pas libérée. (Ceci devra donner lieu à un projet de loi.)

Après cinq ans, la France ne comptera plus que deux classes de communes : communes ayant des ressources disponibles, communes au courant. Nous aurons déjà effacé de la carte de France les municipalités endettées dont la communauté tombe en dissolution et pèse à l'habitant.

Arrivé à ce premier nivellement, les efforts du ministre des communes tendront à faire que, dans un nouveau délai, les communes *au courant* s'élèvent à la classe des communes *ayant des ressources disponibles*, de telle sorte qu'avant dix ans la France ne compte plus que de celles-là. Alors le mouvement général de prospérité imprimé au pays par trente-six millions d'efforts particuliers se trouvera multiplié par la puissance amélioratrice de trente-six mille individualités communales agissant toutes sous la haute direction du gouvernement dans un but de continuels perfectionnements.

Chaque année les cinquante maires qui auront le plus contribué à ramener leur commune à l'état de libération ou de ressources disponibles, seront appelés à Paris aux frais de l'État et présentés, en séance solennelle, aux trois consuls. Une colonne, élevée aux frais du gouvernement et placée à l'entrée principale de la ville ou du village, dira à la postérité le nom du maire ; on y lira en outre ces mots :

« Au tuteur de la commune, la patrie reconnaissante. »

## II.

Extrait de l'exposé de la situation de l'Empire, présenté au corps législatif dans la séance du 25 février 1813, par le comte Montalivet, ministre de l'intérieur.

Messieurs,

Sa Majesté m'a ordonné de vous faire connaître la situation de l'intérieur de l'Empire dans les années 1811 et 1812.

Vous verrez avec satisfaction que malgré les grandes armées que l'état de guerre maritime et continentale oblige de tenir sur pied, la population a continué de s'accroître; que notre industrie a fait de nouveaux progrès; que jamais les terres n'ont été mieux cultivées, les manufactures plus florissantes; qu'à aucune époque de notre histoire la richesse n'a été plus répandue dans les diverses classes de la société.

## Population.

La population de la France était en 1789 de 26 millions d'individus. La population actuelle de l'Empire est de 42 millions 700,000 âmes, dont 28 millions 700,000 pour les départements de l'ancienne France. C'est donc une augmentation de 2 millions 700,000 âmes ; ou de près d'un dixième depuis vingt-quatre ans.

## De l'agriculture.

La France, par l'étendue, par la fertilité de son sol, doit être considérée comme un Etat essentiellement agricole.

Cependant elle a dû longtemps recourir à ses voisins pour fournir à plusieurs de ses besoins principaux. Elle s'est presque entièrement affranchie de cette nécessité.

Le produit moyen d'une récolte en France est 270 millions de quintaux de blé, sur lesquels il faut en prélever 40 millions pour les semences.

La population de l'Empire est de 42 millions d'individus ; ainsi notre récolte moyenne doit 520 livres de grains à chacun. C'est au delà de tous les besoins, tels qu'on les a évalués à diverses époques.

Après de longues recherches faites par ordre de l'ancien gouvernement, on avait calculé ce besoin à 470 livres, et l'on avait trouvé que la France produisait moyennement les quantités nécessaires à une telle consommation.

Nos produits en céréales se sont donc accrus d'un dixième.

Après les blés, la principale production de notre sol est le vin.

La France produit, année moyenne, 40 millions d'hectolitres de vin.

Pour les vins, l'exportation était avant la révolution de 41 millions, elle est aujourd'hui de 47.

Pour les eaux-de-vie elle était de 13 millions, elle est aujourd'hui de 30.

En 1791, la consommation de toute la France en vins n'était évaluée qu'à 16 millions 500,000 hectolitres. Elle a donc plus que doublé, tandis que les réunions à l'Empire ne forment qu'un tiers à peu près de la population actuelle.

L'ordre est rétabli dans l'administration des forêts; elles se repeuplent et se couvrent de routes et de canaux qui rendent accessibles celles que l'on ne pouvait exploiter. Les nombreuses constructions civiles, militaires et de la marine, sont abondamment pourvues, et nous ne tirons plus de l'étranger que pour 5 millions de bois par an. Avant 1789 nous en tirions pour 11 millions.

La valeur annuelle de nos huiles végétales est de 250 millions. Il y a vingt-cinq ans, nous en tirions de l'étranger pour 20 millions; aujourd'hui, non-seulement nous nous passons du dehors, mais encore nous en exportons annuellement pour 5 ou 6 millions.

Le tabac ne se cultivait autrefois que par exception et dans un petit nombre de provinces. Il nous coûtait annuellement 8 à 10 millions. Aujourd'hui 30 millions de livres de tabac sont le produit de 30,000 arpents de nos terres consacrés à cette culture. Le sol de la France s'est enrichi d'un produit annuel de 12 millions de tabac; mais ce produit est brut et la fabrication le sextuple.

Notre récolte moyenne de soies est de 22 millions de livres pesant de cocons.

Autrefois nous importions pour 25 millions de soies filées. L'année moyenne des importations depuis quatre ans est de 10 millions, et cependant nous exportons des soieries pour une valeur double de celle que nous exportions jadis.

Cette amélioration tient en grande partie au perfectionnement de l'éducation des vers à soie. Le produit net des cocons dans l'ancienne France n'était évalué qu'à 2 millions.

35 millions de moutons nous donnent 120 millions de livres pesant de laine, dont 9 millions sont en laines fines ou perfectionnées. C'est un produit brut de 129 millions. Certaines espèces perfectionnées sont le résultat de l'amélioration d'un million 500,000 moutons, amélioration qui va toujours croissant, et qui n'est devenue sensible que depuis un petit nombre d'années.

L'exécution du système qui, partout où l'industrie particulière ne saurait agir assez efficacement, met à la portée des cultivateurs des moyens faciles de perfectionnement, se poursuit avec soin.

Dès cette année 28 dépôts de béliers mérinos ont amélioré la race de 54,000 brebis.

Le type des belles espèces est conservé dans de nombreux établissements formés par de grands propriétaires et dans dix bergeries appartenant à l'État.

L'éducation des chevaux avait été singulièrement négligée à l'époque de nos troubles. L'administration s'est occupée avec succès du rétablissement des races les plus utiles.

Des étalons de choix assurent tous les ans l'amélioration des produits de 60,000 juments. Les dépôts entretenus par le gouvernement contiennent seuls 1,400 étalons.

Le nombre des bêtes à cornes a considérablement augmenté. Les soins qu'on leur donne sont mieux entendus; la durée moyenne de leur existence est plus longue. Il y a vingt ans que les exportations et les importations se balançaient. Aujourd'hui les exportations sont le triple des importations; elles arrivent à 10 millions.

Autrefois nos importations en beurre et en fromages excédaient de beaucoup nos exportations; c'est le contraire aujourd'hui. En 1812 les exportations ont été de 10 millions.

Nos mines de fer qui fournissaient, en 1789, 1 million 960,000 quintaux de fonte en gueuse et 160,000 quintaux de fonte moulée, donnent aujourd'hui 2 millions 860,000 quintaux de cette première matière, et 400,000 quintaux de la seconde. C'est une augmentation d'une moitié en sus.

Les mines de charbon donnent de même un produit de 50 millions. C'est cinq fois la valeur de celle que la France exploitait en 1790; mais la plus grande partie de cette augmentation provient des réunions à l'Empire.

Dans cet aperçu des produits de notre industrie, je n'ai pu parler que de quelques objets principaux. J'ai nécessairement négligé le grand nombre de ceux qui, moins importants si on les envisage séparément, offrent une grande valeur par leur réunion.

Le total est une valeur de 5 milliards 31 millions que produit annuellement notre beau sol en matières brutes et premières seulement.

### Des manufactures.

On a déjà remarqué que la matière première des soieries est pour la France un objet de 30 millions. Nous recevons du royaume d'Italie pour 10 millions de soies filées et organsinées. Cette valeur de 40 millions donne lieu à une fabrication d'étoffes pour 124 millions. C'est donc pour nous un bénéfice de main-d'œuvre de 84 millions, qui triple la valeur de la matière première.

Nous avons exporté en 1812 pour 70 millions de soieries en étoffes pures ou mélangées. La ville de Lyon entretient aujourd'hui 11,500 métiers. En 1800 il n'y en avait 5,500.

Le nombre de nos manufactures de draps s'est sensiblement augmenté. L'aisance plus généralement répandue a beaucoup influé sur la consommation intérieure, particulièrement en lainages moins grossiers.

Le nombre des métiers et des ouvriers fabricant les draps, bonneteries et autres étoffes de laine a plus que doublé depuis 1800.

Nous vendons annuellement à l'étranger pour 28 millions de draperies.

L'année moyenne de nos anciennes exportations en draperies n'était que de 19 millions.

Nous avons naturalisé chez nous la fabrique des casimirs; nous avons perfectionné par des machines ingénieuses les divers procédés de la manufacture.

Les toiles de coton se sont multipliées, sans que nous ayons cessé d'employer les chanvres et les lins de notre sol.

La valeur totale des lins et chanvres fabriqués en France est de 232 millions. Mais la matière première entre dans cette valeur pour 80 millions de produits de notre sol et pour 13 millions d'importations. Ce genre de manufacture alimente notre commerce extérieur pour une somme annuelle de 37 millions. Cette valeur de 37 millions était la même avant 1790. Mais jadis nous recevions de ces tissus de l'étranger pour 18 millions par an; aujourd'hui nous en recevons seulement pour 7 millions. L'époque actuelle a donc un véritable avantage.

Le coton offre dans la manufacture de grandes facilités qui lui sont propres.

Des machines ingénieuses ont porté la filature de coton au plus haut degré de fin. Le gouvernement a proposé le prix d'un million à l'inventeur d'un mécanisme qui perfectionnerait la filature du lin autant que celle du coton, et qui diminuerait ainsi le prix de la main-d'œuvre nécessaire à l'emploi de nos matières premières.

Mais jusque-là les cotonnades conservent des avantages qu'il eût été dangereux de se dissimuler. Le gouvernement a dû s'occuper des moyens de ne recevoir, du moins de l'étranger, que la matière brute et de réserver à la France tout le bénéfice de la manufacture.

Longtemps on a répété que la partie la plus importante de cette main-d'œuvre ne pouvait point nous appartenir ; que le tissage, que le filage même seraient toujours plus parfaits chez l'étranger. Nos lois ont repoussé d'abord tous les tissus de l'étranger. On s'était alarmé de l'effet que devait produire cette prohibition ; mais bientôt de nombreux métiers ont fabriqué chez nous les toiles de coton avec une perfection à laquelle nos concurrents étrangers n'ont pas même pu atteindre.

Cependant ils nous fournissaient encore le fil avec lequel nous formions ces tissus. La prohibition a été décrétée. Depuis lors nous sommes affranchis de tout recours à l'étranger pour telle partie que ce soit de la manufacture des cotons; et loin de recevoir aujourd'hui des objets manufacturés de ce genre, nous en fournissons au dehors.

Avant 1790, on introduisait annuellement en France pour 24 millions de cotons, soit filés, soit en laine. Cette valeur représentait 12 millions de livres de coton; nous recevions pour 13 millions en objets fabriqués, et la contrebande des toiles et des mousselines était considérable.

70,000 ouvriers étaient alors employés aux diverses mains-d'œuvre du coton en France.

Après nos troubles, depuis l'an X jusqu'en 1806, l'on a introduit en France des cotons pour une valeur annuelle de 48 millions.

Nous recevons, outre cela, des tissus pour une valeur de 46 millions.

Les importations de toiles ou fil ont d'abord été réduites à un million, et depuis deux ans elles ont entièrement cessé. Nous avons au contraire exporté; et l'année moyenne des exportations a été de 17 millions.

La main-d'œuvre des cotons occupe aujourd'hui 233,000 ouvriers.

La méthode qui substitue la houille au charbon de bois dans les forges et hauts fourneaux est devenue certaine.

Les autres mines, celles de cuivre, d'alun, de

gypse, les carrières de marbre, etc., produisent 12 millions.

Les manufactures qui ont pour matières premières les métaux, la quincaillerie, la coutellerie, l'orfévrerie, la bijouterie, l'horlogerie, les glaces, les verreries, les porcelaines, ne sont pas devenues l'objet d'exportations annuellement très-considérables; mais réunies elles forment une masse qui, avant 1790, fournissait 30 millions par an à nos exportations, et qui aujourd'hui leur donne 42 millions.

Tous ces objets sont pour nous une richesse purement industrielle d'un milliard trois cents millions.

*Nouvelle industrie.*

La volonté de subvenir à nos besoins sans recourir à l'étranger, le perfectionnement des arts mécaniques et chimiques, l'esprit ingénieux et industrieux des Français, ont amélioré, par des inventions utiles, par de nouveaux procédés, nos anciennes cultures, nos anciennes fabrications.

Remplacer dans nos consommations le sucre, l'indigo, la cochenille des colonies; trouver dans le midi de l'Europe les cotons, et chez nous la soude qui alimente nos marchés, paraissaient choses impossibles.

Dès cette année des manufactures de sucre qu'on extrait de la betterave nous donneront sept millions de livres pesant de cette denrée. Elle est préparée dans 334 manufactures, qui presque toutes sont en activité.

L'indigo tient le premier rang parmi les substances tinctoriales. Jadis la France, qui en recevait de grandes quantités, en conservait pour une valeur annuelle de 9 millions 500,000 fr. Dans les six années qui ont commencé en 1802, cette valeur moyenne a été annuellement de 18 millions. Dans les cinq années qui ont commencé en 1808, elle est descendue à 6 ou 7 millions.

On est parvenu à extraire du pastel de la propre fécule de l'indigo. Dès à présent plusieurs manufactures sont en activité; elles donnent un indigo en tout semblable au plus bel indigo de l'Inde; il revient à dix francs la livre. Nos tinctures consomment 12 millions de livres d'indigo c'est une valeur de 12 millions de francs.

L'écarlate n'était donné que par la cochenille. Le rouge de la garance, moins beau, était d'ailleurs moins solide. Les frères Gonin de Lyon ont réussi à produire avec la garance les mêmes effets qu'avec la cochenille. La France employait autrefois pour un million de cochenille.

Depuis quelques années on cultive le coton dans

le département de Rome; les récoltes ont produit jusqu'à cent milliers de livres pesant, et la naturalisation de cette plante est assurée. La France reçoit annuellement trois millions de livres pesant de coton du royaume de Naples.

La soude est un produit essentiel à nos manufactures, que le commerce maritime pouvait seul nous donner. Il y a 25 ans, nous en tirions de l'étranger pour 3 millions 500,000 fr. L'année moyenne de l'introduction, dans les neuf années qui ont commencé en 1802, a été de 5 millions 500,000 fr. La chimie est parvenue à créer cette substance avec des matières premières de notre sol, tellement abondantes, et dont les prix sont si peu élevés, que la soude a baissé de deux tiers dans le commerce, malgré la prohibition absolue des soudes étrangères.

L'ensemble des nouvelles productions de notre sol et de notre industrie s'élève donc à 65 millions, susceptibles d'augmenter dans une proportion très-rapide, et nous nous sommes affranchis du payement annuel de 90 millions que nous donnions à l'étranger, principalement à l'Angleterre.

Les autres parties de notre agriculture et de notre industrie ne recevront aucune diminution. Les 70,000 arpents qui produiront la betterave fussent restés en jachères; les 30,000 arpents cultivés en pastel sont une bien faible portion de notre territoire, et recevront d'ailleurs des engrais qui rendront plus productives les récoltes qui succéderont à cet assolement.

La garance existe chez nous au-delà de tous nos besoins; nous en exportons pour un million 600,000 francs. Elle ne fera que recevoir un emploi plus utile.

Nos marais salants fournissent indéfiniment la matière de la soude; et c'est un avantage de plus de devoir à cette découverte des moyens d'exploiter davantage la précieuse mine de nos sels.

### *Du commerce.*

Le commerce d'un empire qui compte pour plus de 7 milliards de produits annuels, sans entrer en considération de tant d'autres valeurs réelles ou fictives que les calculateurs en économie politique font entrer dans leurs appréciations, est nécessairement immense.

Si nous avions cherché des valeurs purement commerciales, je ne crains pas de le dire, nos valeurs se seraient élevées à 10 milliards.

En 1789, l'une des années où le commerce extérieur de la France a été le plus considérable, il ne s'est élevé qu'à 357 millions en exportations, et à 400 millions en importations ; car, il ne faut pas compter comme importations les 236 millions que nous recevions de nos colonies, qui faisaient alors partie intégrante de la France.

On doit retrancher des importations le numéraire qui est le payement fait par l'étranger de quelques-unes de nos exportations.

En retranchant 55 millions d'espèces d'or et d'argent, les importations en France n'étaient donc réellement en 1789 que de 345 millions; les exportations étaient de 357 millions : c'est un commerce de 360 millions, soit que l'on considère l'actif, soit que l'on considère le passif. Il n'était pas la quinzième partie de notre commerce intérieur.

Comparons notre commerce extérieur à cette époque avec ce qu'il est aujourd'hui.

Je considérerai nos colonies comme faisant partie de la France, et notre commerce avec elles comme intérieur.

En 1788, les exportations se sont élevées à. . . . . . . . . . . . 365,000,000
Les importations à 345 millions, dont 55 millions en numéraire, ce qui les réduit à 290 millions. 290,000,000
Les exportations ont donc excédé les importations de. . . . . . } 75,000,000

Nous venons de voir qu'en 1789 les importations

ayant été plus considérables qu'en 1788, l'excédant des exportations n'avait été que de 12 millions.

En 1812, la somme des exportations s'est étendue à.. . . . . 383,000,000
Celle des importations à. . . . 257,000,000
non compris 93,000,000 de numéraire.
L'excédant des exportations a été de.. . . . . . . . . . . . . . 126,000,000

En 1812, l'exportation des produits de notre sol a donc excédé les plus fortes sommes auxquelles elle se soit élevée à d'autres époques.

Les importations, au contraire, ont toujours été en diminuant; elles sont moindres aujourd'hui qu'avant 1790.

La balance du commerce qui, en 1788, à l'époque ancienne la plus favorable, n'était que de 25 millions à l'avantage de nos exportations, est aujourd'hui de 126 millions.

L'année moyenne des importations en numéraire, dans les trois années qui ont précédé la révolution, déduction faite des exportations, est de 65 millions; l'année moyenne aujourd'hui est de 110 millions.

C'est à la situation territoriale dont je viens de faire l'exposé, que nous devons l'état de nos finances, la jouissance du meilleur système monétaire de l'Europe, l'absence de tout papier-monnaie, une dette réduite à ce qu'elle doit être pour les besoins des capitalistes. C'est une telle situation qui nous permet de faire face à la fois à une guerre maritime et à deux guerres continentales, d'avoir constamment neuf cent mille hommes sous les armes, d'entretenir cent mille hommes de matelots ou d'équipages maritimes, d'avoir cent vaisseaux de ligne, autant de frégates à l'entretien ou en construction, et de dépenser tous les ans 120 à 150 millions en travaux publics.

*Travaux publics.*

Depuis l'avénement de Sa Majesté au trône impérial on a dépensé :

| | |
|---|---:|
| Pour les palais impériaux et bâtiments de la couronne. . | 62,000,000 |
| Pour les fortifications. . . . | 144,000,000 |
| Pour les ports maritimes. . . | 117,000,000 |
| Pour les routes. . . . . . . | 277,000,000 |
| Pour les ponts. . . . . . . | 31,000,000 |
| Pour les canaux, la navigation et les desséchements. . | 123,000,000 |
| Pour les travaux de Paris. . | 102,000,000 |
| A reporter. . | 856,000,000 |

Report. .  856,000,000
Pour les édifices publics des départements et des principales villes. . . . . . . .  149,000,000
Total. . .  1,005,000,000

*Palais impériaux et travaux de la couronne.*

Le Louvre s'achève; il coûtera la valeur de 50 millions de francs, y compris la valeur des maisons à abattre; 21,400,000 francs sont dépensés.

Les Tuileries ont été dégagées de tous les bâtiments qui en obstruaient les abords; 6,700,000 fr. y ont été employés.

Le palais du Roi de Rome est fondé en face du pont de Jéna.

On répare Versailles; 5,200,000 fr. y ont dépensés.

La machine de Marly, qui lui donne des eaux, se remplace par une pompe à feu. La dépense sera de 3 millions : on a fait pour 2,450,000 fr. de travaux.

Fontainebleau et Compiègne sont restaurés; 10,600,000 y ont été dépensés

Les palais de Saint-Cloud, de Trianon, de Rambouillet, de Stupinis, de Laken, de Strasbourg, de Rome, ont employé 10,800,000 francs.

Les diamants de la couronne, engagés à l'époque de nos troubles, ont été retirés; des acquisitions pour les compléter ont été faites.

Le mobilier de la couronne, qui doit, conformément aux statuts, être de 30 millions, a été également complété.

Trente millions ont été employés en tableaux, en statues, en objets d'art et d'antiquité, qui ont été ajoutés à l'immense collection du musée Napoléon.

Toutes ces dépenses ont été acquittées sur les fonds de la couronne et du domaine extraordinaire.

*Travaux militaires.*

Le soin d'assurer nos frontières n'a pas été un instant perdu de vue.

De grands travaux ont consolidé le système de défense du Helder, qui est la clef de la Hollande; ils ont employé 4,800,000 francs. Cette place peut désormais être considérée comme inattaquable.

Les forts Lasalle, de l'Écluse, Duquesne et Morland, qui défendent l'entrée du Zuyderzée, et le fort du Texel, peuvent se défendre pendant soixante jours de tranchée ouverte. Cette année ils acquerront les quatre-vingt-dix jours de résistance qu'ils doivent avoir. Si ces travaux eussent été faits il y a quinze ans, la Hollande n'eût pas perdu deux flottes.

Les travaux qu'on a faits pour achever de creuser le bassin d'Anvers s'élèvent à 8,400,000 francs. C'est aujourd'hui une de nos plus fortes places.

Flessingue a été l'objet des soins de nos officiers du génie. Depuis 1809, nous y avons dépensé 11,300,000 francs. Cette place peut soutenir cent jours de tranchée ouverte ; plus de six mille hommes y ont des casemates à l'abri de la bombe. Il n'y avait rien en 1809.

Ostende a reçu de grandes améliorations. On a construit deux forts en pierre sur les dunes ; on y a dépensé 4,000,000.

Le port de Cherbourg est maintenant renfermé dans une vaste enceinte, qu'une dépense de 13,700,000 francs a mise en état de soutenir un siége. Quatre forts sur les hauteurs ont été terminés au commencement de cette année.

Brest, Belle-Isle, Quiberon, la Rochelle, ont été améliorés ; de nouveaux forts s'élèvent à l'île d'Aix, à l'île d'Oléron, à l'embouchure de la Gironde, à Toulon, aux îles d'Hières, à la Spezzia, à Porto-Ferrajo.

Sur tous nos postes, les batteries les plus importantes ont été fermées à la gorge par des tours voûtées, à l'abri de la bombe et armées de canons.

Chaque année voit augmenter la force de Corfou. Des camps retranchés couvrent la place.

Du côté de terre, notre ligne de défense du Rhin a partout reçu un nouvel accroissement. Kehl est achevé. On a fait pour 5,700,000 fr. d'ouvrages à Cassel, et à Mayence pour 3,800,000 francs; à Juliers, à Wesel, pour 4,700,000 francs.

Enfin les travaux d'Alexandrie, où l'on a dépensé 25,000,000, ont continué à recevoir les mêmes améliorations.

Les places d'une moindre importance ont reçu les forts que réclamaient leurs besoins. Leur dépense a été de 71,000,000.

*Travaux de la marine et des ports.*

Les vastes projets que Sa Majesté a adoptés pour l'établissement de Cherbourg s'élèvent à 73 millions. Un port creusé dans le roc, à vingt-huit pieds de profondeur au-dessous des basses mers, recevra dans quelques mois nos vaisseaux de haut bord. 26 millions ont été dépensés. La digue, qui rendra la rade aussi sûre contre les attaques de l'ennemi que contre l'action des tempêtes, et tous les édifices nécessaires à l'établissement d'un grand port, seront achevés avant dix ans.

Anvers n'avait aucun établissement maritime. Cette ville renferme aujourd'hui un arsenal où vingt vaisseaux de ligne se construisent à la fois, et un bassin à flot où mouille toute notre flotte ; quarante-deux vaisseaux de ligne y trouveraient, dès à présent, un asile commode et sûr. Ces travaux ont coûté 18 millions.

Flessingue est rétabli ; avec une dépense de 5,600,000 francs, on a reconstruit les quais et les magasins ; le radeau de l'écluse, baissé de quatre pieds, a donné au bassin l'avantage qu'il n'eut jamais, de recevoir des vaisseaux de premier rang. Six vaisseaux peuvent entrer ou sortir dans une marée.

La nature a indiqué le Nieuw-Dypp pour être l'arsenal, le chantier et le port de la Hollande ; mais, bordé de mauvaises digues, privé de quais, il ne présentait aux vaisseaux qu'une station mal assurée. On y avait fait des travaux pour 1,500,000 francs ; vingt-cinq vaisseaux de ligne pourraient aujourd'hui s'amarrer à quai, et y rester en sûreté. Dans trois ans, les travaux du Nieuw-Dypp seront terminés.

Le port du Havre était rarement accessible à des frégates ; un banc de galets se renouvelait sans cesse à l'entrée du chenal. Une écluse de chasse a été construite; elle maintient la liberté de la passe. Les quais et les bassins se continuent. Le montant des travaux faits est de 6,300,000 fr. Dans deux ans les constructions seront achevées.

Une partie considérable du territoire qui couvre la plage de Dunkerque n'était qu'un marais; son port était encombré. 5 millions ont été destinés à construire une écluse à l'extrémité du chenal, et à assurer l'écoulement des eaux du marais. 4,500,000 francs ont été dépensés; 500,000 francs achèveront les travaux avant la fin de l'année.

L'envasement du chenal d'Ostende avait fait de grands progrès; toutes les parties du port avaient souffert d'une longue négligence; la belle écluse de Slikens avait besoin d'être rétablie : 3,600,000 francs ont été employés à ces travaux. La construction d'une écluse de chasse assure la libre navigation du chenal.

Le port de Marseille, déjà très-étroit, devenait insuffisant par l'accumulation des vases; 1,500,000 francs ont été dépensés.

Outre les grands projets que je viens de rappeler, 50 millions ont été distribués aux autres établissements maritimes : à Brest, à Rochefort, à Toulon, à Gênes, à la Spezzia, à Dieppe, à Calais, à Saint-Valery, à Bayonne et à ce grand nombre de ports moins considérables qui couvrent toutes nos côtes.

### Routes.

Dans les Alpes, la route de Paris à Milan par le Simplom, celle de Paris à Turin par la Maurienne et le Mont-Cenis, celle de l'Espagne en Italie, par le Mont-Genève, sont entièrement ouvertes. Ces routes ont coûté 22,400,000 francs. Les projets généraux étaient de 30,600,000 fr. La construction des hospices et quelques perfectionnements emploieront les 8,200,000 francs qui restent à dépenser.

La route de Lyon à Gênes par le Lantares a dépensé 1,800,000 francs, sur 3,500,000 francs qu'elle doit coûter.

Celle de Cézanne à Fénestrelles par le col de Sestrière deviendra le complément de la précédente; elle sera terminée en 1813; elle aura coûté 1,800,000 francs.

La route de Nice à Gênes coûtera 15,500,000 francs; l'emploi de 6,500,000 francs a déjà établi la communication de Nice à Wintimille et de Savonne à Gênes; les 9 millions restant à dépenser termineront cette route qui conduira de Marseille à Rome, sans quitter un climat doux et tempéré.

Dans les Apennins, la route de Savonne à Alexandrie est ouverte. Le projet général est de 4 millions; on a dépensé 2,600,000 francs.

La route de Port-Maurice à Ceva, celle de Gênes à Alexandrie par le col de Giovi, celle de Gênes à Plaisance, celle de la Spezzia à Parme, communiquant toutes des bords de la mer dans l'intérieur de nos départements italiens, se construisent; les projets réunis s'élèvent à 13,600,000 francs; il y a pour 3 millions de travaux faits. On ira de la Spezzia à Parme à la fin de cette année.

Aucune route ne conduisait de Bordeaux à Bayonne; les sables des landes ne se franchissaient qu'avec des peines et des retards incalculables; 8 millions ont été destinés à y construire une route pavée; 4,200,000 francs de travaux ont été faits; la route sera achevée en 1814; elle le serait actuellement si l'on avait découvert plus tôt les carrières de grès qui en assurent la bonne et solide construction.

D'Anvers à Amsterdam, des sables et des marais coupés de digues et de fossés rendaient les communications lentes et difficiles, lorsqu'elles n'étaient pas entièrement interceptées. Déjà les deux tiers de la route qu'il a fallu ouvrir sont pavés; elle sera terminée en 1813. Sur 6,300,000 francs qu'elle doit coûter, on a dépensé 4,300,000.

La route de Wesel à Hambourg n'existait pas il y a trois ans; elle est ouverte partout, et terminée sur plusieurs points; elle coûtera 9,800,000 francs. Déjà l'on a fait pour 6 millions de travaux. De Maëstricht à Wesel aucun chemin constant n'était tracé dans les sables; une route qui a coûté 2,100,000 francs est construite.

La route de Paris en Allemagne était à peine ébauchée entre Metz et Mayence; 5 millions en ont fait une des plus belles routes de l'Empire.

Outre ces dépenses, 219 millions ont été employés depuis neuf ans à ce grand nombre de routes qui traversent l'Empire dans tous les sens, et dont chaque année voit améliorer la situation.

### Ponts.

Douze millions ont été employés à la construction des ponts entièrement achevés de Verceil et de Tortone, sur la Sesia et sur la Scrivia, de Tours sur la Loire, de Lyon sur la Saône, près de l'Archevêché; et à celles de tous les ponts de la route de Lyon à Marseille, jadis si incertaine par les rivières et les torrents qui la traversent.

Deux grands ponts se construisent dans nos départements au-delà des Alpes : celui de Turin sur le Pô; on y a dépensé 1,850,000 francs; il doit en coûter 3,500,000 ; et le pont d'Ardissone sur la Doire ; il sera achevé cette année. Sur 1,100,000 francs, 820,000 sont dépensés.

Une culée de plusieurs piles du pont de Bordeaux, déjà construites, garantissent une réussite entière ; elles ont coûté 1 million. Ce pont, jadis réputé impossible, coûtera 6 millions.

Le pont de Rouen coûtera, avec les quais à rétablir, 5 millions ; 800,000 francs sont dépensés.

Le pont en pierre de Roanne, sur la route de Paris à Lyon, a coûté déjà 1,500,000 francs ; on l'achèvera avec 900,000 francs.

Douze autres millions ont été employés à des ponts d'une moindre importance.

### Canaux.

Le canal de Saint-Quentin a réuni le Rhône à l'Escaut, Anvers et Marseille, et a fait de Paris le centre de cette grande communication. Sa construction a coûté 11 millions. La navigation de ce canal, souterrain sur trois lieues de son cours, est entièrement ouverte. Dans les huit premiers mois de l'année 1812, sept cent cinquante-six bateaux chargés de charbon, et deux cent trente et un chargés de blé ont suivi cette route nouvelle qu'ont fréquentée de même les autres branches de commerce.

Le canal de la Somme, qui joindra celui de Saint-Quentin au pont de Saint-Valery, coûtera 5 millions; on y a fait pour 1,200,000 francs de travaux.

Le canal de Mons à Condé, le débouché des riches houillères de Jemmapes dans l'Escaut, coûtera 5 millions; 3 millions sont dépensés.

De nombreuses écluses ont été construites pour perfectionner la navigation de la Seine, de l'Aube, de la Marne. On continue cette amélioration, dont le projet s'élève à 15 millions; 6 millions ont été employés. Parmi les écluses construites, celle du pont de l'Arche est remarquable par ses grandes dimensions.

Le canal Napoléon sera terminé dans quatre ans; il joindra le Rhône au Rhin; il coûtera 17 millions; 10,500,000 francs sont dépensés : les fonds des 6,500,000 francs restant sont créés et assurés.

Le canal de Bourgogne, communication importante entre la Saône et la Loire, entre le canal Napoléon et Paris, coûtera 24 millions; 6,800,000 francs ont été employés jusqu'à la fin de 1812; les 17,200,000 francs de travaux à faire ont des fonds spéciaux, et seront achevés dans dix ans.

Bientôt on communiquera de Saint-Malo à l'embouchure de la Vilaine sans doubler la Bretagne.

Le canal de la Rama sera terminé dans deux ans

il coûtera 8 millions, dont 5 millions sont dépensés.

Le Blavet a été canalisé; la navigation de la nouvelle ville de Napoléon (Pontivy) est en activité; 500,000 francs qui restent à dépenser formeront, avec les 2,800,000 francs de travaux faits, les 3 millions 300,000 francs, estimation générale du projet.

Les travaux du canal de Nantes à Brest viennent d'être entrepris; ils coûteront 28 millions. Un million 200,000 francs sont dépensés.

Le canal de Niort à La Rochelle, utile au desséchement d'une contrée assez étendue, autant qu'à la navigation, coûtera 9 millions; 5,100,000 francs ont été employés.

De semblables avantages sont attachés à l'exécution du canal d'Arles. Avec le poste de Bouc, auquel il aboutit, il coûtera 8 millions 500,000 fr.; 3,800,000 fr. sont dépensés.

Un canal doit établir une navigation commode dans toute la vallée du Cher; il rapprochera de la Loire des houillères et des forêts d'une difficile exploitation; il coûtera 6 millions; il y a pour 1,100,000 francs de dépenses faites.

### *Desséchements.*

Les principaux desséchements entrepris administrativement sont ceux de Rochefort et du Cotentin; les projets sont de 11,500,000 francs. Les travaux faits ont coûté 5,600,000 francs. Rochefort surtout en a déjà recueilli de grands avantages.

Des travaux pour 5,800,000 francs ont rétabli les digues de l'Escaut et de Blankenberg; celles du Pô ont coûté un million; ces digues protégent des contrées entières contre l'invasion de la mer ou des fleuves.

La presqu'île de Perrache, qu'on avait destinée à l'agrandissement de Lyon, était couverte par les eaux de la Saône. L'exécution d'un projet qui coûtera 4 millions la mettra à l'abri de cet inconvénient. Deux millions ont été employés à la construction d'une levée de garantie et à commencer l'exhaussement du sol.

Outre les 67 millions employés aux travaux que je viens de parcourir, 55 millions ont été répartis à de nombreuses entreprises.

*Travaux de Paris.*

La capitale manquait d'eau circulant dans ses divers quartiers, de halles et de marchés, de moyens d'ordre et de police pour quelques-uns des principaux besoins de sa consommation.

Les rivières de Beuvronne, de Thérouenne et d'Ourcq seront conduites à Paris; déjà la première y arrive. Trois fontaines principales versent continuellement ses abondantes eaux ; soixante fontaines secondaires les distribuent.

La réunion des eaux conduites à Paris alimentera le canal de l'Ourcq achevé sur presque tout son cours jusqu'au bassin de la Villette. De ce bassin une branche déjà creusée réunira ce canal à la Seine, prise à Saint-Denis. Une autre branche le réunira à la Seine près le pont d'Austerlitz.

Ces deux dérivations abrégeront la navigation de trois lieues de sinuosités que forme la Seine, et de tout le temps qu'exige le passage des ponts de Paris.

Ces travaux coûteront 38 millions ; ils seront achevés dans cinq ans. Les travaux faits sont de 19,500,000 francs ; la ville de Paris fournit aux dépenses sur le produit de son octroi.

Cinq vastes bâtiments sont destinés à recevoir, à leur introduction dans Paris, tous les animaux destinés à sa consommation. Leur construction coûtera 13,500,000 fr. ; la moitié de cette somme est dépensée.

Une halle assez grande pour abriter 200,000 pièces de vin ou d'eau-de-vie coûtera 12,000,000 de francs. Le commerce jouit d'une partie de cette halle ; la dépense faite est de 4,000,000 de francs.

La coupole du marché aux grains vient d'être reconstruite en fer ; elle a coûté 800,000 francs.

Une halle aux comestibles occupera tout l'espace qui se trouve entre le marché des Innocents et la halle aux grains ; elle exigera 12,000,000 de francs ; 2,600,000 francs ont payé les maisons que l'on démolit.

Tous les autres quartiers de Paris auront leurs marchés particuliers. Les constructions faites s'élèvent à 4 millions ; 8,500,000 francs sont nécessaires à l'exécution du projet général.

Les 46,800,000 fr. que coûtera à la ville de Paris l'exécution des halles, des abattoirs et des marchés, lui produiront un revenu de près de 3,000,000 de francs, sans grever les denrées d'aucunes nouvelles charges. Les prix de location que payera le commerce des combustibles seront inférieurs à ce qu'il lui en coûte dans l'état actuel des choses.

La construction des greniers de réserve, celle des moulins et des magasins de Saint-Maur, compléteront le système des édifices relatifs aux approvisionnements de Paris.

Les greniers de réserve sont un objet de 8 millions. On y a dépensé 2,300,000 francs.

Les moulins et les magasins de Saint-Maur coûteront une semblable somme de 8 millions. Il y a pour un million de travaux faits.

Les ponts d'Austerlitz, des Arts, de Jena, rapprochent les quartiers de Paris que séparait la Seine : ces constructions ont employé 8,500,000 francs. Le pont de Jena exige encore pour 1,400,000 francs de dépenses accessoires.

Onze millions ont été employés à la construction des quais; avec une dépense de 4 millions ils seront achevés sans interruption sur les deux rives de la Seine.

Cinq nouveaux lycées s'établissent; on a dépensé 500,000 francs en acquisitions. La dépense totale sera de 5 millions.

L'église de Sainte-Geneviève, celle de Saint-Denis, le palais de l'archevêché et la métropole sont restaurés. Des 7,500,000 francs affectés à ces édifices, 6,700,000 francs sont dépensés; 800,000 francs termineront, cette année, tous les travaux.

L'on construit des hôtels pour le ministre des relations extérieures et pour l'administration des postes; les fondations sont achevées; elles ont coûté 2,800,000 francs; 9,200,000 forment le complément des projets.

Un palais où sera le dépôt des archives générales de l'Empire coûtera 20 millions. Des approvisionnements pour un million ont été faits.

La façade du Corps Législatif, la colonne de la place Vendôme, le temple de la Gloire, la Bourse, l'obélisque du Pont-Neuf, l'arc de triomphe de l'Étoile, la fontaine de la Bastille, les statues qui doivent décorer ces monuments, coûteront 55,900,000 francs. 19,500,000 francs ont ou avancé ou terminé leur construction.

Une somme de 15 millions a été dépensée aux autres travaux de Paris.

*Travaux divers des départements.*

Dans les départements, les dépôts de mendicité et les prisons ont particulièrement fixé l'attention du gouvernement. Cinquante dépôts ont été construits et sont en activité; trente-un sont en construction; les projets de quarante-deux s'étudient. Sept départements paraissent jusqu'à présent ne pas en avoir besoin; 12 millions ont été employés à ces travaux; 17 millions sont encore nécessaires pour les achever.

Les prisons les plus importantes sont les maisons destinées à recevoir les condamnés à plus d'une année de détention.

Vingt-trois établissements de ce genre suffiront à tout l'Empire; ils contiendront 16,000 condamnés. Onze de ces maisons sont en activité; neuf sont près du terme de leur construction; trois ne sont encore qu'en projet.

Lorsqu'elles seront terminées, les prisons ordinaires, les maisons de correction, d'arrêt et de justice, cesseront d'être encombrées; elles pourront être plus facilement et plus convenablement distribuées.

Le nombre de ces dernières maisons est de 790 : 292 ont été restaurées ou se trouvent en bon état; 291 sont à réparer; 207 à reconstruire.

Les dépenses faites sont de 6 millions, celles restant à faire de 24 millions.

12,500,000 francs ont été affectés à la construction de la nouvelle ville de Napoléon dans la Vendée, et à l'ouverture des routes qui y aboutissent. 7,500,000 francs ont été dépensés.

1,800,000 francs de primes ont été accordés aux habitants de ce département et de celui des Deux-Sèvres qui reconstruiraient les premiers leurs habitations; 1,500,000 francs ont été jusqu'à présent distribués.

Sur 3,600,000 francs que coûtera la restauration des établissements thermaux, ils ont déjà reçu 1,500,000 francs.

Il était essentiel de préserver de toute nouvelle dégradation les ruines de Rome ancienne. Ces travaux, ceux de la navigation du Tibre, et l'embellissement de la seconde ville de l'Empire, coûteront 6 millions. 2 millions ont été réalisés.

Les 118 millions dépensés aux autres travaux des villes et des départements ont été employés à ce grand nombre d'édifices nécessaires à l'administration, au culte, à la justice, au commerce, qui, dans toutes nos cités, réclament les soins du gouvernement.

Tel a été l'emploi du milliard consacré aux travaux publics de tout genre depuis l'avénement de Sa Majesté, et des 80 millions qui ont complété le mobilier et augmenté les riches collections de la couronne.

485 millions ont été plus spécialement affectés à ces entreprises, qui laissent de grands et durables résultats.

L'évaluation générale des projets de ce genre est de un milliard 61 millions; une somme de 576 millions sera encore nécessaire pour les terminer. L'expérience du passé nous apprend qu'un petit nombre d'années suffira.

Ces travaux, messieurs, sont répandus sur toutes les parties de ce vaste Empire. Délégués de tous les départements qui le composent, vous savez qu'aucune contrée n'est oubliée; ils vivifient la nouvelle France comme l'ancienne; Rome, les départements anséatiques, la Hollande, comme Paris et nos anciennes cités, tout est également présent et cher à la pensée de l'Empereur; sa sollicitude ne connaît aucun repos tant qu'il reste du bien à faire.

*Administration intérieure.*

Les divers cultes ont reçu des marques d'intérêt et de protection. Des suppléments sur le trésor impérial ont été accordés aux curés au-delà des Alpes qui n'avaient pas un revenu suffisant.

Le décret du 7 novembre 1811, en soumettant les communes au payement des vicaires qui leur sont nécessaires, a assuré la jouissance de la totalité de leurs revenus et de leur traitement à d'anciens curés, que l'âge ou les infirmités mettent hors d'état de remplir seuls leurs fonctions.

Des palais épiscopaux, des séminaires ont été achetés.

Tout est prêt pour l'organisation définitive des cultes réformé et luthérien dans le Nord; leurs pasteurs ont reçu des traitements provisoires.

Le nombre des procès civils a diminué sensiblement; leur jugement est plus prompt; les discussions sont moins embarrassées; c'est un des bienfaits de notre nouveau Code civil. Chacun désormais connaît ses droits, et sait mieux quand et comment il peut les exercer.

Le gouvernement a reçu des plaintes sur les

frais excessifs qu'occasionnent les honoraires des avocats et les salaires des officiers de justice. L'Empereur a donné au grand juge l'ordre de s'occuper des moyens de diminuer ces frais.

Les procès criminels sont plus sensiblement réduits encore que les procès civils. En 1801, la population était de 34 millions d'individus; cette année présentait 8,500 affaires criminelles, dans lequelles 12,400 prévenus étaient impliqués. En 1811, une population de 42 millions n'a plus présenté que 6,000 affaires, dans lesquelles 8,600 prévenus étaient intéressés.

En 1801, 8,000 prévenus ont été condamnés; en 1811, 5,500. En 1801, il y a eu 882 condamnations à mort; en 1811, 392 seulement. Cette diminution a été progressive chaque année; et, s'il était besoin de prouver davantage l'influence de nos lois et de notre prospérité sur le maintien de l'ordre public, nous remarquerions que cette progression décroissante a lieu surtout dans les départements réunis, et devient plus grande à mesure que leur incorporation à la France devient plus ancienne.

L'administration des départements, celle des communes et des établissements de bienfaisance est active et surveillante; elle concourt avec zèle aux améliorations dont s'occupe le gouvernement.

Les caisses municipales sont tenues avec le même soin que celles de tous les autres comptables.

Huit cent cinquante villes ont plus de 10,000 fr. de revenus; la majeure partie de leurs budgets de 1813 est arrêtée.

*Instruction publique.*

En 1809, le nombre des élèves des lycées n'était que de 9,500, dont 2,700 externes et 6,800 pensionnaires.

Aujourd'hui le nombre des élèves est de 18,000, dont 10,000 externes et 8,000 pensionnaires.

Cinq cent dix colléges donnent l'instruction à 50,000 élèves, dont 12,000 pensionnaires.

Dix-huit cent soixante-dix-sept pensions ou institutions particulières sont fréquentées par 47,000 élèves.

Trente et un mille écoles primaires donnent l'instruction du premier degré à 929,000 jeunes garçons. Ainsi 1,000,000 de jeunes Français reçoit le bienfait de l'instruction publique.

L'école normale de l'université forme des sujets distingués dans les sciences, dans les lettres, dans la manière de les enseigner. Ils portent chaque année dans les lycées les bonnes traditions, les méthodes perfectionnées.

Les trente-cinq académies de l'Université ont 9,000 auditeurs; les deux tiers de ces élèves suivent les cours de droit et de médecine.

L'école polytechnique donne tous les ans aux écoles spéciales du génie, de l'artillerie, des ponts et-chaussées et des mines, 150 sujets déjà recommandables par leurs connaissances.

Les écoles de Saint-Cyr, de Saint-Germain, de La Flèche fournissent, tous les ans, 1,500 jeunes gens pour la carrière militaire.

Le nombre des élèves des écoles vétérinaires est doublé. Les intérêts de l'agriculture ont dicté une meilleure organisation de ces écoles.

L'académie de la Crusca de Florence, dépositaire du plus pur idiome de la langue italienne, l'institut d'Amsterdam, l'académie de Saint-Luc de Rome, ont reçu de nouveaux règlements et des dotations suffisantes.

Les travaux de l'Institut de France se continuent; le tiers de son dictionnaire est fait, il peut être achevé dans deux ans; les recherches sur notre langue, sur notre histoire, occupent un grand nombre de ses membres.

Les traductions de Strabon et de Ptolémée honorent les savants utiles qui en ont été chargés.

Le seizième volume du Recueil des Ordonnances des Rois de France a été publié.

## *Marine.*

La France a éprouvé, par les événements, des pertes très-grandes. Les meilleurs officiers de sa marine, l'élite des contre-maîtres et des équipages y ont péri.

Nos escadres, depuis cette époque, ont été montées par des équipages peu exercés. L'insuffisance de l'inscription maritime a été reconnue, et toutes les années les moyens qu'elle offrait ont été en décroissant, résultat inévitable de la constante supériorité de l'ennemi, et de la destruction presque entière de notre commerce maritime.

Il n'y a plus eu moyen de dissimuler qu'il fallait ou désespérer de la restauration de notre marine en temps de guerre, ou avoir recours à des mesures nouvelles. En prenant le premier parti, on eût agi comme l'a fait l'administration sous Louis XIV et Louis XV. Découragé par la défaite de la Hogue et par les suites de la guerre en 1758, à l'une et à l'autre époque on renonça à la marine; on cessa de construire, on porta les ressources des finances sur l'armée de terre et sur les autres départements. Mais les résultats de cet abandon furent bien funestes à la gloire et à la prospérité de la France.

Presque rien n'est possible à Brest, ou du moins tout y est extrêmement difficile lorsque ce port est bloqué par une escadre supérieure.

La bonne administration des finances de l'Empire nous met en état de faire face aux dépenses qu'entraîne l'établissement d'une grande marine, et de satisfaire aux frais des guerres continentales; enfin l'énergie de notre gouvernement, sa volonté ferme et constante étaient seuls capables de lever de plus grands obstacles.

L'administration de la marine sentit pourtant la nécessité d'adopter un système fixe et calculé, qui fît marcher de front la création ou le rétablissement des ports, la construction des vaisseaux et l'instruction des matelots.

Dans la Manche, la nature a tout fait pour l'Angleterre; elle a tout fait contre nous. Dès le règne de Louis XVI on avait senti l'importance d'avoir un port sur cette mer. Le projet de Cherbourg avait été adopté, et les fondements des digues avaient été jetés. Mais, dans nos temps de troubles civils, tous ces ouvrages interrompus s'étaient détériorés. Tout avait été remis en problème, jusqu'à la convenance du choix du local; et on demandait si l'on n'aurait pas mieux fait de préférer la Hogue à Cherbourg.

L'administration fixa ses regards sur ces importantes questions. La décision en faveur de Cherbourg fut confirmée, et on travailla sans délai à rehausser la digue pour abriter la rade.

Mais cette rade avait les inconvénients d'une rade foraine; le carénage des vaisseaux y était impossible ou difficile. L'administration ne s'arrêta ni à la dépense ni à la difficulté des localités; et on entreprit un port creusé dans le roc, pouvant contenir cinquante vaisseaux de guerre et des chantiers suffisants pour la construction d'une escadre.

Après dix ans de travaux, le succès a justifié toutes ces entreprises. Une escadre est sur le chantier de Cherbourg, et les bassins pourront recevoir cette année l'escadre la plus nombreuse. C'est beaucoup d'avoir satisfait au besoin senti depuis le combat de la Hogue, d'avoir un port dans la Manche; mais il n'était pas moins important d'avoir un port dans la mer du Nord, et de pouvoir profiter des rades nombreuses et sûres de l'Escaut.

Le bassin de Flessingue, celui d'Anvers ont coûté bien des millions. Vingt vaisseaux peuvent être construits à la fois dans les chantiers d'Anvers, et plus de soixante trouver un abri dans les ports d'Anvers et de Flessingue.

L'administration sentit qu'il n'y avait dans la Hollande qu'un seul port, un seul chantier, un seul remède à tous les inconvénients des localités, et elle porta les forces maritimes de la Hollande au Nieuw Dypp. Quoique ce projet n'ait été conçu que depuis deux ans, nous jouissons déjà de tous ses avantages, et par ce moyen un nouveau port se trouve être en notre pouvoir à l'extrémité de la mer du Nord.

Les ingénieurs de l'armée de terre ont poussé les travaux avec la plus grande et la plus louable activité. Le Helder, Flessingue, Anvers et Cherbourg sont dans une situation telle que nos escadres y sont à l'abri de toute insulte, et peuvent donner à nos armées de terre le temps d'arriver à leur secours, fussent-elles au fond de l'Italie ou de la Pologne. Ce que l'art pouvait ajouter aux avantages naturels de Brest et de Toulon avait été fait par l'ancienne administration.

Il n'en était pas de même de l'embouchure de la Charente. La rade de l'île d'Aix n'était pas propre à contenir un grand nombre de vaisseaux. L'administration a senti le besoin d'avoir un abri plus sûr dans la mer de Gascogne.

La rade de Saumouard a été reconnue et fortifiée. Les rades de la Gironde l'ont été également, et une communication intérieure pour les plus grands vaisseaux a été perfectionnée; de sorte que les rades de l'île d'Aix, du Saumouard, de Talemont, et les rades de la Gironde forment, pour ainsi dire, un même port.

Après Toulon, la Spezzia est le plus beau port de la Méditerranée. Des fortifications du côté de terre et du côté de mer devenaient nécessaires pour y mettre nos escadres en sûreté. Ces fortifications offrent déjà une résistance convenable.

Ainsi, à peine six ans se sont écoulés depuis que le système permanent de guerre maritime a été arrêté, que les ports du Texel, de l'Escaut, de Cherbourg, de Brest, de Toulon et de la Spezzia sont assurés, et offrent, sous le point de vue maritime et militaire, toutes les propriétés désirables.

En même temps qu'on construisait et qu'on fortifiait les ports, on pensa à établir des chantiers pour construire des vaisseaux. Sous l'ancienne dynastie nous étions réduits à moins de vingt-cinq.

Brest pouvait tout au plus offrir les moyens de radoub. On dut renoncer à tout projet de construction, ou établir sur l'Escaut un chantier où vingt vaisseaux à trois ponts de 80 et de 74 pussent se construire à la fois. Ce chantier, approvisionné par le Rhin et la Meuse, et par tous les affluents du continent de la France et de l'Allemagne, est constamment pourvu abondamment et à bon marché.

On reconnut la possibilité de construire, sur les chantiers d'Amsterdam et de Rotterdam, des frégates et des vaisseaux de 74, de notre modèle, en attendant que les chantiers et les établissements fussent formés sur Nieuw-Dypp.

Sur les chantiers de Cherbourg on construit des vaisseaux à trois ponts de 80 et de 74.

On construit des vaisseaux à Gênes et à Venise, profitant ainsi de toutes les ressources de l'Albanie, de l'Istrie, du Frioul, des Alpes-Juliennes et des Apennins.

Les chantiers de Lorient, de Rochefort et de Toulon continuent à avoir l'activité dont ils sont susceptibles, et d'employer tous les matériaux que leur offrent les bassins des rivières destinés à les alimenter.

En peu d'années, nous serons arrivés à voir 150 vaisseaux, dont 12 à trois ponts, et un plus grand nombre de frégates.

La marine française, dans sa plus grande prospérité, n'a jamais eu plus de 5 vaisseaux à trois ponts.

Nous pouvons facilement construire et armer 15 à 20 vaisseaux de haut bord par an.

L'administration a donc réussi sous le point de vue des constructions ; mais le plus difficile restait à faire.

On se demandait où trouver les matelots pour monter ces escadres. Des camps, des exercices forment en peu d'années une armée de terre ; mais où trouver de quoi remplacer des camps et des exercices pour les troupes de mer ?

L'administration conçut l'idée de recruter les armées navales de la même manière que l'armée de terre ; d'avoir recours à la conscription, sans abandonner les ressources que pouvait produire l'inscription maritime.

Les départements littoraux furent en partie exemptés de la conscription de l'armée de terre, et toute leur jeunesse fut appelée à la conscription maritime.

Les hommes de mer les plus expérimentés voulaient qu'on appelât cette conscription dès l'âge de dix à douze ans, prétendant qu'il était impossible de faire un homme de mer d'un homme formé.

Mais comment concevoir la possibilité d'entasser dans des vaisseaux 60 ou 80 mille enfants.

Les dépenses qu'il fallait faire pour leur instruction pendant dix ans, mais surtout la consommation d'hommes, devenaient effrayantes.

On prit un terme moyen ; on appela à la conscription maritime les jeunes gens de seize à dix-sept ans. On pouvait espérer qu'après quatre ou cinq années de navigation, lorsqu'ils seraient parvenus à l'âge de vingt et un ou vingt-deux ans, on aurait des matelots habiles.

Mais comment faire naviguer un si grand nombre de jeunes gens, lorsque la mer nous était presque partout interdite ?

On construisit des flottilles. Cinq ou six cents bâtiments, bricks, chaloupes canonnières, goëlettes, naviguèrent sur le Zuyderzée, l'Escaut, les rades de Boulogne, de Brest et de Toulon, protégèrent et alimentèrent notre cabotage.

En même temps on arma nos escadres dans les ports de Toulon, de la Charente, de l'Escaut et du Zuyderzée. Les équipages, toujours consignés à bord, évoluant en présence de l'ennemi, ont rempli l'espérance qu'on en avait conçue. Les conscrits se sont formés. Les jeunes gens de dix-huit ans, après cinq années de navigation, ont aujourd'hui atteint leur vingt-troisième ou vingt-quatrième année, et servent dans les hautes manœuvres avec une agilité et une adresse remarquables ; et nos escadres évoluent avec autant de promptitude et de précision qu'à aucune époque de l'histoire de notre marine.

Depuis cinq ans que ce système a été adopté,

80 mille jeunes gens tirés de la conscription sont venus ainsi augmenter notre population maritime.

Il a fallu bien de la constance pour se résoudre à tous les sacrifices qu'un pareil système nous a coûtés.

Sur nos 100 vaisseaux, nous en avons aujourd'hui 65 armés, équipés, approvisionnés pour six mois, constamment en partance, appareillant tous les jours, et dans une situation telle, qu'aucun ne sait, au moment où on lève l'ancre, si c'est pour un exercice, ou pour une expédition lointaine.

L'Angleterre peut avoir le nombre de vaisseaux et de troupes de terre qu'elle voudra ; elle peut donner à son commerce la direction qui lui convient ; mais nous prétendons rester dans les mêmes droits.

Il m'a paru, messieurs, que le simple exposé de notre situation intérieure, appuyé sur des états et sur des chiffres, l'exposé de notre situation maritime, étaient suffisants pour faire comprendre l'immensité de nos ressources, la solidité de notre système, et les grâces que nous avons à rendre au gouvernement vigilant dont les travaux sont constamment consacrés à tout ce qui est grand et utile à la gloire de l'Empire.

## III.

*Budgets sous le Consulat et sous l'Empire.*

| | |
|---|---|
| 1800. . . . . . . . | 600,000,000 fr. |
| 1801. . . . . . . . | 545,000,000 |
| 1802. . . . . . . . | 503,000,000 (1) |
| 1803. . . . . . . . | 589,000,000 (2) |
| 1804. . . . . . . . | 700,000,000 |
| 1805. . . . . . . . | 680,000,000 |
| 1806. . . . . . . . | 689,095,913 |
| 1807. . . . . . . . | 720,000,000 (3) |
| 1808. . . . . . . . | 772,744,445 (4) |
| 1809. . . . . . . . | 786,740,214 |
| 1810. . . . . . . . | 795,414,093 (5) |
| 1811. . . . . . . . | 954,000,000 (6) |
| 1812. . . . . . . . | 1,030,000,000 (7) |
| 1813. . . . . . . . | 1,150,000,000 |

(1) Les recettes atteignaient à peu près cette somme. On arrivait à l'équilibre. Les finances d'aucun État de l'Europe n'étaient dans un état aussi prospère, aussi peu onéreux pour le peuple. Avant la révo-

lution, 25 millions d'habitants payaient annuellement plus au trésor que ne payaient 30 millions d'hommes en 1802.

(2) Recettes et dépenses équilibrées. L'augmentation provient de ce qu'on employait des fonds assez importants aux grandes routes, à la navigation intérieure, aux canaux, aux ports. Enfin, la guerre d'Angleterre qui éclata, causa une augmentation de 55 millions; ce qui porta le budget de cette année à 624,500,000 francs.

(3) L'augmentation était causée par la guerre, par de nouvelles liquidations de la dette, par le payement de 10 millions à la caisse d'amortissement pour sa dotation, par l'augmentation du traitement des juges, etc., etc.

(4) L'Empire avait alors 114 départements.

(5) Les budgets de 1808, de 1809, de 1810 avaient été fixés à 740 millions. Ces fixations avaient été surpassées par suite des réunions de divers pays à l'Empire.

(6) Les budgets de Rome, des provinces illyriennes, de la Hollande étaient compris dans ce chiffre. Depuis 1802 le territoire s'était augmenté de 15,000 lieues carrées, et la population de 15 millions d'individus.

(7) Jusqu'à l'exercice de 1811, la marche des finances avait été régulière; les recettes et les dépenses étaient compensées, tout avait été apuré. A compter de 1812, toutes les prévisions furent renversées par les désastres de la guerre.

FIN DU PREMIER VOLUME.

# TABLE DES MATIÈRES

CONTENUES DANS LE PREMIER VOLUME.

———

                                                        Pages

Vie politique de Louis-Napoléon . . . . . . . . . . . . . . . . . 7

Rêveries politiques. . . . . . . . . . . . . . . . . . . . . . . 65

Considérations politiques et militaires sur la Suisse. . . . . . . . 97

Idées napoléoniennes. . . . . . . . . . . . . . . . . . . . . . 183

Pièces à l'appui . . . . . . . . . . . . . . . . . . . . . . . 335

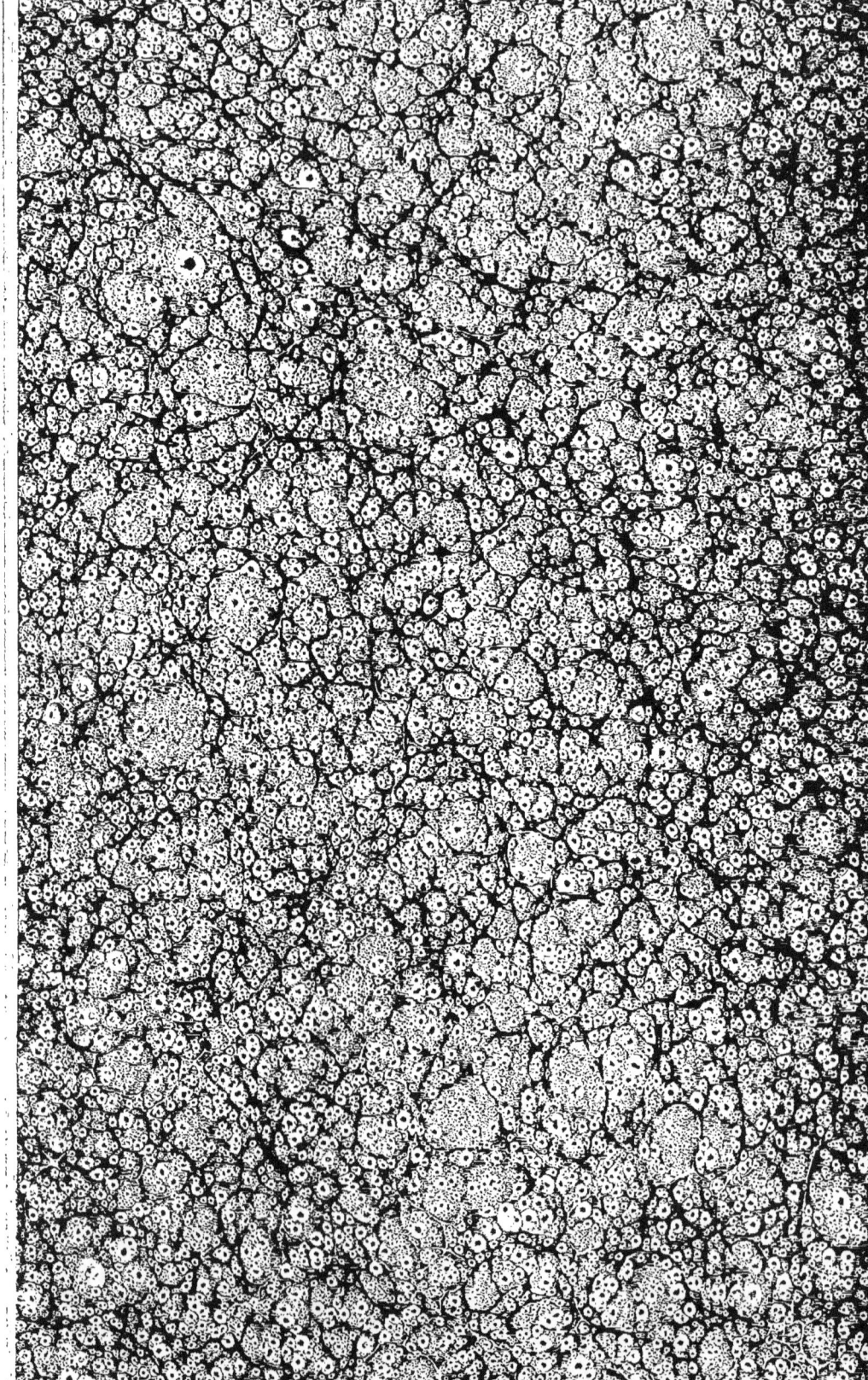

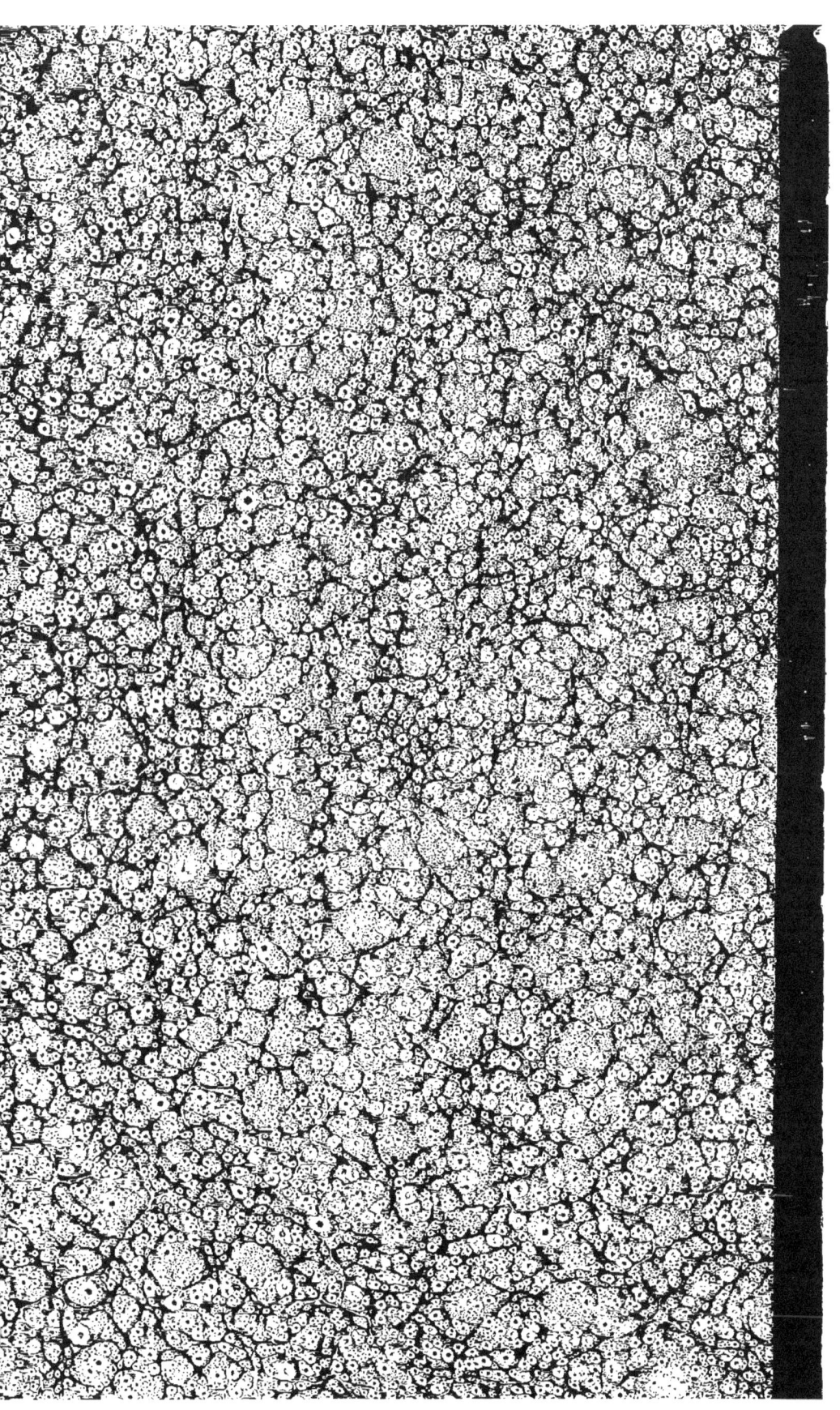

www.ingramcontent.com/pod-product-compliance
Lightning Source LLC
Chambersburg PA
CBHW071857230426
43671CB00010B/1371